本专著受教育部人文社会科学研究《世界主要经济体货币政策溢出效应与中国应对研究》（批准号：16YJA790068）项目资助，是教育部人文社会科学研究规划基金项目《世界主要经济体货币政策溢出效应与中国应对研究》（批准号：16YJA790068）研究成果。

世界主要经济体货币政策溢出效应与中国应对研究

赵东喜◎著

长春出版社

国家一级出版社

全国百佳图书出版单位

图书在版编目（CIP）数据

世界主要经济体货币政策溢出效应与中国应对研究 /
赵东喜著. -- 长春：长春出版社，2021.8
ISBN 978-7-5445-6447-2

Ⅰ.①世… Ⅱ.①赵… Ⅲ.①货币政策 – 研究 – 世界
Ⅳ.①F821.0

中国版本图书馆CIP数据核字（2021）第175038号

世界主要经济体货币政策溢出效应与中国应对研究

著　　者　赵东喜
责任编辑　程秀梅
封面设计　清　风

出版发行　长春出版社　　　　　　总编室电话：0431-88563443
　　　　　　　　　　　　　　　　发行部电话：0431-88561180

地　　址　吉林省长春市长春大街309号
邮　　编　130061
网　　址　www.cccbs.net
制　　版　吉林省清风科技有限公司
印　　刷　三河市华东印刷有限公司
经　　销　新华书店

开　　本　710毫米×1000毫米　1/16
字　　数　256千字
印　　张　28
版　　次　2022年6月第1版
印　　次　2022年6月第1次印刷
定　　价　95.00元

目　录

第一章 绪 论

21世纪初，世界各经济体经济与贸易联系日益紧密，经济全球化概念越来越被人们接受。全球各经济体相互影响，相互依存。一个经济体的经济在受到全球经济强有力影响的同时，其货币政策也会影响外国经济。中国、美国、日本、欧盟以及英国等世界主要经济体，多是世界经济大国和国际储备货币发行国，其货币政策变动，必然会通过利率、汇率、国际大宗商品价格、国际资本流动和国际贸易等渠道，溢出到与之有经济贸易往来的国家与地区，进而影响全球经济。

2008年世界金融危机以来，贸易保护主义抬头，全球化受挫，贸易摩擦不断，世界经济缓慢复苏。2020年年初突如其来的新冠肺炎疫情，对仍处在国际金融危机后的深度调整期的世界经济造成了重大影响。新冠疫情全球大范围暴发，促使国际货币基金组织2020年以来连续下调全球经济增速预期。发达经济体增速全面下跌，新兴经济体增速或将持续下滑，2020年世界经济将遭遇2008年金融危机以来的又一次严重衰退，甚至是"大萧条"以来最为严重的衰退。美国等世界主要经济体启动了新一轮货币宽松政策，全球各经济体央行大规模降息潮，美、英等发达经济体央行大幅降息进入"零利率"，重新启动或扩大量化宽松政策，创新推出各种定向工具加大流动性支持力度。当前，虽然逆全球化抬头，但是世界经济半个多世纪以来一体化、全球化基本趋势没有变，全球各经济体经贸联系紧密，利益高度交融，相互依存。

开放条件下，一国货币政策调整不仅会影响本国产出、就业和贸易余额，也会通过利率、汇率、资本流动、贸易等途径对外国产出与就业产生影响。美国等主要发达经济体重启与实施的这些常规与非常规货币政策，在对冲疫情给国内与国际经济带来的负面影响，促进经济重起与复苏的同时，也会对别的国家产生国际溢出效应，会影响相关国家的经济和社会福利。货币政策主要通过资本流动、国际贸易、汇率、利率与银行贷款等渠道溢出而向外国传递，对外国经济增长、产出、资产价格、利率产生影响，同时，外国经济波动又会对核心国产生回溢效应。2008年金融危机以来，世界主要经济体特别是美国货币政策溢出效应导致全球经济和金融市场的波动性增强。2020年第四季度中国货币政策执行报告指出，要关注境外大国宽松货币政策的溢出效应。2020年3月份以来，为应对疫情冲击，美、欧、日等主要经济体央行出台大规模货币刺激措施。2020年美联储、欧洲中央银行、日本银行资产负债表分别扩张了77%、50%、23%，极大地增加了全球流动性。同时，作为全球第二大经济体，中国过去十年对世界经济增长实质贡献平均达到30%，不再单纯是发达经济体宏观政策溢出效应的被动接受者，中国货币政策对外国的溢出效应也在显现。[1]中国经济发展面临的外部环境趋向复杂，需要密切关注主要发达经济体高度宽松的货币政策对中国经济发展与金融稳定的溢出效应，同时，要考虑中国货币政策的外溢效应，并要有针对性地加以应对。

因此，只有系统分析与总结全球主要经济体货币政策国际溢出效应的大小、方向与作用机制，明确国际货币政策溢出对中国经济的影响效应与作用特征，才能为中国科学的货币政策体系构建，以及货币政策的制定与实施提供有效的理论参考与指导，从而提高中国货币政策的经济调控水平。

第一节　世界经济环境

一、经济全球化增强了货币政策的国际溢出效应

经济全球化成为当代世界经济发展的重要趋势。经济全球化指全球经济活动跨越国境，通过对外贸易、资本流动等国际经济活动，形成相互依存、紧密联系、高度一体化的全球经济有机体的过程。在经济全球化背景

---

[1]中国人民银行货币政策分析小组，中国货币政策执行报告（2020年第四季度）。

下，一个经济体的经济在受到全球经济强有力影响的同时，其货币政策也会影响外国经济。党的十九大报告指出，经济全球化深入发展，世界各国相互联系和依存日益加深。特别是20世纪70年代以来，全球商品、服务和金融资产交易自由化加速，世界主要经济体的国际商品、服务以及金融资产的贸易开放不断扩大，以国际贸易、全球资本流动迅猛增长以及信息技术快速发展为主要特征的经济全球化进程不断加速。经济全球化加强了世界主要经济体之间以及其他经济体之间贸易与资本等联系，密切了世界主要经济体间的相互依存关系。

相互进行贸易的开放经济体主要通过贸易与金融两种渠道发生相互联系。国际贸易通过出口与进口把国内与世界联系起来。进口意味着部分居民收入没有支出于本国产品与服务，而支出中表现为本国产品需求的增加。金融领域更紧密的国际联系。由于国际投资者在世界各经济体间转换其资产，因而他们将国内外资产市场联系在一起，从而改变一国收入、汇率与货币政策影响利率的能力。

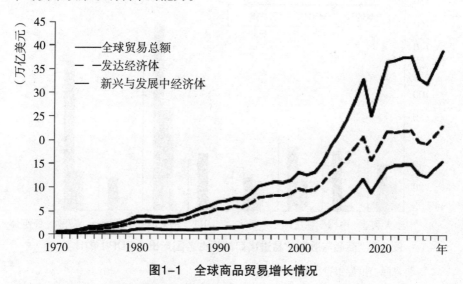

图1-1 全球商品贸易增长情况

资料来源：世界银行统计数据库。

图1-1显示了20世纪70年代以来国际商品贸易进出口总额增长情况。从上图可以看出，1970—2018年，除了2008年与2015、2016年外，全球商品贸

易总额均呈现稳步增长。特别是2000年以来，新兴国家、发展中国家与发达国家国际贸易增长的同步性增强。根据世界银行的统计数据，2018年，世界商品贸易出口创纪录增长到19.5万亿美元，这种增长趋势于2019年停止而且大幅下滑，可以预计受新冠疫情的影响，2020年国际商品贸易出口会延续下滑趋势。

图1-2显示了8个经济体的国际贸易情况。反映了过去几十年来，每个国家进出口总额占总产出的比重显著增长，说明国际商品与服务市场对图中发达与发展中国家越来越重要，各经济体相互依存性增强。相比较而言，泰国与马来西亚等经济体量相对较小的国家，比中国、美国、日本等经济体量大的国家更依赖国际市场。[1]在近30年来，全球贸易加速增长的同时，国际金融市场也取得了长足发展，发达经济体、新兴与发展中经济体之间资本流动显著增加，股票与债券跨国交易对世界主要经济体的重要性日益上升。

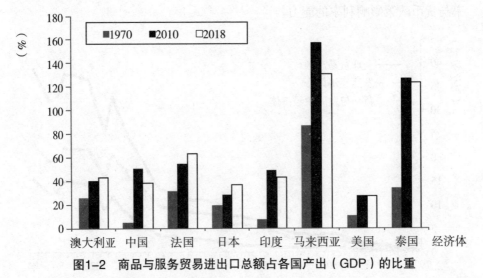

图1-2　商品与服务贸易进出口总额占各国产出（GDP）的比重

资料来源：世界银行统计数据库。

图1-3显示了1990—2018年，国际资本流动最重要组成部分外国直接

---

[1]图1-2绘出了1970、2010、2018年各国商品与服务进出口总额占该国产出的比重。说明全球商品与服务市场对世界多数国家变得日益重要，世界各国相互联系与依存性增强。

投资（FDI）流入总量增长情况。从图上可以看出，全球直接投资流入量在2007年达到20世纪以来的最大值1.89万亿美元。2007年外国直接投资流量是1990年的近10倍。2008年世界金融危机爆发，外国直接投资流量急剧下降。根据联合国贸易与发展会议的统计数据，近年来流入美国、英国等发达经济体的外国直接投资不断减少，2018年与以往年份不同的是，流入中国等发展中经济体的外国直接投资多于发达经济体。发展中经济体吸收的外国直接投资占全球总额的54%，中国吸收外资创新高达1390亿美元，占全球的10%。[①]近三年，由于美国税改导致美国跨国公司海外资本回流美国、欧洲吸引外资减少，以及"脱欧"使英国外资流入减少等因素，全球外国直接投资流入量连续三年下降至1.3万亿美元。

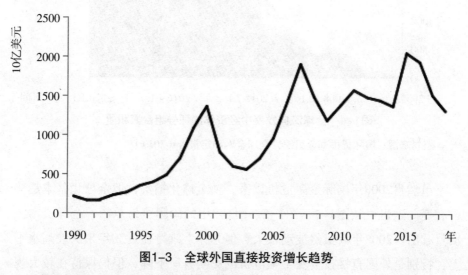

图1-3　全球外国直接投资增长趋势

资料来源：联合国贸易与发展统计数据库。

图1-4显示了2005年1月到2020年1月全球流向发展中经济体的证券组合累积量。从图上可以看出，近年来，国际资本流向发展中国家的股票与债券累积量显著增长，增幅达564倍，流向发展中经济体债券市场的国际资本比重显著多于股票市场。2008、2016年流入为负值。这是由于证券组合投

①联合国贸易与发展会议，世界投资报告（2019）。

资是短期投资，且与外国直接投资相比，其波动性大，对经济与金融因素的变化敏感性极高，新兴经济体金融市场国际资本流入，存在一定的跨境资本流动（热钱）风险。

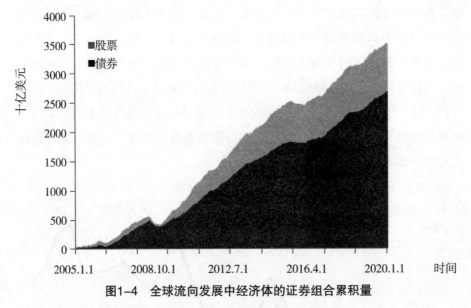

图1-4　全球流向发展中经济体的证券组合累积量

资料来源：国际货币基金组织，全球金融稳定报告（2019）。

虽然自2008年国际金融危机以来，逆全球化抬头，但全球化基本趋势没有变。这也可从图1-1、图1-2、图1-3中的国际贸易总额、全球资本流动量看出，2008年后虽然波动很大，但总体上维持在近30年来的较高水平上，特别是外国直接投资受金融危机的影响有所下降，但仍保持在较大规模的流入水平上，且危机后，会很快恢复，这与证券组合等短期国际投资形成鲜明对比。经济全球化是国际分工细化优化的结果，是世界经济发展内在规律作用下的全球经济发展的必然趋势。现代科技革命与新一代信息技术发展会进一步加速全球互联化进程，世界经济已经形成为一个"你中有我，我中有你"的共同体。亚洲金融危机、美国次贷危机对经济的影响迅速向全球传播，肆虐全球的新冠肺炎疫情冲击全球市场，重创全球供应链，说明了世界主要经济体日渐增长的经济关联依存性。

经济全球化放大了货币政策的国际溢出效应。经济全球化主要通过贸易、利率、金融等渠道，增强了世界主要经济体相互依存性，使国内经济与政策对国际经济政策的敏感性增强。一国货币政策调整产生的冲击会通过国际传递对外国的经济政策与经济活动运行产生溢出效应，影响外国的经济产出与就业，输入国经济波动又会对货币政策溢出国经济产生回溢效应。美联储等发达经济体的应对危机的降息、量化政策，以及货币政策正常化时的加息，美联储缩表，欧央行结束量化政策等，均对全球宏观经济、资产价格、货币政策产生较大影响。例如，美国为应对金融危机实施的传统与非传统宽松货币政策，在促进国内经济复苏，增加就业的同时，其溢出效应也对其他经济体造成显著影响。"零利率"与量化宽松政策带来的美元贬值造成全球大宗商品价格激增，美国向市场注入大量流动性后，其货币政策溢出效应对外国产生显著影响，对别国的外汇、金融市场造成冲击等。2013年6月，受美国经济总体向好，市场预期美联储提前退出量化政策的影响，主要储备货币对美元汇率宽幅波动，大部分新兴市场经济体货币对美元汇率贬值。至6月28日，欧元、英镑和日元对美元汇率较3月末分别升值1.5%、0.1%和贬值5.0%。印度卢比和南非兰特对美元汇率较3月末贬值均超6%。2018年，美联储持续推进货币政策正常化进程，全年四次加息各25个基点，上调联邦基准利率至2.25%—2.50%，同时持续推进2017年10月启动的缩表计划，使新兴经济体土耳其、阿根廷等国货币面临贬值与资本外流压力，被迫分别加息3次、5次，分别提高基准利率至14%、60%。

总之，经济全球化与经济一体化加深了开放经济的国际依存性，一国货币政策调整会跨越国境向国际传导，对外国经济产业与就业产生溢出效应，一定程度上制约了相关经济体货币政策的独立性与有效性。

二、国际货币政策溢出效应日益受到全球关注

21世纪以来，世界经济发生了自第二次世界大战以来的两次收缩，即2008年全球金融危机与2020年新冠疫情冲击，全球对货币政策的溢出效应的关注程度较危机前显著增强。危机后，美联储为应对2008年全球金融危机冲击而连续降息并实行量化宽松货币政策的溢出效应受到国际

社会、国际组织等前所未有的关注。2010年11月，二十国集团（G 20）领导人首尔峰会前夕，多数发展中经济体成员国官员表达了对美国实行量化宽松货币政策的不满与担忧。如前巴西总统卢拉认为美元贬值是所有问题的根源。南非财政部部长普拉温·戈尔丹指出美联储量的量化政策损害二十国集团应对危机的多国合作精神，"热钱"会对新兴国家市场出口造成毁灭性冲击。首尔峰会领导人宣言指出，要避免竞争性货币贬值，发达经济体要对汇率过度波动和无序变动保持警惕。2013年2月，二十国集团财长和央行行长会议上，中国人民银行前行长周小川建议，要加强对有关国家货币政策溢出效应的监督，防范量化政策的负面溢出效应。国际货币基金组织《溢出效应报告》（2014年7月29日）指出，全球经济增长需要警惕美国等发达经济体极度宽松政策的退出而导致的金融条件收紧和新兴经济体经济增长放缓两种新的溢出效应。一方面不同发达国家货币政策不同步的正常化会通过汇率、利率、国际资本流动等向外溢出；另一方面新兴市场经济增长放缓将通过贸易、大宗商品价格等渠道产生回溢效应，以上二者会相互影响相互作用。发展中经济体货币政策的区域溢出或近临溢出效应日益显著。2015年国际货币基金组织《溢出效应报告》（2015年7月23日）指出，国际油价下跌、欧洲和日本持续并扩大宽松政策，以及美国和英国的升息预期等因素加大了国际溢出空间。2016年2月，G20会议公报指出，各国要强化沟通协调以减少政策负面溢出效应。[①]2020年美国为应对疫情对美国金融市场带来的冲击，美联储连续两次降息至零利率，并尽数重启量化宽松政策，对其可能产生的严重的负面溢出效应又一次引起了人们的广泛关注。如美国救市的同时，发展中国家承担的经济风险与债务危机在持续加重。《2020年第一季度中国货币政策执行报告》指出，新冠疫情对全球经济产生了巨大冲击，中国跨境资金流动不确定性增加，要密切关注发达经济体高度宽松的非常规货币政策溢出的负面影响。

由此可见，2008年世界金融危机后，金融危机动摇了自由经济信条，

---

① 2016年首次二十国集团财长和央行行长会议联合公报，中国上海，2016.2.26—27。

人们在布雷顿森林体系后寄希望通过浮动汇率解决开放经济相互依存性的货币政策溢出效应问题的制度设计被打破。国际货币政策溢出效应的日益增强，促进国际社会努力寻求通过国际货币政策协调途径来减小或消除日益增强的国际货币政策溢出的负面效应，以稳定全球经济增长。

三、国际货币政策溢出效应与溢入国家的货币政策目标不完全耦合

经济全球化与一体化极大地影响着各个国家的经济与货币政策。各个国家的经济紧密相互依存，一国货币政策调整会溢出到国外，对其他国家的经济产生深刻的影响。一国货币政策的制定与执行，主要是依据本国经济的运行状况而进行的。各个国家都对货币政策保持独立有极大偏好，都希望自主决定本国的政策利率，能有效控制本国的市场利率水平与流动性。通常，一国货币扩张，将使外国货币升值，就业减少，产出下降。反之亦然。特别是2008年以来，世界主要经济体量化政策的实施和退出对全球市场利率、汇率、贸易与国际金融等产生显著的溢出效应，主要表现为国际资本流动即"热钱"流入或流出，制约溢入经济体国内的货币政策操作。一国货币政策调整产生的国际溢出效应对溢入国的货币政策目标不一定是合意的。存在通货膨胀的国家企求本国市场利率高于国际利率和本国货币升值，会通过紧缩货币，使与国际利率保持正向差异，而就业市场不景气的国家希望与本国市场利率低于国际利率和本国货币贬值，会通过扩张货币，使本国利率与国际利率保持负向差异。如2015年以来，以美联储为代表的发达国家中央银行开启以加息与缩表为代表的货币政策正常化进程。美国的加息驱使国际资本流向美国，使得新兴市场经济体货币政策面临两难选择。如果国内不加息甚至降息，资本加速外流；如果加息，与国内适度宽松货币稳定经济的目标相悖。因此，各国中央银行都十分重视外国货币政策调整对本国经济的溢出效应的监控与分析，以便及时采取措施应对可能的外国货币政策的负面溢出效应。

四、中国综合国力持续提升，成为全球化的引领者

伴随着世界经济全球化的进程，中国经济融入全球化的程度不断提高。中国分别于2005年、2010年、2011年成为世界对外贸易、股票市值最大国家、国内生产总值（GDP）总量第二大国家，且经济增长速度强劲。2019年国内生产总值已达99.09万亿元，按照年平均汇率折算达到14.4万亿美元，相当于2018年世界排名第三至第六位的日本、德国、英国、法国等四个主要发达国家的国内生产总值之和，稳居世界第二。年末外汇储备余额31079亿美元。

人民币国际化进程加快推进。人民币汇率形成机制改革不断深化，资本项目可兑换稳步推进，跨境使用政策框架和基础设施日益完善，在跨境投资与贸易中的使用规模持续扩大。[1]2016年10月1日，人民币正式加入国际货币基金组织特别提款权（SDR）货币篮子，成为全球第五大支付货币，在新SDR货币篮子中，人民币的权重为10.92%，这是人民币国际化的重要里程碑，标志着人民币成为第一个被纳入SDR货币篮子的新兴市场国家货币。人民币成为全球主要支付货币，对促进人民币在金融交易、投融资中的使用，提升储备货币份额，提高人民币汇率和SDR汇率的稳定性有重要作用。目前已有28个国家直接使用人民币结算，占国际支付市场份额近2%。[2][3]

中国成为全球化的引领者。中国作为全球最大货物贸易国，坚持对外开放基本国策与打开国门搞建设，成为开放型世界经济的稳定器与推进经济全球化的引领者。2016年9月，二十国集团杭州峰会，中国作为东道国倡导并积极推动经济全球化进程。党的十九大报告将扩大开放确定为长远战略，通过推进"一带一路"国际合作与自由贸易区建设，促进开放型世界经济建设；通过提高贸易和投资自由化便利化水平、放宽市场准入、扩大服务业对外开放等政策措施助推经济全球化。

那么，在经济全球化深入发展、国际经济联系与相互依存性日益紧密的全球经济金融环境下，中国作为经济大国，中国深度融入全球经济，利

---

①中国货币政策执行报告（2020年第1季度）。

②中国货币政策执行报告（2015年第4季度）。

③相关数据来自中国人民银行、中国外汇管理局、中国国家统计局与IMF等统计数据库。

率和汇率形成机制改革不断深化,人民币国际化与资本项目可兑换稳步推进,世界主要经济体货币政策溢出效应的大小与方向如何?其如何向世界传递?世界主要经济体货币政策溢出中国经济发展有何影响?影响机制如何?中国货币政策调整存不存在溢出效应?如果有,如何向世界传递?中国人民银行如何监测评估国际货币政策溢出效应对中国的影响,并采取前瞻性的政策措施,提高中国货币政策的相对独立性与有效性?建立什么样的国际宏观经济政策的沟通机制,以约束不同经济体的政策溢出效应,成为中国央行必须面对和亟待解决的重要问题。

第二节　研究意义

一般而言,理论探索与准备是政策制定与成功实践的重要过程。新时期中国经济高质量发展,货币政策制定与实施尤其需要理论的支撑和指导。2008年以来,尽管理论与实践界对货币政策溢出效应存在性达成了共识,但目前学界与各国政策当局对货币政策溢出程度、机制等方面存在很大争议,导致有效的国际政策沟通协调困难,给全球经济稳定发展带来挑战,同时也会弱化中国宏观政策的有效性,对中国经济转型升级和高质量发展会产生复杂影响,增加经济稳定增长的风险。因此,研究主要经济体货币政策溢出效应及其对中国转型影响问题有重要的学术与应用价值。

一、理论价值

该研究有助于拓展货币政策溢出效应研究视野,丰富发展宏观调控理论。本研究通过比较国际经济正常期与非正常期、传统与非传统货币政策溢出效应程度、渠道与决定因素,明确货币政策溢出机理,深化人们对宏观调控理论的认识。

该研究有助于全面完整地把握世界主要经济体货币政策溢出效应的现状与演变规律。以往相关理论积累,为货币政策溢出研究提供了思考的支点和思想来源，但至今未能形成一个研究货币政策溢出的系统性强、较为成熟的分析框架，以便合理评估主要经济体的溢出效应，这就急需加强对该课题的研究。

二、应用价值

该研究有助于合理确定货币政策溢出效应责任，提升中国国际话语权，促进国际经济政策沟通与协调。当前主要经济体货币政策当局对政策溢出影响的大小与方向存在争论，导致责任分摊困难，该研究可为货币政策溢出效应责任划分提供参考。比如美国就要实行负责任的货币政策，这就要一定的机制相互监督和协调。这就要求政策当局明确货币政策溢出效应演变趋势与机理，有针对性地采取措施，减缓全球负向溢出效应冲击，提高货币政策的前瞻性。同时，加强与主要经济体政策沟通，维护开放利益。这关系全球经济的复苏增长与中国宏观政策效果的提升。有利于促进中国供给侧结构性改革与经济转型，加快高质量发展步伐，促进国际社会认识与适应中国经济转型带来的变化，营造有利的经济转型发展环境。

第三节　国际货币政策溢出效应要义

一、货币政策国际溢出效应概念

（一）货币政策溢出效应

货币政策的溢出效应是指在全球经济一体化的背景下，国与国之间的经济依存度、货币经济领域的互相影响日益提高，一国制定的货币政策不仅可以通过利率渠道、信贷渠道对本国国内目标经济变量发挥作用，而且会通过贸易、金融渠道跨越国境传递到国外影响其他国家就业与产出。与此同时，该国就业与产出也会受到其他国家货币政策溢回效应的影响。

货币政策的溢出效应按效应对产出与就业的影响效果可分为正效应和

负效应，当一国的货币政策对他国的经济变量产生积极作用时，即产生了正效应，反之，为负效应。按货币政策的类型分为传统货币政策溢出和非传统货币政策溢出。

（二）货币政策类型

1. 传统货币政策

传统货币政策是指一国中央银行通过公开市场操作、存款准备金和再贴现率等工具作用于政策利率，进而影响金融市场利率水平，以达到物价稳定、经济增长和稳定就业等宏观经济目标的政策措施。①

2. 非传统货币政策

非传统货币政策是中央银行在政策利率降低到"零利率下限"时，通过前瞻性指引、量化宽松、负利率政策等工具，作用于政策预期、资产负债表（规模、结构）、"零利率下限"等操作目标，进而影响长期利率与市场利率预期等，以实现宏观经济目标的经济干预措施。

（三）非传统货币政策的分类

非传统货币政策按中央银行非传统货币政策操作目标、工具、本质等可分为以下三种不同的类型。

按中央银行试图控制并能够通过非传统货币政策工具的运用实现日常控制的非传统货币政策的操作目标不同，可分为政策预期、资产负债表（规模、结构）和"零利率下限"政策利率三种非传统货币政策。

按非传统货币政策工具不同，可分为前瞻性指引、量化宽松、负利率政策三种非传统货币政策。

按非传统货币政策的功能与本质不同，可为分为数量型和价格型非传统货币政策。

非传统货币政策中的量化宽松政策属于数量类型，数量型和价格型均属前瞻性指引型非传统货币政策，负利率政策属于价格型非传统货币政策。

---

①巴曙松，曾智，王昌耀. 非传统货币政策的理论、效果及启示［J］. 国际经济评论，2018（2）：146－161+8.

（四）非传统货币政策工具

非传统货币政策工具主要有三种：量化宽松政策、前瞻性指引和负利率政策。

量化宽松政策。一国中央银行在经济衰退时，受"零利率下限"限制，政策利率接近零时，传统的利率政策传导不畅，无法实现预期政策目标。这时，一国中央银行必然选择数量型货币政策。量化宽松政策可以分为规模型与结构型两类，前者是中央银行以扩大央行资产负债表规模为操作目标而实施资产购买计划，向市场注入大规模的流动性的量化政策。后者是指中央银行以调控资产负债表结构为操作目标而通过扭转操作、质化宽松等方式，改变中央银行所有的资产期限水平的量化政策。[①]

前瞻性指引。前瞻性指引是指一国中央银行结合未来政策预期与政策传导路径与市场进行的政策沟通。

负利率政策。一国中央银行在"零利率"和非常规货币政策效果受限的情况下，将储备存款利率降至负值的非传统货币政策。

（五）量化宽松非常规货币政策原理

量化宽松货币政策根源可追溯至凯恩斯1936年在《就业、利息与货币通论》中提出的有效需求理论，积极主张国家采用货币政策等宏观政策干预经济，消除失业，促进经济复苏。根据流动性陷阱理论，在极低利率水平下，传统货币政策将失效。克鲁格曼（1998）将传统的IS-LM模型进行扩展，对在名义利率为零时传统扩张性货币政策失效，经济陷入流动性陷阱进行了理论阐释，并指出持久扩张性货币政策能使经济从流动性陷阱脱身，这被视为量化宽松理论研究的起点。[②]Bernanke与Reinhart（2004）指出，在政策利率接近零的下限时，可通过扩大中央银行资产负债表规模超过政策利率设定为零所需的水平即实施"量化宽松"的货币政策。[③]

---

①巴曙松，曾智，王昌耀. 非传统货币政策的理论、效果及启示［J］. 国际经济评论，2018（2）：146—161+8.

② Krugman，P.，Kathryn M. Dominquez and Kenneth Rogoff. It's back：Japan s slump and the return of the liquidity trap［J］. Brookings Papers on Economic Activity，1998（2）：137-205.

③ Ben S. Bernanke，Vincent R. Reinhart. Conducting monetary policy at very low short-term interest rates［J］. The America Economic Review，2004，94（2）：85-90.

二、货币政策国际溢出渠道

一国货币政策调整主要通过利率、汇率、价格、贸易与金融，以及国际金融循环等渠道，跨越国境溢出到国外，影响外国的物价与产出。[①]

（一）汇率渠道

汇率渠道是以一国商品相对价格变化引起国内和国外商品之间的需求替代而产生的支出转换效应为基础的。一国货币扩张增加货币供应降低利率，本国货币贬值，意味着本国产品竞争力增强，因此，本国产出与就业增长。根据利率平价条件，利率下调会导致本国货币贬值，本国产品价格相对降低，世界需求会在本国相对较低的出口价格推动下从外国向本国国内转移，进而本国就业增加，产出增长。与此同时，在浮动汇率制度下，外国货币升值，因其商品价格相对昂贵而竞争力减弱，世界对外国产品的需求下降，外国的就业与产出会下降，而在固定汇率制度下，外国货币贬值，就业与产出增长。

（二）价格渠道

价格渠道是以一国货币币值变化引起的进口商品价格变化对国内通货膨胀水平的影响效应为基础的。一国货币升值时，该国国内通货膨胀水平下降，而外国虽然就业与产出受益增长，但是要以由货币贬值引发的通货膨胀水平上升即输入性通货膨胀为代价的。例如，当一国货币升值时，该国国内进口商品美元价格下降，而伴随着本国货币急剧升值，国内通货膨胀水平会迅速地下降。与此同时，外国货币贬值，以外国货币标价的商品价格因而趋于上升，外国因输入性通胀而使物价水平趋于上升。当然，如果外国因对货币升值国的输入性通胀极度反对，而迅速紧缩货币，那么，将出现由货币紧缩国引发的全球货币紧缩现象。

（三）贸易渠道

贸易包括出口与进口。出口是指一个经济体将生产的部分产品与服务

---

① Georgios Georgiadis. Determinants of global spillovers from US monetary policy ［J］. Journal of International Money and Finance，2016，67（10）：41—61.

输出到国外，以满足国外消费或投资对本国产品与服务的需求，这意味着部分外国居民收入支出于本国商品，从而增加本国收入。进口指一个经济体将部分国内经济发展所需的消费或投资的商品与服务在国外生产后输入国内，本国居民收入支出于外国商品与服务，增加外国收入。

货币政策国际溢出的贸易渠道是以一国政策利率的调整引起的国内收入变化对国内与进口商品服务需求的影响效应为基础的。例如，一国货币紧缩提高政策利率，国内收入和支出将减少，进而降低对国内生产和进口商品的需求，从而外国产出与收入减少。

（四）金融渠道

金融渠道是以国内货币政策调整引起的利率与流动性变化引起外国各种金融资产与负债的价格变化，进而对外国产出与就业产生的影响效应为基础的。一国紧缩货币上调政策利率，会压低国内资产价格，资产收益率预期提升，在高度一体化的全球金融体系下，外国资本通过证券组合再平衡流向国内，打压外国资产价格，外国资产收益率上升。若此时，国外经济体经常面临账户赤字或较低的外汇储备水平，将承受较大的资本流出压力。美国等发达经济体因其国际储备货币国地位，以及其在国际经济贸易中的重要性，其货币政策会直接影响国际资本流动而对外国产生溢出效应。此外，金融渠道还反映经济增速差别。预期资产收益率提升，也可能是由于市场对经济向好的预期，以及预期货币政策长期由松转紧而引起的。如2020年以来，美联储持续实施宽松货币政策，美国经济复苏预期升温，而带动资产价格上涨，市场对通胀预期增大及对美联储宽松货币政策退出出现担忧，预期利率上升，这样美国资产预期回报上涨中，吸引力相对增大。这样，原先因为美国宽松货币流入新兴市场国家的资本，就会随美联储未来货币政策转向预期升温，从新兴经济体流回。2020年年底以来，美联储持续宽松货币，导致国债收益率飙升、美元指数上行，而新兴经济体国债收益率和汇率开始走低，美国国债与新兴经济体国债收益利差收窄，带动新兴经济体资本流入量减少。美国10年期国债收益率从2020年11月的0.84%升至2021年2月的1.44%，而多数新兴经济体国债收益率出现下滑，这样利差收窄降低了新兴经济体资本流入，甚至是回流。

此外，最近研究者们强调全球因素对国际货币政策传递的重要性。如美国等世界主要经济体的利率政策的调整会通过全球新的金融周期传递到国外。

非传统货币政策的国际传递除传统的利率渠道外，还有国际银行渠道、信号渠道。量化政策通过降低利率，促使投资者调整证券组合，将资本投向收益率更高的外国资产，进而压低外国利率，导致外国货币政策被迫宽松，但这种效应可能被外国货币币值上升所抵消。

第二章 国际货币政策溢出效应学术史演进

经济全球化、金融一体化紧密了世界经济体之间的经济贸易联系与相互依存程度。全球各经济体，特别是对世界经济影响和作用举足轻重的世界主要经济体的货币政策，在稳定国内价格水平和促进经济发展的同时，还会跨越国境向外国传导，对本国之外经济体经济产生溢出效应。货币政策国际溢出是国际经济学的重要内容。人们对货币政策溢出效应问题探索由来已久，可追溯至18世纪大卫·休谟（Hume，1752）所提出的金本位体制下的物价—硬币—流动机制理论。[①]20世纪50年代以来，随着国际经济贸易联系加强，货币政策国际溢出现象逐步凸显。2008年金融危机以来，世界主要发达经济体在保持持续低利率政策的同时，实施了大规模的量化宽松等非常规货币政策。国际货币政策不仅在发达经济体之间传递，而且对发展中经济体产生了溢出效应，货币政策国际溢出机制与效应发生了新的变化。在新的国际货币政策环境下，包括中国在内的世界主要经济体彼此都高度关注货币政策国际溢出及其对经济稳定发展的影响效应，进一步激发了人们对货币政策国际溢出问题的重视。研究者们从不同角度、不同切入点对国际货币政策溢出效应问题进行探索，形成了许多学术文献。

---

①克鲁格曼，奥伯斯法尔德. 国际经济学：理论与政策（第八版）［M］. 黄卫平，等，译. 北京：中国人民大学出版社，2010：484—485.

第一节 货币政策溢出效应理论考要

一、货币政策溢出效应存在性与本质

货币政策溢出效应研究源于1951年James Meade在《国际收支》中将内部和外部均衡纳入统一分析框架而提出的"米德冲突"。"米德冲突"理论认为，在布雷顿森林体系下发达国家多采用固定汇率制度，单独实施一项经济政策难以同时实现内外均衡。这里的外部均衡问题就是各经济体间经济政策溢出效应研究的起源。

国际货币政策溢出效应源于国际经济相互依存，国际多边性是其本质。库珀（1968）首次提出国际经济相互依存理论，论证了经济政策溢出效应的存在性，以及国际经济政策协调的必要性。[1]Hamada（1974、1976）开启系统研究货币政策溢出效应的先河，利用瓦尔拉斯的一般均衡理论阐述了货币政策溢出效应国际多边性本质，并指出货币政策溢出根源是国家之间的相互依存关系，并认为一国货币政策决策要考虑溢出效应。[2][3]此后，研究者们多采用向量自回归模型（VAR模型）及其扩展模型（FAVAR模型、GVAR模型、PVAR模型）等经验实证方法，考察了美国等发达经济体货币政策（货币供应量和政策利率），对发达经济体以及发展与新兴经济体产出、物价与就业的溢出影响，大多数研究结果支持货币政策国

---

① Richard N. Cooper. The economics of interdependence: economic policy in the Atlantic Community [M]. New York: McGraw-Hill, 1968.

② Koichi Hamada. Alternative exchange rate systems and the interdependence of monetary policies. In: R.Z. Aliber, National Monetary Policies and the International Financial System [M]. Chicago: University of Chicago Press, 1974.

③ Koichi Hamada. A strategic analysis of monetary interdependence [J]. The Journal of Political Economy, 1976, 84 (4): 677—700.

际溢出效应的存在性。[1][2]对货币政策国际溢出效应理论研究多是建立两国或多国动态随机一般均衡（DSGE）模型，论述货币政策溢出效应的存在性。[3]Lars E.E.Svensson，Sweder van Wijnbergen（1989）与M.Obstfeld，K.Rogoff（1995）建立了传统货币政策溢出理论框架阐释了传统货币政策如货币供应量与政策利率冲击的溢出效应机理，并论证了其存在性。[4]Luca Dedola，Peter Karadi，Giovanni Lombardo（2013）建立了非传统货币政策国际溢出的理论框架，阐释了量化宽松等非传统货币政策的溢出机理。[5]

二、货币政策溢出效应理论递演

当前货币政策溢出效应研究主要是在两个基本分析框架下展开的：蒙代尔–弗莱明–多恩布什模型（MFD模型）为代表的凯恩斯分析范式和新开放宏观经济学一般均衡（NOEM）范式。

（一）利率平价理论

利率平价理论（利率平价条件）是国际金融经济学中最重要的理论之一，论述了在开放经济条件下，本国利率、外国利率与汇率变动率的联系。利率平价理论以金融市场相互联系为基础，认为汇率的变动是由利率差异决定的。凯恩斯（Keynes，1923）基于无套利思想，开创性地提出利率平价理论框架，后经经济学家修正完善，形成现代利率平价理论，为货币政策国际溢出与传导分析提供了理论基础。他认为，如果本国与外国存在利率差，会引起资本跨境流动，投资者只有在汇率使得本国资产和外国资

①邵磊，侯志坚，茆训诚. 世界主要经济体货币政策的空间溢出效应研究：基于数量型和价格型货币政策工具视角［J］. 世界经济研究，2018（11）：3—4+135.

② Soyoung Kim. International transmission of U.S. monetary policy shocks：Evidence from VAR's［J］. Journal of Monetary Economics，2001，48（2）：339—372.

③ Sami Alpanda，Serdar Kabaca. International Spillovers of Large-Scale Asset Purchases［J］. Journal of the European Economic Association，2020，18（1）：342—391.

④ Lars E.E.Svensson，Sweder van Wijnbergen. Excess capacity，monopolistic competition，and international transmission of monetary disturbances［J］. The Economic Journal，1989（99）：785—805.

⑤ Luca Dedola，Peter Karadi，Giovanni Lombardo. Global implications of national unconventional policies［J］. Journal of Monetary Economics，2013，60（1）：66—85.

产的预期回报率相等时，才无差异持有本国资产与外国资产，从而使得本国资本与外国资本处于竞争均衡状态。根据凯恩斯（Keynes，1923）古典利率平价理论框架，当本国利率低于外国利率时，本国货币在远期外汇市场上倾向于升水；当本国货币存在下跌压力时，本国利率高于外国利率，即利率差与本币远期贴升水相互抵补。①爱因齐格（Einizig，1937）用动态方法分析了本国利率、外国利率与汇率的动态均衡关系，完善了凯恩斯的利率平价理论。之后，经济学研究者在凯恩斯与爱因齐格利率平价理论的基础上，根据国际经济金融实践的发展演变，又进一步修正完善，形成了现代利率平价理论。利率平价理论分抵补与非抵补的利率平价理论两种。前者的含义是国内利率、外国利率及本币远期升贴水的联系，后者指在风险中性的假设下，国内利率、外国利率与本币预期币值变动率的联系。

20世纪80年代以来，研究者针对国际金融经济形势的发展，逐步放宽了利率平价理念的最初的资本完全流动、货币的完全替代假设，加入新的解释变量如货币的国家风险、交易成本、税收差异、国家储备、市场的不完全性、理性预期的偏离等对最初的利率平价理论进行了扩展，以探索解释现实国际货币政策溢出与传递机制、国际利率联系与利率平价理论的偏离之谜。②利率平价理论为国际货币政策溢出效应研究提供了理论依据，激发了大量关于国际货币政策溢出问题的实证研究。但是，大量的关于国际货币政策的传递与溢出效应的实证检验未能取得一致结论，国际货币政策溢出效应因经济体汇率制度、资本流动程度、国家风险等因素存在异质性，如Bacchetta、Philippe与EricvanWincoop（2007；2010）。

（二）蒙代尔–弗莱明–多恩布什模型与"三元悖论"

20世纪60年代诺贝尔经济学奖获得者罗伯特·蒙代尔（Mundell，1963）和马科斯·弗莱明（Fleming，1962）将IS–LM模型推广到资本完全流动情况下的小型开放经济中，建立了开放经济条件下的蒙代尔—弗莱明模型（Mundell–Fleming Model，简称M–F模型）。该模型虽然是在国际经济

---

① Keynes. A tract on Monetary Reform［M］. London：Macmillan，1923：110—156.

②多恩布什，费布尔，斯塔兹. 宏观经济学［M］（第十版）. 王志伟，译. 北京：中国人民大学出版社，2010：251.

实行浮动汇率制度之前提出的，但是后来成为分析在资本完全流动的前提之下货币政策独立性、溢出效应，以及政策目标权衡的经典理论。[1][2]在固定汇率制与资本完全流动条件下，一国无独立性的货币政策，实行独立的货币政策操作都无收入效应；而在浮动汇率制下，才能保持货币政策独立性与有效性。在M–F模型中，汇率、贸易货币政策溢出是主要渠道。当外国提高利率实行货币紧缩时，汇率调整带来本国商品相对价格变动，货币贬值产生支出转换效应，促进本国产出增加，改善本国贸易余额。此后，分别被多恩布什与克鲁格曼进行了扩展或总结。前者于1976年对M–F模型用粘性价格代替原来的刚性价格，同时引入预期因素完全预期的扩展变形，形成了被广泛用于国际货币政策溢出研究的开放宏观经济学凯恩斯分析框架蒙代尔–弗莱明–多恩布什模型（M–F–D模型），该模型最显著的特征是粘性名义产出价格可能导致汇率超调现象。[3]多恩布什认为在浮动汇率制度下，存在着与固定汇率制度大致相同的国际经济相互依存，而且由于汇率超调，一国货币政策调整引起的货币币值变动将产生更大的溢出效应或相互依存效应，货币政策调整会通过汇率与价格渠道，产生支出转换效应和收入吸收效应溢出到外国，从而影响外国的产出和价格。并且本币贬值对贸易余额的影响随时间呈"J"曲线形状变化。后者，克鲁格曼于1999年将货币独立、汇率稳定和资本流动这三个目标只有其中两个可以同时实现的情况总结为著名的开放经济政策的"三元悖论"，清晰地展示了M–F模型的内涵。他指出，如果用三角形的三个顶点表示上述三个货币政策目标，任何国家只能选择三角形一条边上的两个顶点所表示的目标组合，而放弃对角的政策目标。但是，金融危机后，克鲁格曼又承认，"三元悖论"并不否定中间状态的存在，只不过资本部分自由流动与利率和汇率稳定组合

---

① Mundell, R.. Capital mobility and stabilization policy under fixed and under flexible exchange rates [J]. Canadian Journal of Economics and Political Science, 1963（29）：475–485.

② Fleming, M.. Domestic financial policies under fixed and under floating exchange rates [C]. International Monetary Funds Staff Papers, 1962（9）：369–379.

③奥伯斯法尔德，罗戈夫. 国际宏观经济学基础 [M]. 北京：中国金融出版社，2010：545—551.

的存在，需要更大的外汇市场干预力度。[①]据此，在盯住汇率制度下，一国的货币政策将不能独立设定。在弹性汇率制度下，其他条件不变时，国内货币政策对外国货币政策调整有较小的敏感度，即外国货币政策对本国溢出影响效应相对小。而对于采用盯住与弹性制度之间的某种汇率制度的国家，外国货币政策对本国的国际溢出影响效应会小于实行固定汇率制度的国家。

（三）新开放经济宏观经济学

随着经济全球化进程的加快，世界各经济体开放水平不断提高，国际实体经济与货币经济的联系，各种实际和名义冲击的跨国传导机制以及其溢出效应成为开放经济宏观经济学研究的中心问题。而以蒙代尔-弗莱明模型为代表的凯恩斯主义刚性价格模型缺乏微观基础，且没有关注到跨期优化问题，基于完全竞争和弹性价格的新古典宏观经济学的实际经济周期理论（RBC理论）平滑掉了经济中的现实因素，两者都不能对上述问题进行合理的解释。与此同时，由于建模技术的发展，宏观经济学理论出现，实际经济周期理论与新凯恩斯主义经济学不断融合。一方面，RBC理论研究者将不完全竞争和名义刚性等凯恩斯主义经济学成分引入RBC理论的动态一般均衡分析方法中，使得市场结构更接近现实、货币冲击能产生实际效应，以增强模型的解释力。另一方面，新凯恩斯主义经济学也认识到真实经济周期的动态一般均衡分析框架的微观基础、随机化与模拟等技术的优越性，把货币不确定性及名义汇率风险引入了分析模型，将新凯恩斯主义宏观经济模型进行动态化和随机化。[②③]这样，实际经济周期理论与新凯恩斯主义逐步在DGE框架下相融合。[④]

实际经济周期理论与新凯恩斯主义融合发展。20世纪60年代以后，以

① Paul R. Krugman, Maurice Obstfeld, Marc J. Melitz. International economics: theory & policy (9th ed) [M]. London: Peason Education, 2010: 509-510.

② Finn E.Kydland, Edward C.Prescott. Time to buildand aggregate fluctuations [J]. Econometrica, 1982, 50 (6): 1345-1370.

③ Finn E. Kydland, Edward C. Prescott. The computational experiment: an econometric yool [J]. Journal of Economic Perspectives, 1996, 10 (1): 69-85.

④ Charles I.Plosser, Understanding real business cycles [J]. Journal of economic perspectives, 1989, 3 (3): 51-77.

卢卡斯批判和卢卡斯、萨金特为代表的理性预期革命，以及奈尔森和普罗瑟（1982）提出的实际因素是宏观经济波动的核心因素思想，促进了均衡实际经济周期理论的发展。①在卢卡斯货币周期模型的基础上，基德兰德和普雷斯科特（1982）用实际冲击，如技术冲击替代货币冲击作为经济中产出与就业波动的来源阐释经济波动，通过个人对工作与消费的最优化决策（效用最大化），与厂商对生产的最优化决策（利润最大化）建立了美国经济体的随机一般均衡宏观经济模型，即均衡实际经济周期理论框架。在RBC理论框架下，经济中产业与就业的长期与短期波动均被归因于技术冲击，放弃传统对经济的长期与短期之分。经济波动是市场对技术进步的不确定性所做出的最优反应，是市场主体面对经济环境变化调整其行为的结果，是消费者效用最大化、生产者利润最大化的结果，因而是竞争性均衡，达到帕累托最优状态，政府政策干预会降低社会福利。在早期RBC理论框架中，经济波动是市场主体最优选择的结果，名义冲击货币因素没有产业与就业等实际效应，因此经济政策无效，货币在经济中的作用被降到了最低程度，这与经济现实存在距离。这引起了广泛的争论和质疑，遭到新凯恩斯主义经济学学派的批评，促进新古典宏观经济学者通过引入不完全竞争、价格和工资刚性等更加接近现实的因素，进一步发展完善RBC理论。虽然对RBC理论的争论一直进行，但是RBC理论所采用的动态一般均衡（DSGE）方法在宏观经济分析中被广为运用，即使是主要反对者新凯恩斯主义经济学，在其理论中也大量采用了这种建立在微观经济基础上的动态随机一般均衡方法。

新开放经济宏观经济学正是实际经济周期理论与新凯恩斯主义融合背景下产生的。NOEM研究者奥伯斯法尔德和罗戈夫（M.Obstfeld and K.Rogoff，1995）将跨期分析与M-F-D传统模型相结合，通过在动态一般均衡框架引入不完全竞争、粘性价格，整合传统新古典经济增长模型、传统凯恩斯主义理论、实际经济周期模型和价格粘性模型的诸多要素，开创性

---

① Charles R.Nelson, Charles R.Plosser. Trends and random walks in macroeconmic time series: Some evidence and implications［J］. Journal of Monetary Economics，1982，10（2）：139–162.

地建立了一个具有分析经济主体行为的微观基础的动态一般均衡模型，即新的开放经济宏观经济分析框架（Redux），以此来分析真实冲击和货币冲击的国际传导机制与溢出效应，以及其对汇率和经常账户的影响。[1][2]该模型兼具跨期方法的严格性（Obstfeld，1982）[3]和M-F-D传统模型古典方法的定性结论的优点，使货币政策溢出与传导机制中融入跨期方法内涵，而此内涵与名义刚性和微观基础相关。名义刚性和垄断竞争市场的引入改变了外生经济冲击的传导机制，凸显宏观政策的重要性。价格粘性和垄断竞争的假定使模拟冲击传导机制更贴近实际，微观基础的引入增强了新框架下对国际经济现象解释的说服力，经济主体在既定约束下最大化目标函数（效用与利润）使模型可以评估宏观经济政策福利效应。依据Redux模型，外国特别是世界影响力大的开放国家的货币扩张，会降低世界利率，短期内会促进世界需求增长，进而促进本国产出增长，从而提升世界福利水平，因此，全球性货币政策并不是一个零和博弈。这与以M-F-D框架为基础和以跨期模型为基础的货币政策溢出分析结果特别是溢出机制有差异。

之后，研究者奥伯斯法尔德和罗戈夫（M.Obstfeld and K.Rogoff，2000）通过引入随机因素等对此框架进一步发展，[4]形成新开放经济宏观经济学，动态随机一般均衡模型成为新开放经济宏观经济学的基本分析方法，为货币政策传导与溢出效应的评估、国际宏观政策设计与福利研究提供了主导分析框架。

（四）非传统货币政策溢出效应理论

国际金融一体化加深了全球各经济体金融市场的联系，全球金融与宏观经济相互依存性增强，放大了以稳定经济为目的非传统货币政策溢出效应。LucaDedola，PeterKaradi，GiovanniLombardo（2013）以Backus等

---

①奥伯斯法尔德，罗戈夫．国际宏观经济学基础［M］．北京：中国金融出版社，2010：591—595.

② M.Obstfeld，K. Rogoff. Exchange rate dynamics redux［J］．Journal of Political Economy，1995，103（3）：624–660.

③ M.Obstfeld. Aggregate spending and the terms of trade：is there a Laursen–Metzler effect？［J］．Quarterly Journals of Economics，1982，97（2）：251–270.

④ M. Obstfeld，K. Rogoff. New directions for stochastic open economy models［J］．Journal of International Economics，2000，50（1）：117–153.

（1995）标准开放经济模型为基础，构建了包含金融摩擦的两国模型。据此模型，国际金融一体化下，非传统货币政策冲击特别是中央银行资产购买等与金融市场相关的冲击会产生较真实冲击更大的溢出效应。在国际政策协调环境下，各经济体信用政策将是次优的，将减少各经济体的福利。[①]

第二节 货币政策溢出效应实证研究

理论研究表明，一国货币政策调整会跨越国境溢出到国外，影响外国经济产出、就业与物价，但对外国经济产生的溢出效应大小与方向没有形成一致的结论。一方面，货币扩张国家由于货币贬值其商品价格相对便宜，消费者与公司商品需求由外国转向货币扩张国家，对外国产生负面溢出效应。另一方面，一国货币扩张的目的是增加产出与就业。货币扩张国产出与就业的增加，消费者与公司对全球产品需求增加，对国外产生正面的溢出效应。在这两方面因素的作用下，一国货币政策扩张产生的最终溢出效应的方向取决于汇率传递的程度。如果进口商品的价格受汇率变化的影响大，支出转换效应就会比较大，对外国产生负面的溢出效应，反之亦然。与此同时，美国等发达经济体货币扩张，也会驱动国际资本流向发展中国家，短期内增加发展中国家的产出与就业，从而使货币政策国际溢出呈现正面效应（Jonathan D.Ostry，AtishR.Ghosh，2016；Charles Engel，2016）[②]。货币政策国际溢出效应大小与方向的理论预测结果的模糊性，激发了大量关于货币政策国际溢出效应的实证研究。

---

① Luca Dedola, Peter Karadi, Giovanni Lombardo. Global implications of national unconventional policies [J]. Journal of Monetary Economics, 2013（60）：66-85.

② Jonathan D. Ostry, Atish R. Ghosh. On the obstacles to international policy coordination [J]. Journal of International Money and Finance, 2016（67）：25-40.

一、主要经济体货币政策对外国产出的溢出效应

一国货币政策目标主要包括经济增长、充分就业、物价稳定与国际收支平衡，其中，经济增长对一国社会经济发展有基础性，持续稳定增长的经济才能够促进该经济体的财富与福祉增加，因而其在一国货币政策目标体系中处于核心与基础地位。反映经济增长的最核心指标是一国的总产出即国内生产总值（GDP），因而货币政策国际溢出效应首先体现在产出上。

多数研究表明，世界主要经济体货币紧缩利率提升会对工业化国家与发展中国家产生负面效应，而货币扩张降低利率则产生正面溢出效应。[1][2]Soyoung Kim（2001）建立包括美国在内的七个经济体的VAR模型，经验实证了美国货币政策调整对美国之外的六个经济体的溢出机制与效应。美国货币扩张利率降低对相关国家产生了正面溢出效应。美国货币扩张会降低美国利率引起世界实际利率下降，全球产品与服务需求增加，利率下降产生的支出增加效应超过了美元贬值的支出转换效应，总体上促进了美国与其他国家产出增长。[3]JohnC.Bluedorn与Christopher Bowdler（2011）基于六个两国VAR模型，估计了美国货币政策调整对G7非美国的汇率、外国产出与外国利率的影响。美国货币紧缩政策利率提高后在第20个月美元币值上升到最大值。在最初的12个月内，对外国的影响具有差异性。对德国支出转换效应明显，世界对美国的商品需求转向外国，美国产出下降，德国产出增长，美国收缩货币对德国的产出效应是正面的，而英国产出开始较稳定，随后下降，说明对英国支出转换效应不明显。在第16个月后，对研究样本中美国以外的其他国家的产出均产生负面影响，说明美国货币

① Lars E. O. Svensson, Sweder van Wijnbergen. Excess Capacity, Monopolistic Competition, and International Transmission of Monetary Disturbances [J]. The Economic Journal, 1989（99）: 785–805.

② Charles Engel. International coordination of central bank policy [J]. Journal of International Money and Finance, 2016（67）: 13–24.

③ Soyoung Kim. International transmission of U.S. monetary policy shocks: Evidence from VAR's [J]. Journal of Monetary Economics, 2001, 48（2）: 339–372.

政策收缩，产出下降，对外国的需求减少，支出减少效应全面超过支出转换效应，对外国产生负面影响。[①]Georgios Georgiadis（2016）指出，在金融一体化、贸易开放度、汇率制度等因素作用下，除少数非洲与拉丁美洲发展中国家外，美国紧缩性的传统货币政策冲击的溢出效应与美国紧缩政策对自身经济的抑制作用相同，甚至超过对美国自身经济的抑制作用。相比较而言，中国较东南亚国家受到的溢出影响小。Georgios Georgiadis（2016）指出，非传统货币政策与传统货币政策有类似的溢出效应。[②]Babecka Kucharcukovaetal（2016）利用包括传统与非传统货币状况指数，分析了欧洲中央银行货币政策对非欧元区经济体的溢出效应，结果表明欧洲中央银行货币政策的溢出效应日益增强，其传统货币政策对研究样本中的非欧元区经济体产出均产生显著溢出效应，溢出效应与欧洲银行货币政策对国内产出影响相似，并且传递速度快。而非传统货币政策的溢出效应则较弱，且有国别差异性。[③]Jan Hajek与Roman Horvath（2018）考虑了美国货币政策因素，基于GVAR模型分析了欧洲中央银行与美国货币政策对非欧元区欧盟经济体的溢出效应，欧洲中央银行货币紧缩，提高影子政策利率，非欧元区欧盟经济体的产出下降。相比较而言，非欧元区欧盟经济体对欧洲中央银行的货币政策冲击反应较美国货币政策冲击反应更大。[④]Sandra Eickmeier与TimNg（2015）认为负的信贷供给冲击对美国与多数外国产出产生显著抑制作用，而对亚洲经济体的产出抑制作用不显著。[⑤]崔百胜，高崧耀（2019）基于包含对外贸易依存度等三种条件变量的PCHVAR模型，发现

①　John C.Bluedorn, Christopher Bowdler. The open economy consequences of U.S. Monetary Policy [J]. Journal of International Money and Finance, 2011（30）: 309–336.

②　Georgios Georgiadis. Determinants of global spillovers from US monetary policy [J]. Journal of International Money and Finance, 2016（67）: 41–61.

③　Babecka Kucharcukova, O., Claeys, P., Vasicek, B.Spillover of the ECB's monetary policy outside the euro area: how different is conventional from unconventional policy? [J]. Journal of Policy Modeling, 2016, 38（2）: 199–225.

④　Jan Hajek, Roman Horvath. International spillovers of （un）conventional monetary policy: The effect of the ECB and the US Fed on non–euro EU countries [J]. Economic Systems, 2018（42）: 91–105.

⑤　Sandra Eickmeier, Tim Ng. How do US credit supply shocks propagate internationally? A GVAR approach [J]. European Economic Review, 2015（74）: 128–145.

利率冲击对产出的溢出效应均为负向的。[1]Matteo Iacoviello与Gaston Navarro（2019）考察了50个发达与发展中经济体对美国提高利率的冲击反应，发现美国货币紧缩，提高利率，外国产出会下降。[2]

少数研究者对上述观点持不同态度。与Soyoung Kim（2001）对非美国七国集团经济体的分析结果相反，Canova（2005）认为，美国货币扩张利率降低对相关新兴市场经济体产生了负面溢出效应。美元贬值的支出转换效应超过了利率下降产生的支出增加效应，总体上抑制了新兴市场经济体的产出增长。[3]Kazi，Wagan，Akbar（2013）利用时变参数TVP-FAVAR模型分析了美国货币政策对14个经合组织国家的冲击影响。美国货币政策紧缩提高了除美国、加拿大、日本和瑞典之外的法国、德国、意大利等10个成员国的产出，产生了正面溢出效应，而抑制了美国、加拿大、日本和瑞典的GDP增长，呈现负面的溢出效应。[4]Tim Willems（2013）认为，美国货币政策对美元化国家没有溢出效应，美元化国家产出对美国货币紧缩没有明显冲击反应。[5]Robert Dekle与Koichi Hamada（2015）基于两国与多国VAR模型指出，短期内日本降低利率会引起美国产出增长，而量化宽松增发基础货币则会抑制美国产出增长。虽然日元贬值会抑制美国与亚洲国家产出增长，但日本产出增长与资产价格上升会促进相关国家产出增长。在中长期，日本货币扩张会引起日元贬值，会通过资产价格与GDP增长，溢出到美国及亚洲邻国，促进相关国家产出增长。[6]

①崔百胜，高崧耀. 二十国集团货币政策溢出效应的非对称性与异质性研究——基于PCHVAR模型［J］. 国际金融研究，2019（12）：33—42.

② Matteo Iacoviello, Gaston Navarro. Foreign effects of higher U.S. interest rates［J］. Journal of International Money and Finance, 2019（95）：232–250.

③ Fabio Canova. The Transmission of Us Shocks to Latin America［J］. Journal of Applied Econometrics, 2005（20）：229–251.

④ Irfan Akbar Kazi, Hakimzadi Wagan, Farhan Akbar. The changing international transmission of U.S. monetary policy shocks：Is there evidence of contagion effect on OECD countries［J］. Economic Modelling, 2013, 30（1）：90–116.

⑤ Tim Willems. Analyzing the effects of US monetary policy shocks in dollarized countries［J］. European Economic Review, 2013, 61（3）：101–115.

⑥ Robert Dekle, Koichi Hamada. Japanese monetary policy and international Spillovers［J］. Journal of International Money and Finance, 2015（52）：175–199.

货币政策国际溢出效应存在不对称性与时变性。研究者一般认为，发达经济体与新兴经济体之间货币政策传递存在不对称性。2008年金融危机前主要发达经济体的央行采取以价格稳定为目标规则导向的货币政策，产生的溢出效应小。危机后，美国等主要发达经济体的货币政策对新兴经济体产生了溢出效应。随着中国对全球经济影响力的增强，特别是2015年8月人民币汇率中间价形成机制改革以来，国际上高度关注中国经济政策对全球经济的"溢出效应"。崔百胜，高崧耀（2019）基于条件变量的PCHVAR模型，发现G20成员数量型与价格型货币政策溢出效应对产出与通货膨胀均呈现非对称与异质性。[1]R.Arezki，Y.Liu（2020）构建VAR模型考察了发达经济体与新兴市场的增长溢出效应的不对称性。虽然发达经济体增长溢出效应强度远大于新兴市场国家增长的溢出，但新兴市场国家增长溢出效应日益增加。相互依存结构是发达经济体与新兴经济体增长溢出不对称性的主要因素。美国货币政策对新兴经济体产出的溢出效应是同向的，弹性大于1。就欧元货币政策与中国货币政策相比而言，欧洲中央银行货币政策的脉冲响应大，负向溢出效应强。中国货币政策冲击对发达经济体负向溢出效应小，而对新兴市场经济体负向溢出效应大。货币政策在发达经济体与新兴经济体之间传递有显著的不对称性，发达经济体货币政策对新兴经济体产出的溢出效应远大于新兴市场经济体货币政策对发达经济体产出的影响。[2]Yoshiyuki Fukuda，Yuki Kimura，Nao Sudo等（2013）认为，美国传统货币政策主要通过汇率的支出转换效应与利率的支出减少效应向世界传递影响，分别负向的影响外国产出。1990年1月到1999年12月，美国货币收缩提高利率显著地降低了外国产出，而在2000年1月到2007年12月，美国货币政策的负向产出效应相对较弱。这与国际贸易与金融一体化程度日益加深，以及美国

①崔百胜，高崧耀. 二十国集团货币政策溢出效应的非对称性与异质性研究——基于PCHVAR模型［J］. 国际金融研究，2019（12）：33—42.

②R.Arezki，Y.Liu. On the（Changing）Asymmetry of Global Spillovers：Emerging Markets vs. Advanced Economies［J］. Journal of International Money and Finance，2020，doi：https：//doi.org/10.1016/j.jimonfin.2020.102219.

21世纪以来在国际经济贸易中的影响力下降与美国之外的国家货币政策目标转向通胀水平有关。动态随机一般均衡模型表明国际贸易与金融一体化程度提高引起非美国经济体产出对美国货币收缩产生较大幅度的负向反映，而美国国际经济贸易影响力下降与非美国货币政策目标转向则产生相反的影响。[1]陈雨萱与杨少华（2018）认为，中国与发达经济体间的货币政策溢出效应呈不对称性特征。美国、日本、欧元区和英国加息在短期对中国产出均有正向溢出效应，而在中长期，中国产出对欧元区、日本加息冲击反应由正转负，且有持久性，对美国和英国加息冲击反应持续为正。中国加息对美国产生有短期的负向影响，而对日本、欧元区和英国的负向影响持续时间较长。[2]Nikolaos Antonakakis，David Gabauer，Rangan Gupta（2019）基于TVP-FAVAR模型，发现美国货币政策溢出效应在零利率下限与非常规货币政策实施时期最大。[3]

二、主要经济体货币政策对外国物价的溢出效应

国际大宗商品主要是以美元标价，美元币值的变动对大宗商品价格会产生较大的影响。世界主要经济体政策利率或基础货币供应量变动会引起美元币值波动，影响国际大宗商品价格，进而影响外国的物价水平。陈建奇与张原（2013）认为，美国等发达经济体拥有贸易结算、国际储备货币等地位，其对国际大宗商品价格有较大影响，美国货币政策调整会导致美元币值波动，通过大宗商品价格波动对外国物价水平产生溢出效应。[4]Sandra Eickmeier与Tim Ng（2015）认为，美国紧缩货币，信贷供给

① Yoshiyuki Fukuda，Yuki Kimura，Nao Sudo，Hiroshi Ugai. Cross-country Transmission Effect of the U.S. Monetary Shock under Global Integration ［R］. Bank of Japan Working Paper，2013.

②陈雨萱，杨少华. 中国与发达经济体的货币政策的溢出与反向溢出效应［J］. 当代经济科学，2018，40（5）：28—35+125.

③ Nikolaos Antonakakis，David Gabauer，Rangan Gupta. International monetary policy spillovers：Evidence from a time-varying parameter vector autoregression ［J］. International Review of Financial Analysis，2019（65）：101382.

④陈建奇，张原. G20主要经济体宏观经济政策溢出效应研究［J］. 世界经济研究，2013（8）：3—8+15.

产生负向冲击，使美国总需求紧缩，会导致美国与外国的通货膨胀水平下降。[1]陈雨萱与杨少华（2018）发现，发达经济体货币紧密提高利率在短期会推高中国物价，而在中长期发达经济体加息对中国通货膨胀水平会产生负向的溢出效应。[2]崔百胜，高崧耀（2019）基于包含对外贸易依存度等三种条件变量的PCHVAR模型，发现G20成员利率冲击在不同条件变量下对通货膨胀的影响效应方向存在异质性。货币供应量冲击对外贸易依存度高的国家的物价指数下降幅度的影响效应大于对外依存度低的国家，货币供应量冲击对通货膨胀有显著的负向效应。[3]

三、国际货币政策溢出对中国经济发展的影响

主要经济体货币政策溢出，特别是美国量化宽松政策对中国经济转型会产生显著影响。中国经济转型对全球经济增长有正的溢出效应，对全球经济再平衡具有重大意义。研究者一般认为美国货币政策向中国传递的渠道因经济周期与货币政策模式不同，而呈现出显著差异。肖卫国，兰晓梅（2017）认为，美联储加息、缩减资产负债规模主要通过资本流动渠道、汇率渠道以及利率渠道向中国传导，中国人民银行资产规模减少与美联储"缩表"不具有联动性。陈雨萱，杨少华（2018）认为，发达经济体货币政策对中国经济、金融运行产生明显的溢出效应，同时，中国货币政策对发达经济体经济、金融运行也有明显的反向溢出效应。许志伟，樊海潮，王岑郁（2020）认为，美国货币政策主要通过进口商品价格渠道向中国传导，即紧缩性货币政策通过汇率传导效应，降低中国的进口商品价格，进而引起中国国内生产成本下降和产出上升。展凯，王茹婷，张帆（2021）采用高频识别和反事实分析方法分析发现，中国央行逆周期调节在金融危机前后的差异，造成了美

---

① Sandra Eickmeier, Tim Ng. How do US credit supply shocks propagate internationally? A GVAR approach [J]. European Economic Review, 2015（74）: 128-145.

②陈雨萱，杨少华. 中国与发达经济体的货币政策的溢出与反向溢出效应 [J]. 当代经济科学，2018，40（5）: 28—35+125.

③崔百胜，高崧耀. 二十国集团货币政策溢出效应的非对称性与异质性研究——基于PCHVAR模型 [J]. 国际金融研究，2019（12）: 33—42.

国货币政策冲击对中国宏观经济的影响及其传导途径在2008年金融危机前后呈现显著差异性。金融危机前，美国的货币政策主要通过汇率渠道影响中国通货膨胀与产出，而之后，美国货币政策主要通过基础货币渠道向中国传递。龙威（2021）指出，美联储货币政策在常规模式和非常规模式之间转换会通过不确定性和市场预期变化影响中国资本市场。此外，随着中国与"一带一路"沿线国家的合作不断加强，中国货币政策对"一带一路"沿线国家的溢出效应受到了研究者们的高度关注。何娟文，李雪妃，陈俊宇（2021）研究发现，中国货币政策对"一带一路"沿线国家整体存在溢出效应，这种溢出效应因中国货币政策工具的不同而有差异。中国采用数量型货币政策工具扩张货币时，短期会促进沿线各国经济增长，而长期则相反；而利用价格型工具降低政策利率时会持续刺激沿线国家产出。

第三节　货币政策溢出机理探析

一、溢出渠道

研究者们通过经验研究和实证研究一般认为，世界主要经济体以其在世界经济贸易与国际储备货币等方面的影响与地位，其货币政策会通过利率、汇率、贸易与金融等渠道，跨越国境溢出到国外，影响外国的物价与产出。[1]利率、汇率、贸易等渠道是新开放经济学理论DSGE框架分析货币政策国际传导与溢出机制的重要内容，2008年金融危机以来，货币政策溢出的金融渠道受到研究者重视。[2][3]

---

① Georgios Georgiadis. Determinants of global spillovers from US monetary policy [J]. Journal of International Money and Finance, 2016, 67（10）: 41-61.

② Claudia M.Buch, Matthieu Bussier è, Linda Goldberg, Robert Hills. The international transmission of monetary policy [J]. Journal of International Money and Finance, 2019, 91（3）: 29-48.

③ Matteo Iacoviello, Gaston Navarro. Foreign effects of higher U.S. interest rates [J]. Journal of International Money and Finance, 2019（95）: 232-250.

第一，利率渠道。世界主要经济货币政策溢出效应的利率渠道通过影响外国的利率水平与资产价格两种方式传导。Soyoung Kim（2001）认为，美国货币政策主要通过利率渠道影响其他国家产出。美国货币扩张会降低美国利率引起世界实际利率下降，全球产品与服务需求增加，促进了美国与其他国家产出增长。[1]Suk-Joong Kim，DoQuoc Tho Nguyen（2009）认为，美联储与欧洲中央银行政策利率提高（降低）会引起亚洲与太平洋地区股市收益率下降（上升），两个央行利率提升对亚太股市产生了负向的溢出效应。[2]

第二，汇率渠道。Christopher J.Neely（2015）指出，美联储在2008—2009年实施的非常规货币政策大幅降低了美元现货价值。[3]Peter Tillmann（2016）认为，美国非预期的量化宽松大幅度降低了新兴经济体的币值。[4]杨子荣，徐奇渊与王书朦（2018），陈雨萱与杨少华（2018）认为，世界主要经济体货币政策会影响外国汇率水平与溢入经济体的汇率政策。一国宽松货币，降低政策利率或中央银行购买大量资产，本国市场利率和收益曲线下降，本国货币贬值，外国货币升值。[5][6]Matteo Iacoviello与Gaston Navarro（2019）指出，汇率渠道是宏观政策国际传导的一般均衡跨期模型的主要内容。美国提高利率的冲击对发达经济体产出溢出主要是通过汇率与贸易渠道传导，而对新兴经济体则不然。[7]

第三，贸易渠道。主要经济体货币政策冲击会通过收入吸收效应和支

① Soyoung Kim. International transmission of U.S. monetary policy shocks：Evidence from VAR's ［J］. Journal of Monetary Economics，2001，48（2）：339-372.

② Suk-Joong Kim，Do Quoc Tho Nguyen. The Spillover Effects of Target Interest Rate News from the U.S. Fed and the European Central Bank on the Asia-Pacific Stock Markets ［J］. Journal of International Financial Markets，Institutions & Money，2009，19（3）：415-431.

③ Christopher J.Neely. Unconventional monetary policy had large international effects ［J］. Journal of Banking & Finance，2015（52）：101-111.

④ Peter Tillmann. Unconventional monetary policy and the spillovers to emerging markets ［J］. Journal of International Money & Finance，2016（66）：136-156.

⑤杨子荣，徐奇渊，王书朦. 中美大国货币政策双向溢出效应比较研究——基于两国DSGE模型［J］. 国际金融研究，2018（11）：14-24.

⑥陈雨萱，杨少华. 中国与发达经济体的货币政策的溢出与反向溢出效应［J］. 当代经济科学，2018，40（5）：28—35+125.

⑦ Matteo Iacoviello，Gaston Navarro. Foreign effects of higher U.S. interest rates ［J］. Journal of International Money and Finance，2019（95）：232-250.

出转换效应（Soyoung Kim，2001），以及支出减少效应向外国溢出。

第四，国际金融渠道。美国等发达经济体货币政策调整时，本国与外国存在利差，驱动资本跨境流动。Peter Tillmann（2016）发现，美国量化宽松政策大幅度增加了新兴市场经济体的国际资本流入。美国实施量化宽松等非传统货币政策，创造极大流动性。由于美国本土利率水平持续走低，推动国际资本跨境流动，流向新兴经济体而产生溢出效应。[1]Ryan Banerjeeet al.（2016）认为，美国紧缩性货币政策导致新兴市场经济体资本流入与流出均下降，引发全球资本紧缩。[2]Claudia M.Buch，Matthieu Bussier è，Linda Goldberg（2019）认为，传统货币政策与非传统货币政策通过国际银行对外国产生溢出效应。[3]Sami Alpanda，Serdar Kabaca（2020）基于两国包含名义、真实刚性与证券组合平衡效应的DSGE模型，考察了美国大规模资产购买（LSAP）的国际溢出效应。他发现，美国大规模资产购买降低了美国长期债券收益率，并通过证券组合平衡（国内证券组合的长、短期债券的不完全替代，以及国内与国外证券组合的长、短期债券的不完全替代），不仅活跃了国内经济活动，还溢出到国外，激活了外国的经济活动。美国大规模资产购买与传统货币政策一样，对外国产生了产出效应。并且，由于强大的证券组合平衡效应，使美国大规模资产购买的国际溢出效应较传统货币政策更大。[4]

第五，商品价格渠道。Sandra Eickmeier与Tim Ng（2015），张夏与戴金平（2018）认为，美国紧缩货币，增加其他国输入型通胀紧缩压力，导致

---

① Peter Tillmann. Unconventional monetary policy and the spillovers to emerging markets［J］. Journal of International Money and Finance，2016（66）：136-156.

② Ryan Banerjee，Michael B. Devereux，Giovanni Lombardo. Self- oriented monetary policy，global financial markets and excess volatility of international capital flows［J］. Journal of International Money and Finance，2016，68（1）：275-297.

③ Claudia M.Buch，Matthieu Bussier è，Linda Goldberg，Robert Hills. The international transmission of monetary policy［J］. Journal of International Money and Finance，2019，91（3）：29-48.

④ Sami Alpanda，Serdar Kabaca. International Spillovers of Large–Scale Asset Purchases［J］. Journal of the European Economic Association，2020，18（1）：342-391.

货币政策溢入国通货膨胀水平下降。①②陈磊与侯鹏（2011）认为，美、英等发达国家为增加国内消费和投资需求而实施的量化政策使国际资本加速流入大宗商品市场和新兴市场，导致新兴市场国家产生通胀压力。③

此外，非传统货币政策溢出效应还会通过信号等渠道溢出到国外。Elias Albagli，Luis Ceballos，Sebastian Claro等（2019）认为，信号是美国货币政策溢出的重要渠道，美国货币政策冲击向发达经济体的溢出主要通过风险中性利率相关信号渠道。④Aizenman，Binici et al.（2016）认为，美联储宣布缩减资产购买的信息对新兴金融市场资产价格有显著的影响，并且金融市场越发达的新兴经济体对美联储宣布缩减资产购买的信息反应越大。⑤

二、影响因素

政策溢出效应会受到溢入经济体的国别特征如开放度、国际储备规模、资本项目开放度、资本市场市场化程度、劳动力市场结构、产业结构、汇率制度、全球价值链参与等因素影响，并且对发达经济体与非发达经济体受到的国际货币政策溢入效应的影响存在差异性，而且是非线性的关系。马勇和陈雨露（2014）基于开放条件下的新凯恩斯宏观经济模型DSGE模拟分析表明，中国货币政策有效性随着开放度提高而下降。中国政策利率变动对国内产出和价格的作用效应显著下降，中国货币政策调整市场利率与价格水平的政策成本将会增加。⑥Georgios Georgiadis（2016）

---

① Sandra Eickmeier, Tim Ng. How do US credit supply shocks propagate internationally? A GVAR approach [J]. European Economic Review, 2015（74）：128–145.

②张夏，戴金平. 美国货币政策外溢效应：一个文献研究 [J]. 财经科学，2018（5）：15—32.

③陈磊，侯鹏. 量化宽松、流动性溢出与新兴市场通货膨胀 [J]. 财经科学，2011（10）：48—56.

④ Elias Albagli, Luis Ceballos, Sebastian Claro, Damian Romero. Channels of US Monetary Policy Spillovers to International Bond Markets [J]. Journal of Financial Economics, 2019（134）：449–473.

⑤ J.Aizenman, M.Binici, M.M.Hutchison. The Transmission of Federal Reserve Tapering News to Emerging Financial Markets [J]. International Journal of Central Banking, 2016, 12（2）：317–356.

⑥马勇，陈雨露. 经济开放度与货币政策有效性：微观基础与实证分析 [J]. 经济研究，2014（3）：35—46.

认为，全球金融一体化程度高的经济体受到的溢出效应较经济全球化、开放度与金融一体化程度低，制造业占GDP比重高的经济体受到的溢出效应更大。汇率弹性越小，受到的外国溢出效应影响越大。美国货币政策溢出效应的大小是由上述国别特征综合决定的。[1]邵磊，侯志坚，茆训诚（2018）基于空间面板模型，考虑世界主要经济体空间相互影响发现，一国货币供应量增加的直接效应为负，而对相邻地区的溢出效应为正，而政策利率调整的作用则相反，[2]说明货币政策工具也是溢出效应的影响因素之一。

第四节　国际货币政策溢出效应研究述评

经济全球化与经济一体化深入发展，世界主要经济体货币政策冲击必然会跨越国境，传递到国外，对其他经济体经济产生溢出效应。中国已经深度融入国际经济，国际货币政策溢出效应会影响中国经济发展。马克思在《资本论》第三卷中写道："世界市场不以一个国家的生产条件为转移而对利息率的确定所产生的直接影响，比它对利润率的影响大得多。"[3]指出了国际货币政策传导问题。时任中国人民银行行长周小川在2012年3月12日十一届全国人大五次会议新闻中心举行的记者会上指出，根据传统的货币政策理论，各国的货币政策操作应以国内经济形势为基础。[4]自2008年金融危机以来，中国货币政策的制定，与国际经济形势的发展变化关系密切，甚至主要取决于国际经济形势，表明了国际货币政策溢出对中国货币政策的影响。

---

① Georgios Georgiadis. Determinants of global spillovers from US monetary policy [J]. Journal of International Money and Finance, 2016（67）：41–61.

②邵磊，侯志坚，茆训诚. 世界主要经济体货币政策的空间溢出效应研究：基于数量型和价格型货币政策工具视角 [J]. 世界经济研究，2018（11）：3–4+135.

③马克思. 资本论（第三卷）[M]. 北京：人民出版社，2004：412.

④中国人民银行行长周小川等在2012年3月12日十一届全国人大五次会议新闻中心就"货币政策及金融改革"回答中外记者的提问。

上一节文献梳理表明，非常规货币政策与常规货币政策的溢出效应与渠道相类似，货币政策的溢出渠道主要有利率、汇率、贸易、金融、信息符号等，美联储货币政策对全球资产价格的影响较其他主要经济体央行大，货币政策越独立的经济体越有能力通过货币政策调整以消除美国货币政策溢出效应的冲击。国内外研究紧密结合国际经济贸易与货币政策理论与实践发展，从不同角度，采用各具特色的方法，对国际货币政策溢出效应进行了理论与实证两方面多层次的研究，取得了有启发、有价值的研究成果与结论。现代西方经济学各流派利率、货币以及货币政策相关理论，如凯恩斯的利率平价理论、蒙代尔与弗莱明的货币政策独立与利率决定理论、伍德福德的货币政策理论基础以及克鲁格曼、奥伯斯法尔德等经济学家对货币政策国际传递机制与溢出效应的论述，为世界主要经济货币政策溢出效应研究提供了重要基础，大量关于货币政策溢出效应实证成果为探索世界主要经济体货币政策溢出效应研究提供了先进的经济计量方法参考。

与西方经济学有关利率、货币、货币政策、国际货币政策溢出效应等理论相比，马克思主义经济学者们对国际货币政策溢出效应、货币政策变动的分析对指导中国货币政策的操作取向选择会更有意义。从本质上看，马克思主义货币与利息理论、货币政策理论和西方在本质上是不同的甚至是对立的思想体系。马克思在对利息进行质的规定性分析的基础上，还对利息率的决定、利息的外生性、利息对经济的作用以及利率的下降趋势、国际货币政策溢出效应的影响因素进行了科学预见。马克思对资本主义市场经济中的利率、货币与货币政策问题进行科学的分析研究与所得的科学论断，不仅深刻地阐明了资本主义市场经济中利率、货币、货币政策特殊运动规律，而且也揭示了市场经济中利率、货币、货币政策运动的一般规律。正如陈征教授所指出的，《资本论》研究的是自由资本主义时期的自由市场经济，包含市场经济的一般原理，这些原理也适合中国社会主义市场经济。[①]因此，马克思关于货币、利率与货币政策相关论述对中国应对国

---

① 陈征，李建平，李建建.《资本论》与当代中国经济［M］. 北京：社会科学文献出版社，2008：2.

际货币政策溢出效应研究仍然具有重要的指导意义。①

　　但总体而言，上述研究仍需完善。存在的问题主要有：其一，大多数学者主要针对美国等发达国家经济体货币政策对单一国家的影响进行研究，不能识别并分离全球经济共同趋势影响，从而不能明确溢出效应的来源与大小。例如美国对中国等国家的影响研究，不能反映货币政策溢出效应的国际多边性本质与国际相互依存基础。其二，缺少从横向或纵向的角度对溢出效应进行对比研究，不能发现溢出效应的影响因素与国别因素，对指导央行政策实践的可操作性低。例如传统货币政策与量化宽松政策的溢出效应对比，或者是分正常期、非正常期与政策分化期对比，或是不同溢出效应接受国对比等。其三，不能揭示货币政策溢出效应的演进趋势与特征。其四，对中国货币政策"溢出效应"，以及国际货币政策溢出对中国新时期经济高质量发展的影响研究少。

　　鉴于此，很有必要对世界主要经济货币政策的溢出效应及其机制与演变趋势进行分析与预测，明确其对中国经济发展的影响，并找出应对策略。这就要求研究要以马克思主义货币政策理论为指导，坚持"批判吸收"的思想，借鉴西方货币政策研究的正确理论与实践的成功经验，面向经济主战场，注重对新时期货币政策制定与实施中出现的新情况、新问题的考察，提出适合我国国情的应对国际货币政策溢出效应的策略与建议，助推以国内大循环为主体、国内国际双循环相互促进的新发展格局加快形成，促进中国经济高质量发展。

---

①吴宣恭. 关于"生产要素按贡献分配的理论"［J］. 当代经济研究，2003（12）：13—19.

第三章　货币政策国际溢出效应理论传承与演化

第一节　马克思利息、汇率理论与国际货币政策溢出效应

一、马克思利息理论

（一）利息理论

马克思利息理论是以劳动价值和剩余价值理论为基础，在批判与继承资产阶级古典政治经济学利息理论，并对其进行发展而建立起来的，研究的是典型的资本主义市场经济中的利息运行规律。而资产阶级的利息理论只是分析利息现象量的变化与其他经济变量表面联系，"只是在表面的联系兜圈子，它为了对可以说是最粗浅的现象作的似是而非的解释"，[①]而没有科学的基础。马克思的利息理论是在分析平均利润率形成的基础上，通过对生息资本历史发展与现实运动的研究，形成了科学的利息理论。马克思写道："只有资本家分为货币资本家和产业资本家，才使一部分利润转化为利息，一般地说，才产生利息的范畴。"[②]利息不过是一部分平均利润。货币资本家和产业资本家，在对同一剩余价值的纯粹的量的分割中产生了利息的质的分割。利润分为纯利润（企业主收入）与利息，分割为利润的两种不同的范畴：企业主收入与利息。[③]马克思在对利息进行质的规定

---

① 马克思. 资本论（第一卷）［M］. 北京：人民出版社，2004：99.
② 马克思. 资本论（第三卷）［M］. 北京：人民出版社，2004：415.
③ 马克思. 资本论（第三卷）［M］. 北京：人民出版社，2004：420—423.

性分析的基础上，还对利息率的决定、利息对经济的作用以及利率的下降趋势、国际货币政策特别是利率政策的国际传递与联系进行了科学预见。

现代国际经济自20世纪90年代以来的发展历程，似乎正在应验马克思一百多年以前的预见：国际利率不管是工业化国家还是发展中国家，国家间利差都在大幅度缩小，出现趋同并且呈现低利率趋势。随着各国放松金融管制，松绑金融市场，取消资本跨境流动限制，国际金融市场实现了很好融合。但是，由于各国的记账本位币及通货膨胀等风险的存在，这种金融市场融合未达到完全的程度。尽管存在以上局限性，20世纪末，工业化国家的国债市场表现了融合的现象。2000年后，许多国家的债券收益率进一步趋同，反映了货币政策国际溢出的影响效应。

1. 利息率的决定与变动趋势

平均利息率和市场利息率。马克思认为，利息作为利润的一部分，利息的变化范围在零与平均利润之间，并受平均利润的调节。马克思在决定利息界限的基础上，提出了利息率的概念：利息率为使用资本而支付的金额和这个资本本身的比率。一般地，利息率由一般利润率与利息占总利润的比例决定。他又将利息率区分为平均利息率和市场利息率。马克思指出，在市场经济中占统治地位的平均利息率受习惯、法律等的作用，不能由一般规律决定。同一资本在贷出与借入主体手中只执行了一次职能，生产一次利润。资本的所有权与经营权对利润的分割，"纯粹是经验的、属于偶然王国的事情"①。它们在这同一剩余价值的量的分割中，平均利润的一部分作为资本所有权提供的纯利润即利息产生。由于平均利润率具有相对稳定不变性，一定时期内是个稳定的量，经常以既定的经验事实表现在利率上。因此，平均利息率在一定时期内也是个相对稳定的量，表现为"同一的、确定的、明确的量"。

平均利息率不是由资本市场供求内生决定的。利息对平均利润的分割是货币与职能资本家竞争的结果，这种竞争的结果最终表现在中央银行对利息率的决定上。即"英格兰银行的权力，在它对市场利息率的调节上显

---

①马克思. 资本论（第三卷）［M］. 北京：人民出版社，2004：408.

示出来"。①而在市场上,不断变动的市场利率,由借贷资本的供求决定,此时,市场利率表现为借贷资本价格。市场利率会随着借贷资本的供求状况的变动而变动。在货币市场上,无数市场主体作为资本借入与贷出者,一起构成资本商品的供给与需求者,参与市场竞争,形成资本价格,即市场利率。市场利率的这种决定不通过任何中介,由市场供求竞争机制直接决定。这个市场利率固然也变动,但对所有的借款人同时同等程度地发生变动,每个参与者个体都不会对市场利率水平产生任何影响。市场利率表现为客观存在的量,参与者都只能被动地接受。马克思这一理论有重要的理论与现实意义。在发达的市场经济中,市场利息率是不可缺少的宏观变量之一,是重要的经济杠杆,引导资本合理有效配置。这对完善我国货币政策操作框架,提高人民银行调控市场利率的水平有重要的指导意义。②在社会主义市场经济中,借贷资本主要是由银行等金融机构提供,中央银行可以通过公开市场业务调节市场上货币供给量,进而影响市场利率,稳定国民经济。

利率的变动趋势。马克思认为,由于平均利润率是由一般利润率调节的,平均利润率下降的趋势会导致平均利息率呈现下降趋势,并且经济社会的发展,食利者阶层的人数呈增加趋势,再加上信用制度的发展,银行的媒介功能增大,这两个因素都会促使借贷资本供给趋向增加,起着压低利率的作用。这对正确认识现代国际金融经济中的全球低利率与趋同现象、中国利率政策的取向有重要意义。20世纪90年代以来,各国放松金融管制,取消资本流动限制,国际金融市场实现了很好的融合。尽管这种融合存在某些局限性,对这些国家来说,国际利率呈现低利率趋同趋势。进入21世纪以来,为了遏制全球性的经济衰退,各经济体央行不约而同地采取了频繁的大幅度降息操作。这一趋势一直持续到2004年年初,有力地遏制了21世纪初全球经济衰退。2007年美国的次贷危机以及其后演化为全球性的金融危机,又将世界经济带到了一致降息操作的浪潮中。全球低利率

---

① 马克思. 资本论(第三卷)[M]. 北京:人民出版社,2004:613.

② 李建建. 马克思利息理论与中国利率市场化的改革实践[J]. 当代经济研究,2006(10):44—48.

已成为当今世界经济发展的一个重要特点。

总之，平均利息率是由职能产业资本家和借贷资本家之间的竞争决定的，竞争的结果是，由中央银行决定平均利息率的外生变量，利息率的决定与货币市场的供求无关。这样，在货币分析框架中，货币供给就只能是内生的，不管是贵金属货币，还是纸币，都具有内生性，取决于对货币的需求。而市场利率是由市场上资本的供求机制决定内生变量。因此，中央银行的货币政策工具应该是利率（平均利率）。央行决定政策利率水平，通过公开市场业务引导市场利率逼近利率目标，从而实现央行为宏观经济的调控目标。美联储自20世纪90年代以来，以利率为货币政策工具进行宏观调控，使经济得以平稳发展。世界各国中央银行利用其决定利率的权力，根据国内外经济形势决定政策利率目标（平均利率），在市场上由资本供求决定市场利率，并通过公开市场业务间接引导市场利率接近政策利率，以达到有效调控目的。

2. 利息、利息率对经济的作用

利息是市场主体配置资本的硬约束。马克思认为，对平均利率分割为企业收入与利息这两个不同质的范畴后，不管是借入资本或是自有资本，对从事经营的产业资本家来说，资本的产物剩余价值不是其利润，而扣除利息后才是执行职能资本的产物，即企业收入才是其企业利润。利息对职能资本家来说，是一种费用，是对总利润的扣除。由此可见，利息对资本供出者而言，是一种报酬收入，是利润的一部分；而对资本借入者来说，利息是企业在创造利润的生产活动中必须支付的成本或机会成本。[①]这样不但有利于真实地反映市场主体的经营成果与费用，而且有利于发挥利息和利润的经济功能，有利于国家运用利率工具适时地调节经济。这为企业进行科学决策以及国家制定与实施有效的利率政策调节经济提供了科学的理论基础。利率市场化是中国特色社会主义市场经济体制的重要组成部分。要以让市场利率作为非常重要的资本价格，对资本的有效配置起决定性调节作用，以实现资本的优化配置。让利息成为市场主体配置资本的硬约

①马克思. 资本论（第三卷）［M］. 北京：人民出版社，2004：417—419.

束，企业实现财务硬约束和自主经营、自担风险提供正向激励机制，增强企业对货币政策的敏感性。

利率与经济增长的关系。马克思认为，市场利率变动是产业经济变化的结果。借贷资本供求状况直接决定市场利率的背后，有深层次的产业发展与经济运行状况基础。在经济扩张期，经济中的投资持续扩大，新开工项目急剧增加，经济快速增长，同时，实体对资本的需求急剧攀升，资本的供给会相对缺少，在市场机制作用下，利息率上升。在经济紧缩期，投资加速缩减，新开工项目持续减少，经济增长进入下行通道，会减少对资本的需求，相应的资本供给相对过剩，市场机制导致利息率下降。因此，在市场经济中，中央银行必须根据经济运行状况适时地进行利率调节。在经济出现异常波动的紧急时期，央行要担负起稳定经济增长的任务。央行要通过最终控制资本供给的权力，影响市场利率，使市场利率逼近政策利息率目标，以稳定经济增长。正如马克思所说，"英格兰银行的权力，在它对市场利息率的调节上显现出来"。①

因此，可以说央行调节利息率以影响经济的论述马克思较凯恩斯更早、更深刻。马克思在自由资本主义时期，就已发现中央银行对利率的调节，特别强调了中央银行要根据货币市场的供求状况来确定市场利率水平。②此外，马克思关于市场利息与经济关系的论断，也在近百年的世界经济运行中得以验证。近30年来，世界各国高密度地利用利率工具进行经济调控，稳定经济的实践，也证明了马克思的利息理论的科学性。进入21世纪，包括美国在内的主要国家经济同步放缓。为了刺激经济增长，主要经济体央行普遍采用了利率工具调控经济。各国根据国内经济运行的态势，调整市场利率以平衡国内经济增长与通货膨胀，为各国国内经济的稳定增长创造良性环境。美国、欧元区和日本等国央行都大幅度调低利率。从2001年5月起，美联储连续13次降息，将联邦基金利率调到1%。同时，欧洲中央银行不断下调再融资利率。日本银行的隔夜拆借利率也降低

---

①马克思. 资本论（第三卷）［M］. 北京：人民出版社，2004：613.
②马克思. 资本论（第三卷）［M］. 北京：人民出版社，2004：587.

到0.1%，创下历史最低水平。以上全球性的扩张性货币政策使世界经济从2004年年初出现全面复苏势头。此后，随着美国经济的全面高涨，美国自2004年6月到2006年6月，连续17次以0.25的速度上调联邦基金利率，给日益过热的经济降温。而在2007年，美国经济受次贷危机影响，经济增速明显放缓时，美联储又连续7次降息，及时遏制了美国经济的全面衰退。[①]

（二）汇率理论

马克思的汇率理论以国际价值论为基础。马克思认为，由于世界各国的社会必要劳动时间的内涵在正常生产条件、社会平均的劳动熟练程度和劳动强度等方面的差别，决定了各国在价值量内涵上存在差异，进而在货币含金量、价格的价值内含量等方面也存在差异。在国际贸易中，价格与货币的这些差别转化为交易双方的货币比率即汇率的差别。[②]汇率的决定因素主要有三个：一是一国货币贬值。马克思认为，"不管是金属货币还是纸币都一样。在这里汇兑率的变化纯粹是名义上的。如果现在1镑只代表从前代表的货币的一半，那它就自然不会算作25法郎，而只算作12.5法郎了"。这样，英镑贬值，就引起了英法间汇率变化。二是金银两种贵金属的价值变动。马克思说："如果一国用银，一国用金作货币，那么，在谈到这两国之间的汇兑率时，这种汇兑率就取决于这两种金属价值的相对变动，因为这种变动显然影响这两种金属的平价。"[③]三是利息率的变动。马克思指出，"利息率会影响汇兑率，汇兑率也会影响利息率，但汇兑率变动时，利息率可以不变，利息率变动时，汇兑率也可以不变"[④]。利率与汇率之间的变动走势依具体条件改变而改变，如"当英国货币大量过剩，利息率低落，有价证券的价格提高时，不利的汇兑率，甚至金的外流就可能发生"[⑤]。在修订《资本论》第三卷的过程中，恩格斯补充道，"影响汇兑率的是利息率，特别是与相互的汇兑率有关的那两个国家之间的现行利息率的比例"。"资本的过剩，首先是各

---

①相关数据来自中国人民银行、美联储、日本央行等网站统计数据库。
②王国刚. 马克思的国际金融理论及其现实意义 [J]. 经济学动态，2020（11）：3—16.
③马克思. 资本论（第三卷）[M]. 北京：人民出版社，2004：669.
④马克思. 资本论（第三卷）[M]. 北京：人民出版社，2004：657.
⑤马克思. 资本论（第三卷）[M]. 北京：人民出版社，2004：670.

种商品（包括贵金属在内）的过剩，也对利息率有决定影响"。"这个资本的相当大的一部分向另一个国家的转移，就必然会在两国按相反的方向改变利息率，而这样一来，下一步也就改变了两国之间的汇兑率"。①此外，马克思认为，贵金属用于支付差额、对外投资、制度变化都会引起一国对另一国汇率的变化。

总之，马克思认为两国之间的汇率最终由两国之间的国际价值的差异程度、利率、物价、对外投资、体制机制等重要影响因素决定。这表明两国之间的汇率水平在本源上是由两国的经济实力决定的。马克思的汇率理论是建立在国际价值论基础之上的。当前，虽然国际经济贸易发展格局、内容等与马克思所处的时代相比，已经发生了很大的变化，但马克思的汇率理论依然没有过时，对指导全球国际贸易和金融等实践，以及研究国际汇率变动趋势与国际货币政策溢出机制都具有重要意义。

二、马克思关于国际货币政策溢出的论述

世界市场为一国货币政策向国外溢出提供了传递渠道。马克思写道："世界市场不以一个国家的生产条件为转移而对利息率的确定所产生的直接影响，比它对利润率的影响大得多。"②"当英国货币大量过剩，利息率低落，有价格证券的价格提高时，不利的汇兑率，甚至金的外流就可能发生。"③在开放型经济中，两国的利率差异将引致资金从利率低的国家向利率高的国家流动，这种资金流向、流量和流速的变化，会引起双边汇率调整，汇率起到了一国货币政策向另一国传递的渠道作用。近30年来，经济全球化与金融一体化使世界各经济体之间的依存性加强，各国经济政策间的溢出效应日益增大，利率政策的实施在影响本国经济运行的同时，也会在国际传递。货币政策在国际上传递而产生国际溢出效应。2008年的金融危机的爆发和复苏过程更加剧了这种趋势。此外，经济周期也趋向于国际

---

①马克思. 资本论（第三卷）［M］. 北京：人民出版社，2004：662.
②马克思. 资本论（第三卷）［M］. 北京：人民出版社，2004：412.
③马克思. 资本论（第三卷）［M］. 北京：人民出版社，2004：670.

传导，一国经济的扩张、收缩，相应地导致其对外国的商品需求增加、减少，进而影响到外国的经济运行状况。因此，经济周期成为国际货币政策溢出效应的重要影响因素。

马克思的利息理论是对资本主义市场经济中的利息、利息率、汇率进行科学的分析研究，所得出的经典式的和高度概括的科学论断和结论，不仅深刻地阐明了资本主义市场经济中利息、利率和汇率的特殊运动规律，而且揭示了市场经济中利息、利率和汇率的一般运动规律。此外，马克思对货币政策的国际溢出渠道也有科学论述。这对中国人民银行推进利率"两轨合一轨"，完善市场化的利率形成、调控和传导机制，科学应对国际货币政策溢出效应对经济发展的影响，完善利率走廊机制，完善货币政策体系，增强利率调控能力，有现实与理论意义。

第二节　凯恩斯利率理论与国际货币政策溢出效应

一、凯恩斯的流动性偏好利息理论

面对1929年西方爆发的严重经济危机，传统的西方经济学者信奉萨伊充分定律，以至于无法解释危机，也提不出有效治理危机的对策。因此，凯恩斯撰写了著名的《就业、利息和货币通论》（以下简称《通论》）一书，试图推翻萨伊定律以及关于资本主义经济能自动实现充分就业的传统西方经济学的失业理论所赖以构成的劳动市场论、利息论与货币论，并且提出其应对危机的政策建议。在凯恩斯的《通论》出版一年后，英国经济学家希克斯（Hicks，1937）根据《通论》，提出了IS–LM模型，后经其追随者改进与整理，并被萨缪尔森写入其经济学教科书后，IS–LM模型作为凯恩斯经济理论的最流行解释，成为政府制定与实施经济政策的经典分析工具。[1]在《通论》中凯恩斯提出了流动性偏好利息理论，并指出了一国利率政策独立性以及国际

---

①《西方经济学》编写组. 西方经济学（下）［M］. 北京：高等教育出版社，2011：82—113.

经济、货币政策协调对国内与外国充分就业的益处。

利息率对经济的影响与政策主张。在凯恩斯的收入决定理论中，利息率是影响宏观经济运行的重要变量。利息率既会对货币需求产生影响，又会影响经济运行均衡态势。他认为，国民收入由消费与投资组成，而消费与投资分别决定于消费倾向与资本边际效率与利率。资本边际效率又取决于预期收益和资产供给价格，而利息率由货币数量与流动性偏好决定。他指出，当经济处于萧条期时，利息率低于某一数值时，政府将失去通过增发货币控制利息率，这时，经济中存在"流动性陷阱"，扩张的货币政策将无效。在经济危机萧条持续期内，利息率的下降有助于复苏。即使是经济繁荣期，也要执行低利率政策，维持经济持续繁荣，从而使经济接近充分就业状态。[1]凯恩斯反对通过提高利息率以消除投资过度状态。他认为危机是由于资本边际效率的崩溃以及随之而来的利息率的提高引起的，利息率升高会妨碍有效投资，并且进一步降低消费倾向，从而抑制消费。因此，利率是决定国民收入的重要宏观经济变量，要想增加国民收入，国家就要用政策干预经济即改变货币供给量控制利息率于低水平，推动投资规模至充分就业点以外，从而最终实现充分就业。

二、利率政策的独立性与国际溢出

在《通论》中，凯恩斯指出，利率政策的国别独立与国际协调，会实现国际范围内的经济健康发展。不受国际经济运行态势影响的独立自主的利率政策对本国与相关的外国经济达到充分就业水平均有益处。如果一国不受国际事态影响，而自主独立地制定并实施利率政策，加上国内以实现充分就业为目的的投资政策将会使本国与邻国同时受益。如果本国与外国利率政策相协调，同时实施以上政策，那么，国际范围内充分就业的健康经济就得以实现。[2]他认为，重商主义对外贸顺差的追求、古代与中古世界

---

① 凯恩斯. 就业、利息和货币通论 [M]. 北京：商务印书馆，2011：328—333.
② 凯恩斯. 就业、利息和货币通论 [M]. 北京：商务印书馆，2011：344—360.

反对高利贷的规定均有其科学成分。重商主义的科学成分就在于：国内利率决定了国内长期投资水平。在国家不能直接干预国内投资的经济中，外贸顺差所引起资本（贵金属）流入（降低）了国内利息率，从而刺激国内投资，最终国民财富增加。同样，古代与中古世界反对高利贷的规定也是通过压低国内利息率，促进经济趋向充分就业水平。凯恩斯指出，这些做法，无非是想使本国利息率按照自己的意愿独立自主地变动，促进本国经济发展。如果各国都能通过自主独立地利用国内利息率政策，甚至同时实施这些政策来维持国内充分就业，那么也就不存在本国与外国利益的国际对立。①

总之，凯恩斯的利息理论为政府宏观经济政策实践提供了理论指导，即中央银行可通过逆周期操作稳定经济，主张国家增发货币量，压低利率，刺激投资。但在经济处于衰退时，货币政策的作用有限，政府要重视财政政策。凯恩斯的利息理论与传统西方经济学利息理论的最主要的区别是他的利息理论的起点是人们的流动性偏好，利息率是由货币供给与投机动机引起的货币需求对比关系决定的，其中货币供给是由货币当局控制的外生变量，而货币需求则是由利息率决定的内生变量。通过货币政策控制利率于低水平，可以促进投资，进而增加国民收入，从而实现充分就业。而且利率政策的国际协调可以使国际范围内经济实现充分就业而共同受益。

此外，他还提出了通过国际货币政策协调以实现国际范围内的充分就业，避免各国因"以邻为壑"的利率政策而导致本国与他国利益的对立局面出现的设想。这为以后世界各国干预经济运行与通过利率政策的国际协调联动调整提供了思想来源。由此可见，凯恩斯坚信政府能够利用利率调控与管理宏观经济的运行状态，以实现本国甚至是国际范围内的充分就业。凯恩斯利息率理论与国家干预的政策主张对各国宏观经济调控有一定借鉴意义。凯恩斯关于国际利率政策协调的主张，在当前"逆全球化"浪潮下，对推进国际宏观经济政策协调有实践意义。即使如此，凯恩斯利息率理论所具有的表面性与主观性是不可否认的。凯恩斯忽视了利率的本质

---

①凯恩斯. 就业、利息和货币通论［M］. 北京：商务印书馆，2011：395.

和来源问题，否定了利息率和利润率之间的本质联系，而只分析宏观经济变量之间数量关系，与马克思的利息理论相比明显具有表面性。凯恩斯用流动偏好等人们的心理因素来解释利息的存在和利率的决定作用，有明显的主观性，这也是不可取的。因此，当前中国正在深化利率市场化改革，推进利率"两轨合一轨"，完善市场化的利率形成机制。一方面应坚持以马克思利息理论为指导，并结合实际情况，不断丰富和发展马克思利息理论；另一方面，在马克思利息理论指导下，批判地吸收与借鉴凯恩斯利息理论的合理成分用于中国深化利率市场化改革，从而提高中国利率政策调控利率的水平。

第三节　蒙代尔-弗莱明-多恩布什模型
与国际货币政策溢出

一、蒙代尔-弗莱明模型

在全球化经济下，各国经济彼此紧密依存，一国货币政策与其他国家的货币政策间存在溢出与溢入效应，因此，一国货币政策有效性不只取决于本国政策，而且还受国际经济金融运行的约束。20世纪60年代，罗伯特·蒙代尔（Robert A.Mundell）指出，随着地区与国家的日益开放，产品、服务与资本的国际流动会深刻地影响一国经济，由此导致的国际经济金融全球化会对经济政策产生重要影响，决策者在制定与实施宏观政策时必须考虑国际经济金融态势。因此，蒙代尔（Mundell，1963）和弗莱明（Flemins，1962）扩展了米德（Meade，1951）在开放经济条件下对不同政策效应的分析，以凯恩斯宏观经济模型为基础，把对封闭经济总需求分析的IS-LM模型扩展到开放经济中，继承了凯恩斯刚性价格思想，假定短期内价格水平不变，形成开放经济理论模型，建立了被描述为"研究开放货币和财政政策的主导政策范式"的蒙代尔-弗莱明模型（Mundell-Fleming Model，简称M-F模型）。模型假设在一个资本完全流动的小型开放经济

中，该经济中的利率等于世界利率，即$r=r_w$。模型由IS*曲线与LM*两条曲线构成。[①]即

（1）商品市场均衡与IS*曲线：$y=C(y)+I(r_w)+G+NX(e)$　　　　（3-1）

（2）货币市场均衡与LM*曲线：$\dfrac{M}{P}=L(y, r_w)$　　　　　　（3-2）

上式中，外生变量是财政政策G、货币供应量M、物价水平P，以及世界利率r_w，内生变量是收入y和汇率e（间接标价法表示）。在IS*曲线上，总收入是消费、投资、政府购买和净出口之和，消费正向地决定于总收入y，净出口反向决定于汇率e。在LM*曲线上，实际货币需求正向地决定于收入y。模型见图3-1。开放经济均衡处于IS*曲线与LM*曲线交点，该交点表示产品与货币市场均衡时的汇率与收入水平。

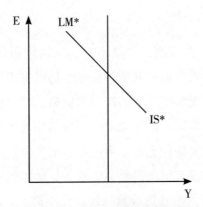

图3-1　蒙代尔-弗莱明模型

蒙代尔-弗莱明模型最重要的应用是考察了在国际资本完全流动的开放经济中，不同汇率制度下，货币与财政政策的效果，即在浮动汇率制度下，货币政策能有效。而在固定汇率制度下，财政政策有效。蒙代尔-弗莱明模型假设了一个国际资本完全流动的小型开放经济，即国际资本可自由进出该国，居民能自由进入世界金融市场，但其本身对世界利息率的影响较小。这时，该国国内利率必然等于世界利率，即世界金融市场上投资与储蓄均衡时的利率。在现实世界中，世界利率常常表现为以美国利率为主

[①]《西方经济学》编写组. 西方经济学（下）［M］. 北京：高等教育出版社，2011：268—279.

导的国际利率。由此可知，美国利率的变动也就是国际利率变动，必然会引起小型开放经济的利率与国际利率联动调整，从而当美国的政策传递到小国时，引起小国利率政策调整，在这里，利率发挥了国际货币政策传递与溢出的渠道作用。

二、蒙代尔–弗莱明–多恩布什模型（MFD模型）与国际货币政策溢出效应

在蒙代尔–弗莱明模型的基础之上，多恩布什引入了理性预期，形成了蒙代尔–弗莱明–多恩布什模型的理论框架，形成国际货币政策溢出效应理论框架的基础。

（一）短期效应

根据MFD模型，在短期，价格不变，一国货币政策调整引起的货币币值变动会产生溢出效应或相互依存效应，通过支出转换效应和收入吸收效应溢出到外国，从而影响外国的产出和价格。当本国货币扩张时，一方面，本国货币贬值，本国进口外国商品的价格相对昂贵，出口到外国的商品价格相对下降，贸易条件恶化，由此产生的支出转换效应（需将从国外转移到本国国内，而没有增加世界总需求），使本国贸易余额改善，进而这种以邻为壑的货币扩张政策导致外国产出下降。[①]另一方面，由于本国货币扩张，刺激产出，收入增长，产生收入吸收效应，对外国的产品需求增加，刺激外国产出增长。因此，一国货币扩张对外国产出的溢出净效应要看支出转换效应和收入吸收效应叠加的结果。当世界各个国家处于经济周期的不同阶段时，汇率可能是有用的政策。如当外国遭受经济衰退，而本国处于经济繁荣（过度就业）的情况下，外国货币贬值，会将世界需求转移到该国，并减少了本国国内过度就业、经济过热的程度。竞争性贬值（各个国家都试图通过贬值来吸引世界需求，提高本国产出），不会增加

---

①多恩布什，费布尔，斯塔兹. 宏观经济学（第十二版）［M］. 王志伟，译. 北京：中国人民大学出版社，2017：229—245.

世界总支出。当全球需求疲软不振时，全球各国需要通过货币政策沟通与协调，以增加各国消费支出与收入。

（二）长期效应

根据MFD模型，就长期而言，在短期一国货币扩张导致的本币贬值与本国收入增加，以及与之相对应的外币升值与外国产出萎缩只是暂时的。在长期，价格得以充分调整，浮动汇率与资本流动情况下，一国货币扩张会导致货币贬值，价格上升，到价格调整结束时，不会引起本国商品竞争力变化，对本国没有产出效应。与此同时，外国货币升值，价格下降，到价格调整结束时，外国产出不会发生变化，从而一国货币扩张不会产生国际溢出效应。

（三）汇率变动与贸易余额调整

根据MFD模型，一国货币紧缩，引起另一国货币贬值。外国货币贬值对其贸易余额的影响随时间呈"J"曲线形状变化，即短期数量效应小于价格效应，货币扩张初期贸易余额会恶化，在长期[1]，数量效应起主导作用，才会显现出该国货币贬值贸易余额改善的迹象，具体见图3-2。这是因为，货币贬值，会产生两种效应：其一，价格效应。如果进口的实物数量没有变化，由于贬值引起的进口商品价格上升，必然导致该国对以本国货币计价的进口商品的支出增加，从而贸易余额恶化。其二，数量效应。一方面，货币贬值引起该国商品价格对他国购买者来说相对便宜，出口商品数量会增加；另一方面，本国进口外国商品的价格相对上涨，进口商品数量会减少。在短期，价格效应占主导，贸易余额对贬值产生失常反应而恶化，而长期，数量效应极其显著，最弱贸易余额以正常方式对相对价格变化做出反应，呈现出贬值改善贸易余额的态势。[2]在图3-2中，假设最初该国商品贸易余额为负值，在t时期该国货币开始贬值，从A点起，贬值应该增

---

[1]这里的短期与长期与"（二）长期效应"中的长期与短期内涵不一致。这里的长期与短期指消费者与生产者适应相对价格变化所需要的时间。后者指价格调整的时间，即把价格刚性不变的时间称为短期，而价格得以充分调整的时间称为长期。

[2]多恩布什，费布尔，斯塔兹. 宏观经济学（第十二版）［M］. 王志伟，译. 北京：中国人民大学出版社，2017：424—433.

加出口，减少进口，改善贸易余额，但贸易余额要先经过从A到B点的恶化阶段，之后，数量效应占主导，贸易余额逐步改善。国际经济学上把这个调节时滞的动态过程称为"J"曲线效应。

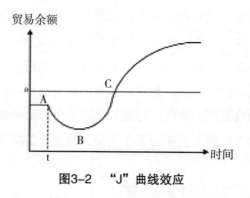

图3-2　"J"曲线效应

第四节　利率平价理论与国际货币政策溢出效应

一、利率平价理论

利率平价理论（Interest Rate Parity Theory）的基本框架是由凯恩斯于1923年在《货币改革论》中建立的，该框架为国际货币政策溢出效应研究提供了理论基础。利率平价理论指用相同货币衡量的持有国内资产与他国资产的预期收益率相等时，外汇市场处于均衡状态的条件。现代利率平价分抵补与非抵补的利率平价理论两种。非抵补的利率平价理论指在风险中性的假设下，国内利率、他国利率与本币预期币值变动率的联系。[1]当今经济全球化环境下，一国与他国经济的依存关系紧密，金融市场融合度高，资本具有国际流动性。资本国际流动阻碍的减少，提高了本国与他国资产的替代性。如果风险与流动性完全相同，则本国资产与他国资产可以完全替代。只要完全可替代的资本可以自由跨国流动，则会出现如下结果：当

---

①米什金. 货币金融学（第九版）［M］. 郑艳文，荆国勇，译. 北京：中国人民大学出版社，2010：428—430.

市场对外国资产的预期回报率高于本国资产时，国内与国外市场对持有他国资产的意愿高于本国资产，市场对国外资产的需求就会增加，从而减少对本国资产的需求；相反，如果市场对他国资产的预期回报率低于本国资产，国内与国外市场对国外资产的需求就会减少，从而相应增加对本国资产的需求；如果对两者的预期回报率相等，则本国与他国市场对持有本国或是他国资产的意愿就会无差异。如果用 i^d 表示本国资产的利率，则本国资产以本国货币支付时的预期回报率即为 i^d。同理，用 i^f 表示他国资产的利率，它就是他国资产以他国货币支付时预期回报率。E_t 表示本国货币的即 t 期的汇率（间接标价），即一单位本国货币可兑换的外国货币的数量，这样汇率上升，表示本国货币升值。

用 E_{t+1}^e 表示 t 期下一期即 t+1 期市场对预期汇率，则

本国货币的预期升值率则可写成 $\dfrac{E_{t+1}^e - E_t}{E_t}$ 　　　　　（3-3）

以他国货币表示的本国资产的预期回报率即为本国资产的利率与本国货币的预期升值率之和，即

$$i^d + \frac{E_{t+1}^e - E_t}{E_t} \qquad (3-4)$$

此时，以他国货币表示的他国资产的预期回报率就是其利率 i^f。当市场对两国的预期回报率相同时，有

$$i^f = i^d + \frac{E_{t+1}^e - E_t}{E_t} \qquad (3-5)$$

此时，本国与他国市场对持有两种资产的意愿是无差异的，从而达到市场均衡。市场均衡时的条件式（3-5），被称为利率平价条件。这个条件直观地说明，外国利率等于本国利率加上本国货币的预期升值率。如果他国利率高于本国利率，则本国货币的预期升值率为正，以此来补偿相对较低的本国利率。均衡时，方程左边以他国货币表示的他国资产的预期回报率与右边以他国货币表示的本国资产的预期回报率相同。[①]

从利率平价条件明确了一国政策利率调整向他国利率传递的机制。在

①米什金. 货币金融学（第九版）[M]. 郑艳文，荆国勇，译. 北京：中国人民大学出版社，2010：428—430.

开放经济中，资本可以在国际自由流动，如果本国实行固定汇率，本国货币的升值预期为0，因此，国内利率调整幅度和方向与国外利率调整方向和幅度一致，从而他国利率政策的调整即利率变动会完全传递到本国，引起本国利率被动调整，本国利率表现出同他国利率相同的调整方向、调整幅度。这样，他国利率政策调整就通过利率渠道传递到了国内，进而影响本国产出与物价。

如果实行完全浮动汇率制度，汇率会均等化资产回报率，在升值预期稳定但不为0时，本国利率与他国利率存在固定的利率差，但他国利率的变动同样会完全传到国内，并且本国利率与他国利率调整的方向和幅度相同。如果升值预期不稳定，汇率会均等部分资产回报率，本国利率被动调整的方向、幅度会同他国利率的调整方式出现差异性，即这种他国利率调整向本国国内的传递是不完全的。相反，在封闭经济中，资本完全不能流动，本国与他国也不发生贸易关系，此时，本国货币利率对他国货币利率的调整完全"免疫"，他国利率调整变动完全不会传递到本国国内，他国利率的变动不会对本国利率产生任何影响。

由此可见，在开放经济中，如果各国的汇率固定不变、税负相同、资本跨国流动无障碍、无政治风险，资本市场一体化程度高，没有任何一国的国内利率偏离国际市场利率较多，否则就会出现资本流动，进而资产收益率向世界水平恢复。也就是说，本国与他国市场中资产持有者会选择收益最高的资产，导致世界各国的资产市场的资产预期收益率都相等。这种情况表现在本国与他国利率的关系上，即他国利率变化会完全传递到本国国内，出现本国利率与他国利率的完全联动。事实上，这在开放的工业化国家间表现相当明显，经排除汇率变动的风险后，各国间利率差别非常小。[①]相反，如果一国经济虽然开放，但各国的汇率可以变动、税负不相同、资本跨国流动存在障碍、存在政治风险，就会出现他国利率变化对本国国内利率的不完全传递，导致国家间利率调整变化不一致。

---

①多恩布什，费希尔，斯塔兹. 宏观经济学（第十版）[M]. 王志伟，译. 北京：中国人民大学出版社，2009：252.

二、利息平价机制下的国际货政策溢出

利息平价理论表明，在开放经济中，他国市场利率变化会传递到本国国内，导致本国国内市场利率与他国市场利率的同步变化与趋同。市场利率变化的这种利息平价的国际传递机制，使一国政策利率调整溢出到国外，对他国的利率政策产生影响，引起他国利率政策调整。具体来说，在国际资本市场均衡时，即利息平价条件下，他国央行针对国内经济形势，实行紧缩的货币政策，上调目标利率，将引起他国市场利率上升。在利息平价机制作用下，国际资本将从本国国内流入他国，直至两国市场利率达到平价条件才会停止。对于资本流出国而言，由于国内金融市场上资本外流而市场利率上升预期增强，将迫使本国央行跟随他国央行同步上调货币政策目标利率，以缓解本国资本流出趋势。由此可见，在资本自由跨国流动下，在利率平价机制的作用下，一国利率政策的调整，会溢出到他国，引起他国利率政策相应的调整，进而影响该国产出与物价。

进入21世纪以来，世界各国经济联系出现日益紧密趋势，国际经济问题在宏观经济领域中日益重要起来，经济全球化日益深入人心。尽管近年来出现"逆全球化"浪潮，但经济全球化总体趋势没有改变。各国经济相互依存，本国利率政策调整在向他国传递，对他国经济产生溢出效应的同时，本国经济也会受到他国利率政策溢出的影响。一个国家的利率发生变化，会立刻引起其他国家的利率变动，一国利率政策的变动，不但影响本国利率，而且会改变他国利率。从国内外经济学研究者的文献看，进入20世纪80年代以来，各国政府纷纷放松或解除对资本市场的管制，对于资本市场开放的工业化国家来说，当今国际市场上国际资本的流动比国际商品流动的规模更大，一国国内利率的预期变化会导致大规模的资本国际流动。这种国际资本能够通过高度发达的金融市场迅速实现国家间的转移，使一国货币政策调整通过利率渠道迅速传递到他国，产生国际溢出效应。

第四章 国际货币政策溢出效应机理阐释

　　开放经济货币政策分析的主要框架有两个，即新开放经济的一般均衡模型与IS-LM-BP模型，这两者均是从IS-LM模型发展而来的。从上一章的分析可知，希克斯（Hicks，1937）依据凯恩斯的《就业、利息和货币通论》思想，提出了IS-LM模型，分析了封闭经济中国内商品与货币市场同时达到均衡时，该国国民收入与利率水平如何决定的问题。经济学研究者可用这一模型分析宏观经济政策的影响效应，IS-LM模型也因此成为各国政府利用宏观政策干预经济的经典分析框架。此后，诺贝尔经济学奖获得者罗伯特·蒙代尔（Mundell，1963）和马科斯·弗莱明（Fleming，1962）在全球实行浮动汇率制度之前的20世纪60年代，将IS-LM模型推广到资本完全流动情况下的小型开放经济中[1][2]。经过多恩布什完全预期的扩展变形，形成了蒙代尔-弗莱明-多恩布什模型（MFD模型）。根据瓦尔拉斯的一般均衡原理，在开放经济中，产品与货币市场同时均衡时，其他市场如外汇市场也同时达到了均衡，或者称国际收支平衡，平衡条件被称为国际收支平衡曲线，即BP曲线[3][4]。也就是说，开放经济的平衡由BP曲线与国内产品市场均衡条件IS曲线和货币市场均衡条件LM曲线共同决定，这构成了开放宏观经济政策重要分析框架，即经济学上所称的IS-LM-BP模型。该模型优美地呈现了，包含商品市场、金融市场与外汇市场三个市场的经济整体的均衡机制与政策含义。奥伯斯法尔德和罗戈夫于1995年将跨期均衡分析引入

---

[1]Mundell,R.. Capital mobility and stabilization policy under fixed and under flexible exchange rates ［J］. Canadian Journal of Economics and Political Science, 1963（29）：475-485.

[2]Fleming, M.. Domestic financial policies under fixed and under floating exchange rates ［C］. International Monetary Funds Stafl Papers，1962（9）：369-319.

[3]王弟海. 宏观经济学数理模型基础 ［M］. 上海：上海人民出版社，2010：28—42.

[4]蒋中一，凯尔文·温赖特. 数理经济学的基本方法（第四版）［M］. 刘学，顾佳峰，译. 北京：北京大学出版社，2006：259—261.

MFD模型，对其进一步发展建立了国际货币政策传导的两国一般均衡模型即著名的新开放经济的一般均衡分析框架。[1]

由此可见，新开放经济的两国货币政策传导一般均衡模型与IS-LM-BP模型均为开放经济条件下经济政策传导提供了分析框架，但两者有明显的区别。新开放经济的一般均衡模型有最优化微观经济学基础，而且有跨期分析，从而使该模型适合于短期以及中长期分析。而IS-LM-BP模型则缺乏微观经济学基础与跨期分析，也就意味着用模型对中长期进行预测将不具有可信性。但是，IS-LM-BP模型为开放宏观经济分析提供了简单便于操作的表达方式。它不但可用于固定汇率制度的分析，也可用于浮动汇率制度的各种模型中。它作为跨境资本流动一般情况的考察，除了其适用于不完全资本流动条件下的货币政策传导分析之外，模型也包括了资本完全流动与资本完全不流动的情况。资本完全流动与资本完全不流动货币政策传导分析可以看作IS-LM-BP模型的特殊情况。相比较而言，新开放经济的两国货币政策传导模型则过于复杂，不利于理论与经验分析。这也正是IS-LM-BP模型至今仍被大量运用的主要原因。因此，本文以下将在开放经济的小国IS-LM-BP模型基础上，通过放开国际利率不变的假设，考虑外生变量国际利率（他国）的变化对本国利率以及产出与汇率的影响，以明确国际利率联动性的作用机理。在不变价格的假设下，根据资本不同的流动程度（完全流动、完全不流动、不完全流动），分别讨论固定与浮动汇率制下的国际利率（他国）的变化对本国利率、产出、汇率的影响[2][3]。

第一节　开放经济中的IS-LM-BP模型

开放经济包括贸易与资本金融开放两部分。本国在向他国出口商品与

---

[1]奥伯斯法尔德，罗戈夫. 国际宏观经济学基础［M］. 北京：中国金融出版社，2010：591—595.

[2]王弟海. 宏观经济学数理模型基础［M］. 上海：上海人民出版社，2010：28—42.

[3]艾彻，穆蒂，托洛维斯基. 国际经济学（第七版）［M］. 赵世勇，译. 上海：上海人民出版社，2013：461—504.

劳务时，也伴随着对他国产品与劳务的进口以及在国际金融市场上买卖外国的股票与债券等资产引起的资本跨境流动。经济开放打破了在封闭经济中支出与产出平衡的约束，本国与他国经济紧密相连，本国与他国的经济相互依存性增强。[①]

一、产品市场均衡与IS曲线

（一）主要假设

假设经济中存在四个部门：消费者、企业、政府部门与国外部门。在经济中，企业生产的产品即产出（Y），产品可用于消费者消费（C）、企业投资（I）、政府购买（G）与对外贸易净额NX即（X-M）。国内产品市场均衡时Y＝C+I+G+（X-M）。本国与他国商品价格P与不变P^f。如果用π表示通货膨胀率，则真实利率r=i-π。

（二）产品市场均衡与IS曲线

一般地，消费者消费取决于居民可支配收入（Y^d），并且同收入成正向的关系。消费函数可表示为：

$C=C(Y^d)$

其中，居民可支配收入为$Y^d＝Y-T+T_r$，T、T_r分别表示税收与政府对居民的转移支付。消费者的边际消费倾向为：

$C_Y=dC/dY^d$

其中，一般$0 < C_Y < 1$，表示消费随收入增加而增加，但增加的幅度小于收入的增加幅度。

企业的投资与利率成反向变动的关系，则投资方程可表示为：

$I=I(r)$

其中，投资对利率的导数$I_r=dI/dr$小于0，表示投资与利率反向变动。

本国的出口决定于他国消费者对本国国内商品需求，由他国居民的可支配收入（Y^f）以及本国与他国的相对价格即两国的真实汇率e决定。E为间

---

① 王弟海. 宏观经济学数理模型基础［M］. 上海：上海人民出版社，2010：28—42.

接标价法表示的本国货币对他国货币的名义汇率，即用他国货币表示的一单位本币的价格。P^f与P分别表示他国与本国商品价格。他国居民可支配收入越高、本国商品价格相对越低，本国出口就越多。本国进口取决于本国居民对他国商品的需求，一般由本国居民的可支配收入（Y^d）与两国商品的相对价格即两国的真实汇率e决定。本国居民可支配收入越高、他国商品价格相对越低，本国进口就越多。如果本国与他国只有商品贸易关系，则本国经常账户余额（CA）就由净出口决定，即CA=X−M，则本国净出口也就是经常账户余额方程就可表示为：

$CA=CA(Y−T+T_r, Y^f, EP/P^f)$，且$CA_Y<0$，$CA_{Yf}>0$，$CA_E<0$。

当本国国内产品市场均衡时，利率水平与国民收入的关系即IS曲线方程为：

$$Y=C(Y−T+T_r)+I(i−\pi)+G+CA(Y−T+T_r, Y^f, EP/P^f) \qquad (4-1)$$

二、国际收支均衡与BP曲线

（一）主要假设

在开放经济中，一国国际收支平衡表主要包括经常账户与资本金融账户。一国与他国的经济关系主要是通过对外贸易与国际投资和国际金融资产交易两方面进行的。对外贸易会影响国际收支平衡表的经常项目，而国际投资与国际金融资产的交易决定国际收支平衡表的资本金融账户余额，即国际收支余额（BP）等于经常项目余额即贸易余额（CA）与资本项目余额（CF）之和。[1]

（二）国际收支均衡与BP曲线

由利率平价理论与国际货币政策溢出效应分析可知，一般情况下，国际投资与国际金融交易引起的国际资本流动都是流向收益高的地方。如果以外国货币表示的本国货币的升值预期与货币风险分别用θ与η表示，以他国货币表示的本国资产与他国资产的预期回报率差为：

---

[1]王弟海. 宏观经济学数理模型基础［M］. 上海：上海人民出版社，2010：28—42.

$$(i-\pi+\theta-\eta)-(i^f-\pi^f)$$

两国资产的预期回报率之差将通过国际直接投资与国际金融资产的交易引起国际资本向国际资本收益率相对高的方向流动，因此，可以将资本项目余额可表示为：

$$CF=CF[(i-\pi+\theta-\eta)-(i^f-\pi^f)]$$

假设本国与他国通货膨胀率相同，则国际收支平衡的BP曲线方程可表示为：

$$BP=CA（Y-T+T_r，Y^f，EP/P^f）+CF（i+\theta-\eta-i^f）=0 \qquad (4-2)$$

其中，$CA_Y<0$，$CAY^f>0$，$CA_E<0$，国际收支余额对资产预期回报率差（$i+\theta-\eta-r^f$）的导数$CF'>0$。

三、货币市场均衡与LM曲线

假设国内货币需求（L），由交易需求与投机需求两部分构成，一般认为前者与收入（Y）同向变动，而后者与名义利率（i）反向变动。而货币供给（M）由本国央行决定。由此可将货币市场均衡的LM曲线表示为：

$$M/P=L(Y,i)，（L_i<0，L_Y>0） \qquad (4-3)$$

开放经济达到一般均衡，产品市场、货币市场与国际收支即外汇市场同时达到均衡，即IS曲线、LM曲线与BP曲线相交于一点。

第二节　资本不完全流动下的国际货币政策溢出效应

一、浮动汇率制度下的国际货币政策溢出效应

（一）基本模型

在资本不完全流动的浮动汇率制度下，本国产出Y、国内利率水平i与汇率E都是内生的，由方程（4-1）、（4-2）与（4-3）组成的浮动汇率制度下的国际货币政策溢出效应模型决定，均衡时这三个内生变量取得均衡

解。而T、T_r、Y^f、i^f、P、P^f、M、G、η、θ均为外生变量，不能由模型决定，由模型以外的因素决定。

（二）国际货币政策溢出效应比较静态分析

假设T、T_r不变，对模型的三个方程式（4-1）、（4-2）、（4-3）全微分可得：

$$dY=C_Y dY+I'di+dG+CA_Y dY+CA_E（P/P^f）dE \tag{4-4}$$

$$CA_Y dY+CA_E（P/P^f）dE+CF'di+CF'd\theta-CF'd\eta-CF'di^f \tag{4-5}$$

$$L_Y dY+L_i di=dM/P \tag{4-6}$$

1. 他国利率政策调整的国际传递渠道与溢出效应

假设当国内货币政策、财政政策不变，则M与G均不变，则dM与dG均为0，如果他国的利率与本币风险不变，则di^f与$d\eta$也均为0，则di^f不为0，那么：

第一，当他国利率政策调整引起他国市场利率发生改变时，由方程（4-4）、（4-5）、（4-6）可得：

$$di/di^f=CF'/\left[CF'-I'-（1-C_Y）L_i/L_Y\right] \tag{4-7}$$

因为$CF'>0$，$0<C_Y<1$，$I'<0$，$L_i<0$，$L_Y>0$，所以di/di^f的值大于0。

第二，当他国利率政策调整引起汇率发生改变时，由方程（4-4）、（4-5）、（4-6）可得：

$$dE/di^f=-CF'/\left[（1-C_Y-CA_Y）L_i/L_Y+I'\right]（\Delta *CA_E *P/P^f） \tag{4-8}$$

其中，$\Delta=CF'-I'-（1-C_Y）L_i/L_Y>0$，$CA_E<0$，$CF'>0$，$CA_Y<0$，$0<C_Y<1$，$I'<0$，所以$dE/di^f$的值小于0。

第三，当他国利率政策调整引起本国产出改变时，由方程（4-4）、（4-5）、（4-6）可得：

$$dY/di^f=（-di/di^f）*L_i/L_Y=（-CF'/\Delta）*L_i/L_Y \tag{4-9}$$

其中，$0<di/di^f<1$，$0<C_Y<1$，$I'<0$，所以dY/di^f大于0。

方程（4-7）表明他国市场利率与国内市场利率水平成同向的变动关系，他国市场利率提高，将会引起国内利率上升。这说明开放经济下他国政策利率调整会通过利率渠道传递到国内，进而引起本国政策利率同方向调整。他国利率的上升提高了他国资产的预期收益率，使国内资产预期收益率相对降低，导致本国国内资本的外流，纷纷抛售本国货币与资产，进而使本国货币贬值，出口增加，导致本国经济扩张，国民收入增加，最终货币需求增加，致使国内利率上升。方程（4-8）表明在浮动汇率下，本国与他国货币的汇率与他国利率的变化呈反向的变动关系，他国利率上升，会引起汇率（间接标价法）下降，导致本国货币贬值，他国货币升值。反之，则汇率上升，本国货币升值，他国货币贬值。这说明他国政策利率调整会通过汇率渠道传递到本国国内，进而产生溢出效应。方程（4-9）表明，本国产出与他国利率调整呈同向的变动关系，他国利率上升会引起本国产出增长，反之，引起本国产出下降。说明他国提高政策利率对本国产出有刺激作用。他国利率政策提高，他国资产的预期收益率相对国内上升，投资者试图在本国市场中出售资产，在他国市场中购买资产，以获取较高回报。这导致本国国内资本的外流，使本币贬值，出口增加，本国贸易余额改善，经济扩张，收入增加。只要两国利率存在利差（本币贬值），本国商品市场的改善就会继续。当本国与他国资产的预期收益率相等实现均衡时，这个调整过程才会停止。总之，他国政策利率提高，外币升值带来他国经济收缩，相应地，本币贬值带动本国经济扩张，国民收入增加。

2. 国际货币政策传递程度与溢出效应的影响因素

第一，资本流动对利率国际传递程度的影响。根据方程（4-7）可知，其他因素不变，资本的流动程度越大，即CF'越大，他国利率对国内利率的影响程度越大，利率的国际传递越完全。当CF'无穷大时，即资本完全自由流动的极端状态下，di/di^f趋近于1，此时，他国利率政策调整会完全通过利率渠道溢出到本国国内，引起国内利率政策同方向、同幅度、同步调整。相反，CF'趋近于0时，di/di^f趋近于0，此时，资本完全不流动，他国利率政策调整完全不能传递到本国国内，他国货币政策调整在本国溢出的利率渠道被截断，对本国利率政策不会产生任何影响。

第二，私人投资的利率影响系数I'与货币投机需求的利率影响系数Li对利率国际传递程度的影响。这里分三种情况进行分析。其一，根据方程（4-7）可知，其他因素不变，私人投资的利率影响系数I'绝对值即

-I′越大，也即IS曲线越平坦，他国利率政策向国内传递的程度越低，他国利率政策调整向本国国内利率政策的传递也就越不完全。当-I′无穷大时，也就是开放经济中的IS曲线（利率i与收入y空间）呈水平的极端状态下，di/di^{f}趋近于0，此时，由于本国国内私人投资对利率极度敏感，他国利率提高会引起资本从本国流出，进而引起本国利率上升，但本国利率极小的上升，就会引起私人投资大幅度减少，直至本国利率恢复至原来水平，以至于他国利率政策调整完全不能传递到本国国内，对本国利率不会产生任何影响。其二，根据方程（4-7）可知，其他因素不变，货币投机需求的利率影响系数Li绝对值即-L$_i$越大，也即LM曲线越平坦，他国利率政策向国内传递程度越低，他国利率变化向本国国内传递也就越不完全。当-L$_i$无穷大时，也就是开放经济中的LM曲线呈水平的极端状态下，di/di^{f}趋近于0，此时，国内的货币市场处于"凯恩斯区域"，货币需求对利率敏感程度无限大，他国利率提高会引起资本从本国流出，货币市场货币供给的减少使利率上升极小，就是说并不会使利率上升，以至于他国利率政策调整完全不会溢入国内，对本国利率政策没有任何影响。其三，考虑I′与L$_i$的绝对值的共同影响。I′与L$_i$的绝对值-L$_i$、-I′越小，他国利率政策调整向国内传递的完全性越高。当-L$_i$与-I′同时趋于0时，di/di^{f}趋近1，此时，他国利率政策调整会完全地通过利率渠道溢出到国内，引起国内利率政策同向、同步调整。

第三，资本流动程度对国际利率政策溢出效应的影响。根据方程（4-9）可知，其他因素不变，资本的流动程度越大，即CF′越大，他国利率调整对国内产出的溢出效应越大，他国利率政策通过利率渠道溢入国内，影响国内产出。资本自由流动时，当国外利率上升时，他国资产的预期收益率上升，金融市场上对本国货币与资产的需求减少，导致本国货币贬值，外币升值，出口增加，国民收入增加。当CF′无穷大时，即资本完全自由流动的极端状态下，dY/di^{f}趋近于L$_i$/L$_Y$，此时，他国政策利率提升对国内产出的刺激作用最大。相反，CF′趋近于0时，dY/di^{f}趋近于0，此时，资本完全不流动，他国利率政策调整完全不能传递到国内，对国内产出与收入不会产生溢出效应。

二、固定汇率制度下的国际货币政策溢出

（一）基本假设

在资本不完全流动的固定汇率制度下，本国央行会通过外汇市场干预维持已确定的固定不变的汇率。此时，本国产出Y、国内利率水平i是内生的，而央行的基础货币供给M由外生变量转化为内生变量，汇率E变成不变的外生变量，由本国央行决定。均衡时，内生变量本国产出Y、国内利率水平i以及货币供给M由方程（4-1）、（4-2）与（4-3）组成的固定汇率制度下的国际货币政策溢出效应模型决定。而T、T_r、Y^f、i^f、P、P^f、E、G、η、θ均为外生变量，不能由模型决定，由模型以外的因素决定。

（二）国际货物政策溢出效应比较静态分析

1. 他国利率政策调整的国际传递渠道与溢出效应

假设国内财政政策不变，则dG为0。如果本币的预期升值率及其他风险不变，则$d\eta$与$d\theta$也均为0，而di^f不为0，同时，加上dE为0的固定汇率条件，当他国利率政策调整引起他国市场利率发生改变时，由方程（4-4）、（4-5）、（4-6）可得：

$$di/di^f=1/\left[\ 1+\frac{CA_Y*I'}{CF'\ (1-C_Y-CA_Y)}\ \right] \tag{4-10}$$

$$dM/di^f=P*CF'\left[\ L_Y*I'+L_i\ (1-C_Y-CA_Y)\ \right]/\Delta \tag{4-11}$$

$$dY/di^f=CF'*I'/\Delta \tag{4-12}$$

其中，$\Delta=CA_Y*I'+CF'\ (1-C_Y-CA_Y)>0$。由$CF'>0$，$CA_Y<0$，$0<C_Y<1$，$I'<0$，可知，$0<di/di^f<1$、$dM/di^f<0$、$dY/di^f<0$。

方程（4-10）表明，在固定汇率制度下，他国利率与国内市场利率水平呈同方向的变动关系。开放经济下他国政策利率调整会通过利率渠道传递到国内，进而引起本国政策利率同方向调整。他国利率的上升提高了他国资产的预期收益率，使国内资产预期收益率相对降低，导致本国国内资本的外流，抛售本国货币与资产。当存在对外币产生超额需求时，本国货币立刻受到贬值压力。固定汇率制度下对汇率固定不变的承诺，不允许汇率变动，货币管理当局只能借助外汇储备干预外汇市场，即以固定汇率在

外汇市场上出售外汇，使外汇供给增加，外币软化。本国货币供应减少，提高了利率。方程（4-11）表明，固定汇率制度下，本国货币供给量与他国政策利率呈反向的变动关系。他国利率上会引起本国货币供给减少。他国政策利率提高，他国市场利率上升，导致本国国内资本的外流，市场对外币产生超额需求时，本国货币有贬值压力。固定汇率制度下货币管理当局干预外汇市场，以固定汇率在外汇市场上出售外汇，而本国货币供应减少，最终使国内货币政策失去独立性。方程（4-12）表明，在固定汇率制度下，本国国内产出与他国利率的变化呈反向的变动关系，他国利率上升，会引起国内产出下降。说明他国提高政策利率会使本国产出下降，对本国经济产生紧缩性影响。在固定汇率制度下，他国利率政策提高，货币管理当局干预外汇市场，导致本国货币供应减少，市场利率提高，投资减少，收入下降。总之，在固定汇率下，只要两国利率间存在利差，货币管理当局就要干预外汇市场，稳定汇率。最终使本国货币供应减少，利率上升，投资需求减少，抑制了产出，使经济收缩。

2. 国际货币政策传递程度与溢出效应的影响因素

第一，资本流动对利率国际传递程度的影响。由方程（4-10）可知，其他因素不变，资本的流动程度越大，即CF'越大，他国利率政策调整向本国传递的程度越完全。当CF'无穷大时即资本完全自由流动的状态下，di/di^f的值趋近于1，此时，国际利率政策调整会全传递到国内。在固定汇率制度下，他国政策利率提高，货币管理当局通过出售外汇，保持汇率固定，本国货币供应减少，提高了本国利率，直到两国资产预期回报率相等，相应的利率政策被动调整，这样他国利率政策调整就完全地溢出到本国的利率政策。CF'趋近于0时，di/di^f的值趋近于0，此时，资本完全不流动，本国利率政策对他国利率政策"免疫"。总之，资本不完全流动（$0<CF'<1$）情况下，$0<di/di^f<1$，他国利率政策调整一定程度上会溢入本国国内，但是不完全。需要说明的是，虽然在浮动汇率制度与固定汇率下，资本流动程度对国际货币政策溢出程度影响类似，但溢出机制不同。

第二，私人投资的利率影响系数I'与货币投机需求的利率影响系数L_i对利率国际传递程度的影响。其一，私人投资的利率影响系数I'。由方程

（4–10）可知，私人投资的利率影响系数 I' 的绝对值 $-I'$ 越大，即 IS 曲线越平坦，利率政策的国际传递越不完全。当 $-I'$ 无穷大时，也就是开放经济中的 IS 曲线水平时，di/di' 趋近于 0，此时，他国利率政策紧缩，他国市场利率上升，本国货币产生贬值压力。货币管理当局干预外汇市场，本国货币供应减少，本国利率有上升压力，但本国利率极小的上升，就会引起私人投资大幅度减少，市场利率恢复原来水平，不会发生改变，以至于他国利率政策调整完全不能溢入本国。相反，私人投资的利率影响系数 I' 绝对值越小，利率的传递越完全，当 I' 绝对值越小为 0 时，收入对利率不敏感，他国利率政策调整会完全地传递到国内。其二，由方程（4–10）可知，其他因素不变，货币投机需求的利率影响系数 L_i 绝对值 $-L_i$ 越大，他国利率政策向国内传递程度越低。当 $-L_i$ 无穷大时，di/di' 趋近于 0，此时，货币需求对利率敏感程度无限大，本国为稳定汇率，货币供给减少，但利率并不会上升，以至于他国利率政策调整完全不会溢入国内。

第三，本国进口倾向 CA_Y 对利率国际传递程度的影响。由方程（4–10）可知，其他因素不变，本国进口倾向 CA_Y 的绝对值越大，di/di' 越小，他国利率变化向本国国内传递也就越不完全。当他国政策利率提高时，货币当局出售外币干预汇市，国际货币供应减少，利率上升，产出下降，本国进口倾向 CA_Y 的绝对值越大，对他国商品需求的减少幅度越大，外币流出减少的越多，国内货币供应恢复的程度越大，利率上升的越小。当 CA_Y 的绝对值趋于 0 时，di/di' 趋近于 1，他国利率政策调整会完全地传递到国内。当他国政策利率提高时，货币当局出售外币干预汇市，国际货币供应减少，利率上升，产出下降，但不会减少国内对他国商品需求，最终因为国内货币紧缩，而利率上升。直到国内资产与国外资产的预期回报率相同，达到新的均衡时，国内利率调整才会结束。

第四，资本流动程度对国际利率政策溢出效应的影响。根据方程（4–12）可知，其他因素不变，资本的流动程度越大，即 CF' 越大，他国政策利率调整对国内产出的负面溢出效应越大，他国利率政策通过利率渠道溢入国内，国内经济紧缩效应越大。固定汇率制度下，两国间资本流动程度越高，当两国资产预期收益率存在差异时，货币管理当局干预外汇市场的强度越大，才能保持汇率固定。最终使本国货币供应减少的幅度越大，利率上升越多，经济收缩幅度越大。当CF'无穷大时，即资本完全自由流动的极端状态下，dY/di^f的绝对值达最大值，此时，他国政策利率提升对国内产出的负向效应达最大值。相反，CF'趋近于0时，dY/di^f趋近于0，此时，资本完全不流动，他国利率政策调整完全传递不到国内，国际利率政策调整的利率渠道隔断，对国内产出与收入不会产生溢出效应。

第三节　资本完全流动下的国际货币政策溢出效应

从上面第二节的分析可知，国际货币政策溢出效应的大小与资本的国际流动性成正向的变动关系。资本完全不流动是这样的情况：政府完全限制本国私人投资者在国际金融市场上交易资产，或是国内与国外私人投资者不管预期回报率多大都不愿持有外国资产。在所有的国内利率水平上，国际资本流入或流出净额都为0。此时，CF=0，这多见于完全封闭的经济中，本国利率完全由国内经济内生决定或央行决定。而当本国与他国私人投资者仅以预期回报率高就决定持有，并且他国资本可以足够规模的数量自由进出本国时，就会出现资本完全流动情况。如果不考虑本国货币的风险与汇率预期升值，模型就退化到蒙代尔–弗莱明模型的情况。[1]

一、资本完全流动时经济的均衡决定

由于在资本完全流动下，如果他国资产的预期回报率高于本国资产的预期回报率，那么，本国与他国市场持有他国资产的意愿高于对本国资产，市场对国外资产的需求就会增加，从而减少对本国资产的需求，这将引起国际资本流出，直到相对回报差异消失。相反，如果市场对他国资产的预期回报率低于本国资产，会引起资本流入本国，最终也导致回报率差

---

①王弟海. 宏观经济学数理模型基础［M］. 上海：上海人民出版社，2010：28—42.

异消失。如果市场对持有两国资产的预期回报率相等，那么国际市场对持有本国或是他国资产是无差异的。如果本国货币的预期升值与风险分别用θ与η表示，此时，本国与他国资产的预期回报率差为0，即$i-\pi+\theta-\eta=i^f-\pi^f$。国际利率政策溢出效应的数理分析框架将变为：

$$Y=C(Y-T+T_r)+I(i-\pi)+G+CA(Y-T+T_r, Y^f, EP/P^f) \quad (4-13)$$

$$i-\pi+\theta-\eta=i^f-\pi^f \quad (4-14)$$

$$M/P=L(Y, i) \quad (4-15)$$

二、浮动汇率制度下国际货币政策溢出效应的比较静态分析

浮动汇率制度下，本国产出Y、国内利率水平i与汇率E都是内生的，由方程（4-13）、（4-14）与（4-15）决定的经济，均衡时，这三个内生变量取得均衡解。而T、T_r、Y^f、i^f、P、P^f、M、G、η、θ均为外生变量。假设T、T_r不变，对模型的三个方程全微分可得：

$$dY=C_Y dY+I'di+dG+CA_Y dY+CA_E(P/P^f)dE \quad (4-16)$$

$$di-di^f=0 \quad (4-17)$$

$$L_Y dY+L_i di=dM/P \quad (4-18)$$

（一）他国利率政策调整的国际传递渠道与溢出效应

假设当国内货币政策、财政政策不变，则M与G均不变，则dM与dG均为0，假设外生变量di^f变动，即di^f不为0，由方程（4-16）、（4-17）、（4-18）可得：

$$di/di^f=1 \quad (4-19)$$

$$dE/di^f=-[(1-C_Y-CA_Y)L_i/L_Y+I']/(CAE*P/P^f) \quad (4-20)$$

$$dY/di^f=-L_i/L_Y \quad (4-21)$$

通过分析可知，$dY/di^f>0$、$dE/di^f<0$。

方程（4-19）表明，他国利率政策调整引起他国市场利率变化，会传递到国内，引起国内市场利率水平同方向一对一的完全调整，进而引起国内利率政策同向调整。资本完全流动就意味着世界金融、资本市场完全一体化。他国利率的上升提高了他国资产的预期收益率，市场对他国资产

需求增加，导致本国国内资本立刻大规模外流（速度较资本不完全流动时快），进而使本国货币急剧贬值，出口增加，本国经济扩张，国民收入增加，最终货币需求增加，致使国内利率上升。方程（4-20）表明，他国利率政策调整会引起双边汇率反向变动。他国政策利率提高，他国资产预期收益率提高，市场对他国资产的需求就会增加，从而减少对本国资产的需求，这将引起国际资本流出，会导致双边汇率下降，他国货币升值，本国货币贬值。方程（4-21）表明，他国利率政策调整会引起本国收入同方向变动。他国政策利率提高，会导致双边汇率下降，本国货币贬值。本国货币贬值使本国商品的价格相对降低，市场对本国商品的需求增加，本国经济扩张，国民收入增长。他国政策利率提高，通过汇率渠道溢入本国国内，对本国经济产生正面的溢出效应。

上面分析是基于他国利率政策紧缩进行分析的，对于相反情况，即他国降低政策利率，同样会溢入本国，对本国经济产生与他国利率政策紧缩时相反的溢出效应。总之，在资本完全流动下，他国扩张性货币政策会贬值该国货币，这一以邻为壑的政策，导致资本外流，他国货币贬值，从而其贸易余额改善，刺激了本国经济。与此同时，资本流入本国，对本国货币产生超额需求，升值本币，从而伤害本国商品市场。本币升值，减少了本国出口，增加了对他国商品的进口，市场对本国商品总需求下降，经常账户恶化，本国经济紧缩。

（二）国际货币政策传递程度与溢出效应的影响因素

第一，边际消费倾向C_Y对国际利率溢出的汇率渠道的影响。方程（4-20）表明，国内边际消费倾向C_Y越大，国际利率政策向国内传递的程度越小。他国利率政策提高时本国货币贬值程度越低。边际消费倾向C_Y越大，dE/di^f的绝对值越小，本国消费需求对经济增长的贡献越大，国内经济对他国需求的依赖程度降低，他国利率政策调整对本国货币币值的冲击效应减弱，增强本国货币币值的稳定性。国内扩大内需，会增强本国币值的稳定性，降低了他国货币政策调整对双边汇率的影响。中国正在实施"双循环"发展战略，增强中国经济发展的质量与韧性，这对人民币汇率形成机制有积极作用，从而增强货币政策的独立性。

第二，进口倾向CA_Y对国际利率溢出的汇率渠道的影响。由方程（4-20）可知，其他因素不变，本国进口倾向CA_Y的绝对值越小，dE/di^f的绝对值越小，他国政策利率调整对本国货币的贬值作用越小。同样的收入水平，进口倾向CA_Y越小，本国对他国商品的需求规模越小，有助于改善贸易余额，减少外汇需求，降低了他国政策利率提高带来的币值压力，从而降低了他国利率政策调整对本国货币币值的冲击影响。

三、固定汇率制度下国际货币政策溢出效应的比较静态分析

（一）基本假设

在资本完全流动的固定汇率制度下，本国央行需要干预以维持汇率固定。此时，本国产出Y、国内利率水平i与基础货币供给M是内生的，而T、T_r、Y^f、i^f、P、P^f、E、G、η、θ均为外生变量，不能由模型决定，由模型以外的因素决定，其中E外生于本国央行。

（二）国际货币政策溢出效应的比较静态分析

1. 他国利率政策调整的国际传递渠道与溢出效应

假设国内财政政策不变，则dG=0，假设其他外生变量不变而外生变量di^f变动，即$di^f\neq 0$，加上dE=0的固定汇率条件，由方程（4-16）、（4-17）与（4-18）可得：

$$di/di^f=1 \tag{4-22}$$

$$dM/di^f=P*\left[L_Y I'/（1-C_Y-CA_Y）+L_i\right] \tag{4-23}$$

$$dY/di^f=I'/（1-C_Y-CA_Y） \tag{4-24}$$

通过分析可知，$dM/di^f<0$、$dY/di^f<0$。

方程（4-22）表明，在固定汇率制度下，他国利率与国内市场利率水平呈同方向的变动关系。开放经济下国际货币政策会通过利率渠道完全地传递到国内。固定汇率下，他国政策利率提高，本国货币管理当局只能以固定汇率在外汇市场上出售外汇，软化外币，导致本国货币供应减少，利率提高。方程（4-23）表明，固定汇率制度下，本国货币供给量与他国政策利率呈反向的变动关系。他国利率政策调整会溢入国内，影响本国数量

型货币政策。他国政策利率提高，他国市场利率上升，导致本国国内资本的外流，本国货币产生贬值压力。货币管理当局不得不以固定汇率在外汇市场上出售外汇，减少货币供应，收紧货币，最终使国内货币政策失去独立性。方程（4-24）表明，在固定汇率制度下，本国国内产出与他国政策利率调整呈反向的变动关系，他国政策利率上升，会通过利率渠道溢入本国，抑制本国经济增长。在固定汇率下，只要两国利率存在利差，货币管理当局就要干预外汇市场，最终使本国利率上升，投资需求减少，经济收缩。

2. 国际货币政策溢出效应的影响因素

私人投资的利率影响系数I'对国际利率政策溢出的收入产出效应的影响。由方程（4-24）可知，私人投资的利率影响系数I'的绝对值$-I'$越小，他国利率政策调整对本国产出影响程度越小。固定汇率制度下，汇率不变，他国利率政策紧缩，他国市场利率上升，私人投资的利率影响系数绝对值越小，本国投资下降得越少。当I'绝对值为零时，他国利率政策调整不会对本国产出产生影响。

第五章 国际货币政策溢出效应的特征事实

第一节 国际货币政策溢出效应与汇率制度

汇率制度是国际货币政策溢出效应的重要影响因素。不同汇率制度下，国际货币政策的溢出机制与效应显著不同。为了分析简洁，国际货币政策溢出效应的数理模型基本是建立在固定与浮动汇率这两种极端情况之上的。然而，汇率作为宏观经济的基本变量，历史上世界各国采取的汇率制度安排多种多样。[①]在现代开放的国际经济关系中，先后在三个时期出现过三种典型的汇率制度安排，即金本位时期（1870—1914年）、布雷顿森林体系下的固定汇率时期（1944—1973年）与后布雷顿森林体系的浮动汇率时期（1973年至现在）。这三个时期，国际货币政策溢出机制呈现出不同的特征。[②]

国际货币政策溢出效应研究始于金本位时期的国际利率自发形成的国际传递机制。金本位时期的国际利率自发形成的国际传递机制，可以使受到干扰而失衡的国际贸易自动恢复平衡，这给后人以深刻的启迪。当国际社会打算通过国际货币政策协调避免出现"以邻为壑"的货币政策调整时，人们就会设想来源于金本位制下的国际利率自发传递的调整机制。如2008年世界主要经济体通过协调联动降低利率操作应对国际金融危机。通过追溯现代国际货币政策中国际货币政策的国际传递溢出机制的变动趋势与特征的历史轨迹，让人们从历史的角度认识国际货币政策传递机制变化

[①]艾彻，穆蒂，托洛维斯基. 国际经济学（第七版）［M］. 赵世勇，译. 上海：上海人民出版社，2013：548—569.

[②]克鲁格曼，奥伯斯法尔德. 国际经济学：理论与政策（第八版）［M］. 黄卫平，等，译. 北京：中国人民大学出版社，2010：491—508.

的历史背景，探究不同历史时期国际货币政策溢出机制的历史作用与启示，以期为经济全球化与金融一体化背景下应对国际货币政策的溢出效应提供借鉴和指导。

一、金本位制时期

（一）金本位制度

金本位制度在19世纪后半叶到第一次世界大战期间成为占主导地位的国际货币安排。金本位制度作为法定制度诞生于1819年的英国，全盛于1870—1914年。至19世纪末，美国、德国、日本等国都先后加入了金本位制体系，从而形成了世界上第一个国际货币制度即国际金本位制度。国际金本位制度是以黄金作为本位货币的货币制度。金币本位制度下，要求每一国家都允许黄金自由流动，各国中央银行维持黄金与通货之间的官方平价关系。国际货币调整具有内在的对称性，官方储备主要采取黄金形式，并以黄金进行国际结算。因此，各种货币之间形成了固定汇率制度。金本位制度下存在一种可以实现外部均衡的有力机制即物价—硬币—流动机制，这种机制通过"贵金属"的跨国流动实现了国际贸易的平衡。设想一个两国模型：本国和他国。如果本国贸易出现盈余，黄金流入本国，导致本国货币供给增加，物价上涨，即固定汇率下本国货币的实际升值，他国对本国商品需求减少，而本国对他国商品需求增加。这种需求的变化减少了本国的贸易盈余与经济项目赤字，本国货币供给减少，物价下降，最终，黄金储备停止国际流动，两国贸易实现平衡。金本位制度下，各国货币的国内价值和国外价值趋于一致，限制了国内货币政策调节经济的可能，客观上一国利率政策的调整会溢出到国外，一国利率政策调整会传递给另一国。总之，在国际金本位制度（1870—1914）时期，由于各国对本币的含金量都有严格的限定，国际资本流动自由、汇率固定、国内货币政策完全没有独立性。

（二）金本位制度下的国际货币政策溢出

1. 国际货币政策溢出机制

设想一个两国模型：本国和他国，价格完全灵活调整，经济处于充分就业状态。假设本国央行增加货币供给，下调利率，从而使得他国资产的预期收益率相对提高。市场对本国货币资产需求减少，人们就会把本国货币出售给本国央行，换取黄金，然后，用黄金向他国央行换取外币，并用这些外币购买利率更高的外币资产。结果资本流出本国，流入他国。本国黄金储备减少，他国中央银行通过购买黄金而储备增加。本国货币供给减少，推动利率反弹，与此同时，他国货币供给增加，利率下降，直至两国利率相等，国际金融市场恢复均衡，黄金由本国向他国流动的趋势将消失。[①]这样，本国的货币调整就通过国际传递而溢出到他国，使他国货币政策产生同向调整。

2. 国际货币政策溢出机制特征

金本位制度下，汇率稳定，本币贬值在金本位下无效，消除了汇率波动风险。物价—硬币—流动机制自动实现了一国的外部平衡。一国的货币调整会通过国际传递而溢出到他国，使他国货币政策产生同向调整，但对他国不会产生贸易余额效应与产出效应。同时，由于世界各国都固定其货币的黄金价格，它们的货币供给是由黄金的跨境流动决定的，不存在货币供给超过其货币需求的增长，限制了各国央行扩张货币引起国内价格水平上涨的操作，贬值政策无效，从而保证了国际价格水平的稳定。金本位在保证国际价格水平稳定的同时，也限制了各国货币政策的主权与独立性，央行无法为了本国目的操纵货币供给（利率）工具。[②]

（三）金本位制度下国际货币政策溢出机制的启示

金本位制度下，本币贬值没有产出效应，一国中央银行调整货币政策会通过国际传递而溢出到他国，使他国货币政策产生同向调整，但对他国不会产生贸易余额效应与产出效应，不会造成两国政策冲突，"以邻为壑"的货币政策完全受限。物价—硬币—流动机制自动实现贸易平衡，并且贸易平衡被本国与他国均认为是合意的。此外，金本位制度下，国际货

①克鲁格曼，奥伯斯法尔德. 国际经济学：理论与政策（第八版）[M]. 黄卫平，等，译. 北京：中国人民大学出版社，2010：460—461，493.
②艾彻，穆蒂，托洛维斯基. 国际经济学（第七版）[M]. 赵世勇，译. 上海：上海人民出版社，2013：552—355.

币调整有显著的对称性，即一国失去其储备并导致的货币收缩，会传递到他国，使他国储备增加，货币扩张。以上机制得以有效运行的主要原因是，英国作为当时世界上资本主要输出国，是自由经济的理论主导者，在维护金本位制中起到关键作用。外部平衡在国家经济政策中的地位高于内部平衡。当时资本主义经济还处于上升时期，金本位制的参与者主要是工业化国家，各国经济周期基本同步，世界范围内的经济基本稳定，各国也倾向于执行与英国相同的利率政策。经济理论研究者一般都反对重商主义时期的国家干预政策，很少提及通过货币政策调整经常项目平衡问题。这些主观与客观因素决定了当时国际货币政策溢出主要表现为利率政策的国际传递。

总之，国际金本位制度时期（1870—1914年），各国普遍选择了"三元悖论"三角形中国际资本流动与汇率固定政策组合所在的那条边，全面放弃了国内货币政策的主权与独立性，从而保持了一国利率调整会通过国际传递溢出到他国，引起他国利率同步调整。这样，金本位制度下，国际利率保持着较高的协调性，既稳定了国际经济增长，也限制了各国货币政策的主权与独立性，相关国家央行无法为了本国目的操纵货币供给（利率）工具，实行"以邻为壑"的货币政策。在国际经济金融一体化的今天，国际利率通过国际传递实现自动协调的机制基础没有了。在国际金融危机等经济异动时期，通过国际经济协调才能实现国际利率同步协同调整，并克服了金本位制对各国利用货币政策应对全球性经济衰退与失业的限制。而在正常经济时期，人们往往忽视国际货币政策特别是利率协同调整的积极作用。当前美国利用其在储备货币本位制下的货币调整的不对称性，利用其储备货币发行国地位，超发、滥发美元，影响本国和世界货币供给，对他国的负面溢出效应较大，而非储备货币国的储备增减对储备发行国的货币供给毫无影响。在当今经济全球化的环境中，既要重视市场的作用，又要充分发挥政府利用货币政策对国内经济的干预调控职能。各国既要避免出现金本位时期完全放弃国内货币政策独立性而自发保持国际货币政策协调情形出现，又要防止国内货币率政策与国际货币政策的冲突。各国要坚持以国内经济平衡为立足点，积极参与国际货币政策协调，保持货币政策的相对独立与一定程度的协调性，以稳定国内经济乃至世界经济。

二、布雷顿森林体系时期

（一）以美元储备为中心的布雷顿森林体系

布雷顿森林体系是1944年第二次世界大战后，战胜国的代表根据在美国新罕布什尔州的布雷顿森林达成的《布雷顿森林协议》，建立的以美元为主要储备货币的、储备货币本位制的国际货币体系。该体系是以美元为基本储备货币的金汇兑本位制，各成员国货币对美元保持可调整的固定汇率，即可调整的盯住汇率，使得对各国外部平衡的要求有充分的灵活性，以使各国以实现国内的充分就业、内部平衡为基础，在不限制国际贸易的条件下，实现外国平衡目标。美元与黄金挂钩，并规定1盎司黄金35美元，其他相关工业化国家即成员国的货币跟美元实行固定汇率，即实行双挂钩制度。美元既是本国货币也是国际货币，美国成为储备货币国。多数国家不能实现本国货币的全面自由兑换。一般是经常项目下的收支管制较宽松，而资本与金融项目下的兑换管制较严。国际经济政策目标组合从国际金本位制所在的"三元悖论"三角形中的那条边（汇率固定、资本自由流动）过渡到另一条边（汇率固定、货币政策独立），放弃了资本自由流动，资本跨境流动特别是黄金流动受到一定程度的限制。货币调整有不对称性，储备货币国家可以无限制地发行货币，能控制或影响本国与世界货币供应，而非货币储备国则不然。[①]正是由于这种不对称性，美国以外的国家被迫放弃货币政策工具，而"进口"美国的货币政策，即美国货币政策会溢出到外国，对外国产生溢出效应。

（二）布雷顿森林体系下的国际货币政策溢出

随着布雷顿森林体系的日趋成熟，货币可兑换制度得以恢复，以及隐性资本流动的迅速增加，紧密了各个国家金融市场的联系。一国货币政策

---

①克鲁格曼，奥伯斯法尔德. 国际经济学：理论与政策（第八版）［M］. 黄卫平，等，译. 北京：中国人民大学出版社，2010：460—461.

变动会向他国溢出，加深了本国与他国货币政策之间、利率之间的联系。[①]
但是，国际金融市场的联系并未达到金本制下的完全一体化程度，多数国家仍限制金融交易，资本跨境流动受到一定的管制。

在实践中，各国也会调整汇率以使经济向内部与外部平衡逼近。汇率被用作重商主义的目的，即国际收支盈余国，通过延迟升值本币，低估本币刺激本国出口，抑制进口，推动本国经济扩张。这样一国维持资本流入、货币增发、贬值本币的货币政策会传递到他国，对他国产生负面溢出效应，使他国经济萎缩。同时，资本与金融项目的管制也能一定程度上将国内利率与他国利率分离，隔断利率在国际的传递渠道，以增强国家利率政策独立性，从而提高调控国内产出的水平。但是，由于布雷顿森林体系内在的货币政策作用的不对称性，这些实践只在部分范围内取得了成功。更多的情况是美国以外的成员国家"进口"美国的货币政策，保持本国国内利率与美国利率相同，并与美国货币政策协调和同步调整，而放弃对独立的货币政策调控内部平衡工具的操作。储备货币国美国的货币政策会溢出到他国，对他国产生溢出效应。如果美国增加货币供给，降低本国利率，外汇市场对他国货币需求增加，他国央行为了阻止其货币相对于美元升值，被迫购买储备货币美元，扩大本国货币供给，这样储备国美国增加货币，在刺激本国产出的同时，也扩张了他国经济，对他国产生了正面的溢出效应。而非储备货币国则不能实施独立的货币政策，以调控本国经济。

三、后布雷顿森林体系时期

（一）混合汇率制度

布雷顿森林体系崩溃后即1973年到现在，世界上多数国家放弃了固定汇率制度，而代之以浮动汇率制度，跨境资本流动管制逐步放松或取消。

---

①克鲁格曼，奥伯斯法尔德. 国际经济学：理论与政策（第八版）［M］. 黄卫平，等，译.
北京：中国人民大学出版社，2010：493.

浮动汇率制度增强了各国货币政策的对称性。世界各国对货币的控制能力日益增强，同时其运用货币政策调控经济实现内部平衡的能力也增强了。国际经济政策的目标组合从布雷顿森林体系所在的"三元悖论"三角形上的那一边（固定汇率、货币政策独立）向中间状态过渡，以寻求汇率浮动、资本流动与货币独立之间的动态均衡，从而实现经济的内部与外部平衡目标。

（二）混合汇率制度下的货币政策溢出

目前的国际金融体系是固定与浮动汇率相混合的制度。汇率既决定于市场又不完全取决于市场，多数国家都采取了对汇率不同程度的干预或管理。此外，多数国家对资本流动的管制也未完全放开。与此同时，由于经济全球化的深入，工业化国家特别是美国货币政策的溢出效应更多是负面效应且不断增大。布雷顿森林体系下的汇率调整规则被放弃，世界各国货币政策的互不协调，甚至冲突，各国为了本国经济，采用"以邻为壑"货币政策的概率大大上升。在两国模型中，本国货币贬值，他国货币一定升值，降低了他国商品的竞争力，本国货币调整溢出到他国，对他国产出产生负面的影响（支出转换效应）。同时，本国产出增长，也增加对他国商品的需求（收入吸收效应）。因此，一国货币扩张对他国的溢出总效应是支出转换效应与收入吸收效应这两个相反作用的净效应，这依赖于哪种效应占主导地位。世界各国越来越重视国际经济政策的协调作用，各国利率政策在经济政策中的地位也由次要上升到主要位置。

此外，布雷顿森林体系崩溃后，美元仍是多数国家中央银行的基本外汇储备，所以，目前的国际货币体系并没有实现完全对称性，相应的国际货币政策溢出效应也存在不对称特征。也就是说，美元在当前国际货币体系中仍处主导地位，美联储基准利率仍是国际资本市场的主导利率。相应的美国货币政策调整对他国的溢出效应显著高于非储备货币国的货币政策的溢出效应。美国利率的升降会引起世界利率与国际利率的同步调整，世界利率的变化仍一定程度上呈现出美元利率主导的特征。但是，2008年世界金融危机后，美元地位有所动摇，美元在当前国际货币体系中的主导地位有逐步弱化趋势。

第二节　国际货币政策溢出效应事实

根据传统宏观经济理论，一国货币政策通常都是针对国内经济、金融发展态势的。货币政策的制定和实施不受国外经济金融形势的影响。但进入21世纪以来，经济全球化日益深入，各国经济联系日益密切。经济全球化与金融一体化极大地影响着世界各个国家的经济与政策。开放经济体间的经济相互依存性越来越紧密，各经济体货币政策之间的相互影响日益深刻而独立性弱化，一国货币政策会对另一国经济会产生溢出效应。当前贸易保护主义、"逆全球化"浪潮下，美国超发、滥发美元，实施"以邻为壑"的货币政策，在增强本国商品竞争力的同时，损害他国经济利益。美国次贷危机引起的2008年国际金融危机，严重影响全球经济发展。为应对危机，世界各国积极加强货币政策协调，密切合作，协同实施宽松货币政策，联合降息，开展货币互换，避免国际间货币政策冲突，这对缓解金融危机对世界实体经济影响，恢复市场信心产生了重要作用。但美国作为世界最大的经济体和主要储备货币的发行国，美国货币政策的变化通过短期国际资本流动、大宗商品价格、国际贸易等渠道对全球经济特别是新兴经济体产生大量的溢出效应。美国的量化宽松政策、美国货币政策正常化的加息缩表，以及部分国家为了本国经济而采用竞争性贬值等货币政策对其他国家产生了负面溢出效应。值得关注的是2020年8月27日，美联储发布了新的《长期目标和货币政策策略声明》货币政策框架，增强了货币政策的前瞻性指引效应，一定程度上扩大了美国货币政策对他国的溢出效应。部分国家货币政策对他国的负面溢出效应引起国际社会高度关注。2013年2月16日二十国集团（G20）财长和央行行长会议公报呼吁：世界各国货币政策应以国内价格稳定和经济复苏为目标，并尽量减少对其他国家的负面溢出效应。2016年2月27日二十国集团（G20）财长和央行行长会议公报称：要避免竞争性贬值和不以竞争性目的来盯住汇率，反对各种形式的保护主义。各国要清晰沟通在宏观经济和结构性改革方面的政策行为，减少负面溢出效应。但是，对部分国家的货币政策溢出并没有形成一种合理的协调共识，从而将溢出的负面效应控制在一定范围内。

布雷顿森林体系崩溃后，认为浮动汇率能隔绝来源于国外的冲击的习惯被近40年的国际经济实践打破。浮动汇率制度下，国际经济的相互联系与固定汇率制下几乎无差别。不仅如此，易变的汇率以及由此而产生的政策反应，使各国宏观经济管理更加艰难。[①]国家间利率的相互作用不断增强，部分国家货币政策对外国的溢出效应在增强，这改变了各国央行制定与实施货币政策的宏观环境、传导机制和反馈效应，使其在进行货币政策决策以期望实现经济的内部均衡和外部均衡目标更加严峻。一个主要国家的货币政策调整，会迅速传递到他国，对他国经济产生溢出效应。由此可见，浮动汇率制度仍不是一个完美或者有效解决经济全球化带来的国际经济相互依存的方法。不过，货币政策理论会随着国际经济实践的发展而演进变化。在每一次重大事件如经济大萧条、金融危机与战争等发生后，人们对货币政策的传统理解与认识总会产生实质上的、重大的变化。从而形成新的货币政策共识，进而建立新的货币政策理论，直到下一次重大经济事件的发生而被动摇或打破。当然，2008年的全球金融危机也不例外。对于经济全球化带来的国际经济相互依存问题，唯一的解决办法是寄希望于国际经济利益与政策的协调。[②]所幸的是各国政策制定者已认识到相互间的经济依存性，已为国际经济利益与政策协调付出了努力，并且取得了一定成效。源自美国次贷危机的2008年的全球性金融危机更使世界各国加大了货币政策国际协调的力度与深度，经济政策的国际协调受到各经济体的空前重视。通过国际经济政策协调，世界各国协调一致的救市计划成功应对了金融危机，同步联动持续降息的调控操作的合理性也被实践证实。2008年金融危机爆发以来，主要经济体和国际组织建立了宏观审慎管理体系，以约束美国等国家货币政策对国内经济的政策目标和作为国际货币应尽义务的不对称行为，并寻求大国货币间的汇率稳定机制。中国也形成了利率走廊货币政策操作框架，重视预期管理，并积极参与国际货币政策协调。

---

①多恩布什，费希尔，斯塔兹. 宏观经济学（第十版）［M］. 王志伟，译. 北京：中国人民大学出版社，2009：472.

②Cukierman, A.. Monetary policy and institutions before, during, and after the global financial crisis[J]. Journal of Financial Stability，2013，9（3）：373-384.

一、国际货币政策操作的阶段划分

美国、欧元区、日本和英国等发达经济体市场化程度高，市场机制较完善，国际经济贸易联系紧密，拥有贸易结算、储备等国际货币地位，其对国际金融市场、国际大宗商品、国际贸易等影响大，其货币政策对别的国家有强大的溢出效应。同时，中国作为新兴国家、发展中国家，尽管市场发展特别是金融市场、人民币汇率形成机制还存在需要完善的地方，资本国际流动没有实现完全自由，但中国经济已位居世界第二位，2010年以来对世界经济增长实质贡献平均达到30%左右，外汇储备与货物贸易额均位居世界第一，不再单纯是发达经济体货币政策政策溢出效应的被动接受者，中国经济在受到他国货币政策溢出影响的同时，中国的货币政策也会对外部经济体产生溢出效应。美国应对2008年金融危机的低利率政策与量化宽松政策对全国各国汇率、利率、物价与产出的影响，反映了美国货币政策对他国的巨大溢出效应，同时也显示了中国货币政策的溢出影响。图5-1显示了美国政策利率（有效联邦基金利率，右纵轴）与美国、中国、欧元区、日本和英国的产出增长率（左纵轴）的变化趋势。

从图5-1可以较为直观地观察到美国政策利率与世界主要大经济体产出变动趋势。根据美国政策利率与世界主要大经济体产出变动趋势的特点，2000—2019年基本上可以分成三个阶段：金融危机前（2000—2006）、金融危机时期（2007—2010）、后金融危机时期（2011—2019）。

（一）金融危机前时期（2000—2006）

2000—2006年，美联储利率政策经历了持续下调的货币政策宽松阶段与持续上调利率的货币政策紧缩阶段。美国政策利率持续大幅调降之后开始连续大幅提升，使宏观经济产生剧烈波动。中国因2001年12月11日正式加入WTO，经济持续稳定高速增长。[①]世界经济在2000年结束了全球经济

---

① 1995年7月11日，世贸组织总理事会会议决定接纳中国为该组织的观察员；2001年11月10日，世界贸易组织多哈会议批准我国为正式成员。中国加入世贸组织，成为该组织第143个成员国。2001年12月11日，中国正式成为世贸组织成员。

增长速度曾高达4.7%的前一个景气周期，全球经济进入了下行周期，包括美国在内的全球主要经济体经济增长放缓、就业严峻，需求低迷。美国等各大经济体央行普遍采用了利率政策平滑操作方式，调控经济。2001年5月到2003年6月，美联储通过13次微调将联邦基金利率下调到1958年以来最低点1%的水平，促使美国经济迅速复苏。之后，美联储为了应对国际石油价格上涨造成的通胀压力以及房地产市场过热，美国自2004年6月到2006年6月，连续17次以0.25%的速度上调联邦基金利率，实施长达两年的紧缩政策。2006年，世界经济继续保持较快增长势头。日本和欧元区经济稳步回升，主要新兴市场和发展中国家经济继续保持强劲增长势头。美国通货膨胀压力有所减缓，经济较快增长，但出现放缓趋势。国际原油价格开始大幅度下跌。国际货币基金组织对全球经济增长预计有所放缓，各主要经济体加息的步伐受到影响。

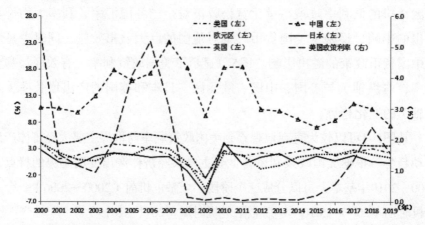

图5-1　美国政策利率（右）与世界主要经济体产出增长率（左）的变化趋势图

数据来源：美联储经济研究局数据库。

备注：中国（左）表示中国产出增长率，用中国不变价格的GDP增长率（与上年相比变化率）计量，美国（左）、欧元区（左）、日本（左）、英国（左）分别表示各经济体产出增长率，均用真实GDP增长率（与上年相比变化率）计量。美国政策利率（右）表示美国政策利率，用有效联邦基金利率计量。

（二）金融危机时期（2007—2010）

2007—2010年，全球经济经历了2008年美国次贷危机，以及由此引发的2008年全球经济危机。进入2007年，受美国次级抵押贷款影响，美国经济增速明显放缓，欧元区经济面临下行风险，日本经济增长有所减缓，但中国等主要新兴市场经济体经济增长依然强劲。2008年，金融危机从局部发展到全球，全球经济增长明显放缓。美国、欧元区、日本、英国均已陷入衰退，中国经济增速明显放缓。大宗商品价格急剧回落，全球通货膨胀压力缓解，通货紧缩风险同步增加。为应对危机与经济衰退，全球主要央行加强货币政策协调，采取了协调一致的联合降息政策，同时，美国等发达经济体还通过变动资产负债表规模，不同程度使用或扩大了量化宽松政策。美国从2007年9月率先开启大幅度降息操作，到2008年12月连续10次降息，将联邦基金目标利率由5.25%下调至0—0.25%的目标区间，达到美联储1913年成立以来的最低点。至2010年3月，美联储实施第一轮量化宽松政策，购买了总额超过1.7万亿美元的抵押贷款支持证券和国债（见图5-2），并在2010年11月3日宣布推出第二轮量化宽松政策（于2011年第二季度末之前购买6000亿美元长期国债）。到2010年年末，全球贸易增长恢复至危机前的水平，大宗商品价格企稳回升，全球经济基本从金融危机中恢复。

（三）后金融危机时期（2011—2019）

2011—2019年，世界经济缓慢曲折复苏。2014年后，各主要经济体经济表现和宏观政策分化明显，部分经济体逐步启动货币政策正常化。美国的经济复苏势头在主要发达经济体中相对较好，在2014年1月开始缩减资产购买规模，并在2014年10月退出量化宽松。2015年12月16日，美联储正式启动加息进程，其国际溢出效应大。到2018年年末，共加息9次，联邦基金利率上调至2.25%—2.50%。美联储从2017年10月开始正式启动缩表进程。2019年全球经济增长放缓，美联储、欧洲央行等货币政策转向宽松，带动全球较多经济体降息。

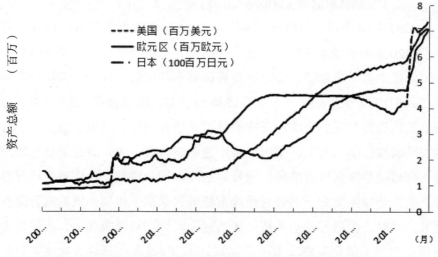

图5-2 世界主要经济体资产负债表资产总额（2006.1—2020.12）

数据来源：美联储经济研究局数据库。

2008年金融危机后，全球各经济体国际货币政策溢出效应显著增强。相比较而言，美国、欧元区、日本、英国与中国中央银行货币政策的溢出效应有较强的代表性。这是因为，布雷顿森林体系崩溃后，美元仍是多数国家中央银行的基本外汇储备，相应的国际货币政策传递与溢出存在不对称特征。美元在当前国际货币体系中仍处主导地位，美联储基准利率仍是国际资本市场的主导利率，加上美国是全球第一大经济体，决定了美国货币政策对他国经济的溢出效应强度大而广泛。1999年1月1日诞生的欧元区，现在已创造了拥有3亿多消费者的货币区。其成员国的固定利率使欧洲中央银行与世界上其他任何中央银行相区别。欧洲中央银行的货币操作超越了成员国政府的范围，其将成员国当作一个整体的主权国家集团进行经济调控与管理。这也决定了其对世界经济影响的重要性。英格兰银行自1694年至今一直充当英国的中央银行，是世界上最早出现的中央银行。英国作为早期世界上的经济大国与资本输出国以及国际经济理论的主导者，其央行的货币政策操作对其他国家有重要的示范与借鉴作用。日本央行成立于1882年，是世界上最早出现的央行之一。日本经济从1978年至2009年仅次于美国，一直居世界第二位，2010年被中国超过后仍居世界第三位。20世纪90

年代以来，泡沫经济破灭、2008年世界金融危机与2011年的大地震冲击，日本经济持续低迷，但是日本经济仍对世界经济有重要影响。此外，日本央行自2001年就实施了量化宽松货币政策，2008年金融危机发生后美国、欧元区等发达经济体均不同程度使用或扩大了量化宽松政策。与传统货币政策相比，以量化宽松为主的非传统货币政策的国际溢出效应与传统货币政策的国际传递有显著差异。因此，主要选取中国、美国、欧元区、日本与英国等世界主要经济体为研究对象，研究国际货币政策溢出效应问题。

二、金融危机前期（2000—2006）

（一）危机前世界主要经济体货币政策操作

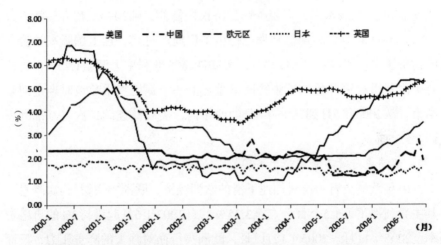

图5-3　世界主要经济体政策利率变化趋势（2000.1—2006.12）

数据来源：美联储经济研究局数据库，中国银行间隔夜拆借利率为中国人民银行各年统计数据。

备注：美国政策利率用美国有效联邦基金利率计量，中国政策利率用全国银行间同业隔夜拆借交易利率计量（2000—2001年中国人民银行缺失的数据，用银行间隔夜利率代替），英国政策利率用银行间30或90天利率计量，日本政策利率用日本央行短期贷款与折现率表示，欧元区政策利率用欧元区银行间隔夜利率计量。

图5-3考察了金融危机前期（2000—2006）美国、中国、欧元区、日本与英国政策利率调整趋势，反映了各主要经济体利率政策变动的互相影

响。从图中可以看出，美国为应对国内经济增速放缓态势，从2000年7月率先降低政策利率，而欧元区、日本和中国降息滞后，分别于2001年5月、2001年5月、2002年3月才跟随了降息步伐。之后，美国于2004年6月开启加息通道，欧元区于2005年12月才开始5年来首次加息操作，日本2006年7月开启六年来的首次升息操作，中国于2006年8月开始加息。这一时期，英国与美国的利率政策操作同步性高，而欧元区与中国则相对滞后，美国利率政策向工业化国家溢出、传递的速度较中国快，美国联邦基金利率对世界利率有主导作用。下面结合各央行货币政策操作进行分析。

1. 美国货币政策于2004年开始从扩张走向紧缩

2001年，"9·11"事件使美国经济雪上加霜，美国和日本经济同时陷入衰退，欧元区经济加速下滑。2001年5月到2003年6月，美联储通过13次下调基准利率至1%水平，促使美国经济很快复苏，到2004年初春经济增速达3.9%。与此同时，长期低利率也催生了房地产过热，加上国际高油价导致的物价压力，于2004年6月30日，美联储将基准利率上调至1.25%，这标志着美国货币政策开始从扩张转向紧缩，上一个宽松货币政策时期走向就此结束。从2004年6月到2006年6月的两年内，美联储连续17次将基准利率微调至5.25%。

2. 欧洲央行货币紧缩晚于美国

2001年欧洲央行为应对加速下滑的欧洲经济，欧洲中央银行4次降息，将其主导利率下调1.5个百分点至3.25%。自2003年6月起维持2%的再融资利率至2005年11月。2005年12月1日，欧洲央行面对强大的降息压力，反而启动了近5年来首次加息操作，将主要再融资利率、存款便利和贷款便利的利率分别上调0.25个百分点至2.25%、1.25%和3.25%。此后，又分别在在2006年3月2日、6月8日、8月3日、10月5日和12月7日分别将主要再融资利率上调25个基点至3.5%。

3. 日本坚持宽松的货币政策

金融危机前，日本央行为了保持经济持续复苏，实行量化宽松的货币政策与零利率政策。日本央行于2001年3月实施了全球首例量化宽松货币（QE）政策，并把货币政策操作目标由以无抵押隔夜拆借利率转变为商业银行在中央银行的经常账户余额，并以大量购入政府长期债券等方式压低长期利率，向市场注入流动性。在宽松货币政策刺激下，从2002年起日本经济恢复正增长，2005年后核心消费价格指数明显改善。因此，日本银行于2006年3月9日结束量化政策，并于7月14日启动日本银行六年来的首次上调基准利率操作，将无担保隔夜拆借利率由零调高至0.25%。总体来说，日本量化政策取得了预期的政策效果，使日本经济摆脱了零增长、零通胀的双零困境。

4. 英格兰银行与美国货币政策同步性高

考虑到经济增长较快和房地产市场趋热的问题，英格兰银行分别于2004年2月、5月、6月和8月四次将基准利率提高至4.75%。2005年8月4日，英格兰银行在英国经济增长放缓、需求增速下降的情况下，将回购利率下调0.25个基点至4.50%。英格兰银行于2006年8月3日和11月9日分别加息25个基点，将官方利率上调至近四年最高水平5%。

5. 中国的货币政策由稳健转向从紧

中国人民银行针对2004年10月到2006年8月，国内经济增长强劲、结构调整快、发展有利条件多的经济形势，坚持实行稳健的货币政策，以保持政策的连续性和稳定性。维持2004年10月2.25%的利率直到2006年7月。此后，为防止经济向过热转变，中国人民银行货币政策由"稳健"向"从紧"转变，2006年7月存款基准利率从2.25%上调至2.52%。

通过对比此时期世界各主要央行的利率政策调整操作，可以看出，此阶段国际货币政策溢出影响较弱，世界各经济体的利率政策主要是根据国内经济、金融发展态势而制定和实施货币政策，而受国外经济金融形势的影响较弱，美国货币政策国际传递时间长。除美国与英国利率政策同步性高外，其他央行货币政策的操作与美国相比均有一定程度的滞后。如美国从2004年6月开始进入加息通道，欧洲央行2005年12月才开始加息。

（二）美国政策利率、美国指数与主要经济体双边汇率的变动趋势

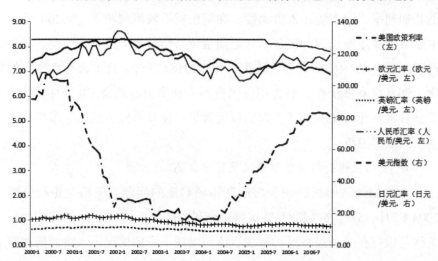

图5-4　世界主要经济体货币汇率与美国政策利率、美元指数的变化趋势
（2000.1-2006.12）

数据来源：美联储经济研究局数据库。

备注：美国政策利率用美国有效联邦基金利率计量（％），美元指数用美元真实有效汇率计量（以2010年为100），人民币、欧元、日元、英镑汇率均用以本国货币表示的美元价格计量（直接标价法）。

美国货币政策是最为重要的影响美元的宏观变量。图5-4显示了美国有效联邦基金利率、美元指数，以及人民币、欧元、日元与英镑对美元汇率的变动趋势。从图5-4可以看出，实际有效联邦基金利率与美元指数，以及欧元、日元与英镑对美元汇率呈现相似的波动趋势，美元指数变动较联邦基金利率变化有一定滞后，这是美国货币政策在国内、国际传导时滞所致。2000年两者出现同时高起的现象，2002—2004年，随着联邦基金利率持续降低，美元指数总体上呈波动下降态势。尽管期间美元指数出现一些波动，但两者持续下降的态势出现较长时期的延续。美元对欧元、日元、英镑总体呈持续贬值态势。2002年美元贬值主导国际外汇市场，到2002年年底，美元对欧元、日元汇率分别贬值16.2%和10%。以贸易加权指数计，美元在2002年下跌了9.6%，是1987年以来全年最大跌幅，欧元贬值达三年来最低点。此变化的潜在含义是美国政策利率促使美元指数上

升，进而影响国际油价在波动中呈上升趋势，年末油价再次突破30美元。
2003年，美国持续宽松货币，刺激经济增长。美联储在6月将联邦基金利率从1.25%下调到1%，达45年来最低水平，并表示将在"相当长时期内"维持利率在低水平不变。美国利率持续下调，使美元保持持续跌势。虽然受美伊战争等因素影响，美元在第一、三两季度曾经出现较大反弹，但是总体保持跌势，第二、四季度跌幅再度加剧。2003年美元对日元和欧元跌幅分别超过10%和20%。2004年美元对日元、欧元分别贬值3.4%、6.9%。2005年，随着美元利率提升，美元相对其他主要货币总体走强。2005年，随着联邦基金利率持续提高，美元指数上升。2005年美元对欧元、日元和英镑分别升值12.67%、15.10%和10.28%。人民币在2005年之前采用盯住美元的固定汇率制度。2005年7月21日开始实行以市场供求为基础，参考一篮子货币进行调节、有管理的浮动汇率制度，人民币对美元即日升值2%，人民币币值由固定进入升值通道。2006年，美元相对欧元走弱，相对日元略有升值。

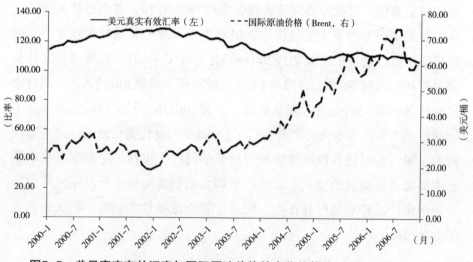

图5-5 美元真实有效汇率与国际原油价格的变化趋势（2000.1—2019.12）

数据来源：美联储经济研究局数据库。

备注：美元真实有效汇率以2010年为100。

（三）美国政策利率、美元币值与国际大宗商品价格的变动趋势

美元币值影响全球大宗商品价格。全球大宗商品大多是美元标价，美元币值变动会影响全球大宗商品价格如石油价格，而美国货币政策是导致美元币值变动最直接的因素，这样美国货币政策就会影响大宗商品价格。图5-5显示了美元币值变动与国际原油价格的关系。美元币值（美元真实有效汇率）与布伦特国际原油价格呈负向变动关系。2002年以前，美元持续升值，布伦特原油价格呈现波动回落态势。而2002—2006年美元波动下跌，对应时期的原油价格持续上升。

美国货币政策会对国际大宗商品价格产生溢出效应。美国利率政策影响美元币值，美元币值又会影响全球大宗商品价格，也就是说美国货币政策对全球大宗商品价格会产生溢出效应。2001—2006年，全球证券、黄金、石油等各类资产价格出现了大幅上涨的行情。2006年，美国道琼斯工业平均指数，以及其他许多工业化国家与新兴市场国家的股价创下历史新高，纽约市场现货黄金价格突破每盎司718美元，创1980年以来的历史高位，国际原油期货价格曾突破75美元/桶，创历史最高纪录。这主要是美国等世界主要经济体2001年以来采取的超低利率政策产生的国际溢出效应造成的。如美国2001年1月至2003年6月，美联储将联邦基金利率从6.5%降至1%，并维持1%的超低利率一年至2004年6月。同时欧洲央行2001年之后也进入降息通道，并将2003年6月2%的低利率维持了近两年半之久。日本央行则是实行了长达5年的量化宽松政策。以上宽松货币政策，在促进各国经济恢复与增长的同时，也在一定程度上推动了各主要货币流动性的增长。此外，美国金融创新与衍生产品层出不穷，金融衍生产品特有的杠杆作用，促进了货币流动性的创造，极大地扩大了金融风险。

（四）美国政策利率与主要经济体通货膨胀率的变动趋势

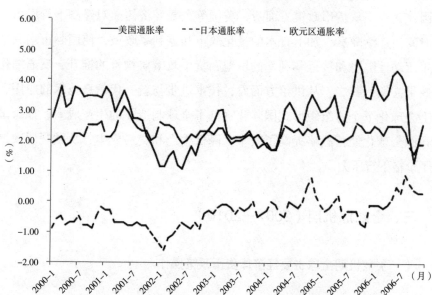

图5-6　美国、日本、欧元区通货膨胀率变化趋势（2000.1—2006.12）

数据来源：美联储经济研究局数据库。

备注：美国、日本、欧元区通货膨胀率用各自包含全部项目的月度CPI同比增长率表示。

图5-6显示了美国、日本、欧元区通货膨胀率的变动趋势。从图上可以看出，这一时期，全球经济经历了长达3年的通货紧缩，美国等发达经济体的宽松货币政策向物价传导速度慢，促使全球通货紧缩压力减弱的滞后期较长，大多数国家和地区通货膨胀率显著低于20世纪80年代和90年代的平均水平。直至2004年美国产生通货膨胀压力，日本直到2006年才摆脱了通货紧缩的局面。2005—2006年，美国强劲的经济增长，使通胀压力持续增加，2005年年度CPI同比上涨3.4%。2006年后半年经济增长放缓，通胀压力有所减缓，CPI同比由第一季度的3.6%下降到第四季度的1.9%。欧元区经济稳步增长。欧元区通胀水平变动平缓，2005年以后，出现微弱的通胀压力。2002年，美国和欧盟通货膨胀率分别为1.5%和2.1%，均低于2001年2.8%和2.6%的水平。日本和亚洲一些新兴市场经济体仍被通货紧缩困扰，日本物价为-1%，比2001年低0.3个百分点。工业国家整体通货膨胀率仅为

1.4%，比2001年低0.8个百分点。这一时期的全球通货紧缩压力上升的主要原因：其一，从货币政策方面看，美国等主要经济体面对经济下行压力，短时间内连续降息，加上日本的量化政策和零利率政策，使国际市场利率处于流动性陷阱和接近零利率的境地，货币政策对物价的推升、反通缩作用效果甚微。其二，从供给方面看，技术进步与新一代信息技术的应用，加上全球化下企业组织形式国际化降低了全球制造业的生产成本，如跨国公司的全球化经营战略提高了效率，降低生产和交易成本，从微观层次增大了价格下行压力。

三、金融危机期（2007—2010）

（一）危机期全球主要经济体货币政策操作

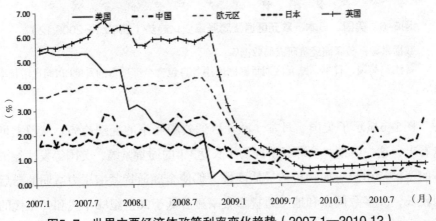

图5-7 世界主要经济体政策利率变化趋势（2007.1—2010.12）

数据来源：美联储经济研究局数据库，中国银行间隔夜拆借利率为中国人民银行各年统计数据。

备注：美国政策利率用有效联邦基金利率计量，中国政策利率用全国银行间同业隔夜拆借交易利率计量，英国政策利率用银行间30天或90天利率计量，日本政策利率用日本央行短期贷款与折现率表示，欧元区政策利率用欧元区银行间隔夜利率计量。

图5-7考察了金融危机期（2007年1月—2010年12月）美国、中国、欧元区、日本与英国政策利率调整趋势，反映了各主要经济体利率政策变动的互相影响。从图中可以看出，美国率先降低利率，此后国际社会联合降

息，保持低利率，直至2010年国际经济企稳回升。量化宽松等非传统货币政策成为主要发达经济体货币政策的新取向。美国传统与非传统货币政策对他国溢出效应增强。

美国为应对增速放缓特别是次级抵押贷款风波给经济带来的下行压力，从2007年9月率先开启大幅度降息操作。欧洲中央银行、日本央行、英格兰银行受之前美国加息政策的溢出影响，还在加息通道上。2007年12月英格兰银行开启两年来首次降息操作。2008年，金融危机从局部发展到全球，从金融领域扩散到实体经济领域，至2008年10月主要发达经济体经济均陷入衰退，新兴市场经济明显放缓，全球经济陷入持续衰退，美国次贷危机演变为国际金融危机。国际社会为遏制经济衰退，全球主要经济体联合行动，各中央银行在利率手段平衡价格稳定与经济增长的同时，借助各种渠道向市场大规模注入流动性，并推出大规模经济刺激计划。2008年11月G20领导人"金融市场和世界经济峰会"上，相关各方就加强国际政策合作、共同应对危机等问题达成共识。主要经济体央行协同大幅降低基准利率，部分甚至逼近零利率下限。在基准利率降至"零"下限时，常规的利率政策调控空间已十分有限，变动资产负债表规模的数量调节机制，即所谓的"非传统"货币政策成为各主要央行继续放松货币政策、调节金融市场的新取向。同时，积极采取国际联合行动，全球主要央行都采取了协调一致的联合降息政策，以共同应对危机。2008年10月8日，由于国际金融危机加剧，经济衰退风险持续加大，美联储等主要央行联合宣布一致降息50个基点。日本银行未参与降息，但对此联合行动也表示强烈支持。此后，部分新兴市场经济体如中国、印度等国家，也加入了国际协调降息行动。国际社会的这种联合行动，协调联动降低利息与增强流动性，是国际货币政策史上的重要里程碑，突显了在经济全球化下，一国货币政策对他国经济的溢出效应在增强，国际经济政策协调的重要性。应对危机期间，美国、英国累计降息幅度大，达525个基点，其基准利率分别下调至0—0.25%区间与0.5%水平。美联储的资产负债表规模从2007年年初的0.87万亿美元增加到2010年年末的2.4万亿美元。欧洲央行也将主导利率降至1%，并把欧洲央行负债表规模扩大了一倍。日本银行坚持"零利率"政策，将基准利率限定在0—0.1%的实质上的零利率水平上。全球主要经济体货币政策协调，协同降息与增强流动性，对促进世界经济从危机走向复苏、回升起到重要作用。

由此可见，在全球金融危机应对期，世界各经济体的货币政策的制订与实施主要是通过货币政策国际协调，减少因国际货币政策溢出而产生了政策冲突，共同应对全球金融危机所导致的全球经济陷入持续、同步衰退。主要经济体央行货币政策协调性强，美国率先降息，英国、欧元区与日本相继降息，美国启动量化政策，日本实施第二轮量化政策，美国货币政策的国际传递速度快、安全性高，美国联邦基金利率政策呈现出世界利率的主导作用。下面结合各央行货币政策操作进行分析。

1. 美联储持续大幅度降息，实施量化宽松政策

美联储面对次贷风波对美国经济的负面影响而产生的下行压力，从2007年9月开启大幅度降息操作，美联储三次分别下调50、25和25个基点，把联邦基金目标利率从5.25%下调至4.25%。2008年美联储7次分别下调75、50、75、25、50、50、100个基点，将联邦基金目标利率下调至0—0.25%的目标区间，达到1913年美联储成立以来的最低点，并维持至2015年12月。

同时，为应对持续性信贷紧缩，通过实施量化政策，向市场大量注入流动性。2010年3月，美联储实施第一轮量化宽松政策，并在2010年11月3日推出6000亿美元的第二轮量化宽松政策（QE2），即在2011年第二季度末之前再购买6000亿美元长期国债，约合每月购买750亿美元。到2010年年末，美联储总负债规模扩大近两倍，达2.4万亿美元。第一轮量化宽松政策（QE1）期间美联储共购买了1.25万亿美元的抵押贷款支持证券，3000亿美元的美国国债和1750亿美元的机构证券，累计1.725亿美元。量化宽松政策使美国经济迅速复苏，物价逐渐回暖，2010年美国GDP增速为2.9%。

很明显，美联储在危机应对期的利率政策操作进行了不同于危机前的调整。美联储利率操作有一定的规则，如当经济处于扩张期时，利率政策调整采用平滑提高与有规则的操作方式。当经济处于收缩期时，应采用平滑降低的操作方式。当经济出现危机等意外情况时，应当相机抉择，快速大幅度地降低利率。本次美联储应对金融危机冲击的利率政策调整就采

用了相机抉择应对意外情况的操作方式。在危机应对期，美联储采用的大幅度、长期低利率的利率政策操作方式较金融危机之前的利率政策操作方式有显著的区别。这期间的量化政策和美元超发产生了巨大的国际溢出效应。

2. 欧洲中央银行货币政策先紧后松，启动量化政策

2007年欧元区经济小幅度加调，通胀压力持续加大，在2007年3月、6月以及2008年7月三次上调基准利率各25个基点，从而使基准利率达近5年来最高水平4.25%。此后，由于国际金融影响，经济增长明显呈衰退趋势。欧洲中央银行三次将再融资利率累计下调共175个基点，将欧元区目标利率降至2.5%。2009年欧洲中央银行又于1月、3月、4月和5月分别下调50、50、25、25个基点，使主要再融资利率至历史低位的1%。此后，维持此利率至2011年3月。2009年欧洲中央银行启动了600亿欧元资产担保债券购买计划。截至2010年12月21日，欧洲中央银行已购买720亿欧元政府债券。

3. 日本银行重启零利率与量化政策

日本经济2007年GDP增长2.1%，延续加息操作，于2007年2月上调25个基点至0.5%。2008年10月31日日本银行货币政策结束了利率正常化进程，启动了2007年2月以来首次降息20个基点，并在12月再次下调20个基点，将无担保隔夜拆借利率降至0.1%，2010年10月，降至0—0.1%，时隔四年多重启零利率政策，同时，启动日本第二轮量化宽松政策，推出总额5万亿日元的资产购买计划。

4. 英格兰银行启动量化政策

受此前美国加息溢出影响，英格兰银行延续加息操作，于2007年1月、5月和7月分别加息25个基点，将官方利率上调至近四年最高水平5.75%。紧随美国降息，英格兰银行于2007年12月启动两年来首次降息操作，将官方利率下调25个基点至5.5%。此后，又于2008年2月与4月分别将官方利率各下调25个基点至5%。2008年第四季度与2009年第一季度，英格兰银行加大降低利率的幅度和操作次数，6次共下调官方利率4500个基点，将基准利率降低到自1694年建行以来的最低水平0.5%。2009年3月英格兰银行开启量化宽松操作，计划3个月购买750亿英镑购买长期国债，此后，又将计划规模

扩大至2000亿英镑。

5. 中国大幅度降低基准利率，增发央行票据

2007年中国经济增长相对强劲，加上全球上一周期的宽松货币政策造成全球大宗商品、粮食和资产价格普遍大幅上涨，向中国输入通胀，物价水平持续上升。为了防止经济向过热、价格向明显通货膨胀转化，中国人民银行于2007年先后6次将存款基准利率从2.52%上调至年末的4.14%。2008年10月为应对国际金融危机对中国经济影响，货币政策开始由偏紧向宽松大转变，大幅度密集降低基准利率，M2规模大幅度增加。中国央行分别于10月9日与30日、11月、12月连续四次将一年期存款利率累计下调1.89个百分点，一年期存款基准利率由4.14%下调至2.25%，并维持至2010年9月。2010年中国经济较快发展，货币政策率先从反危机状态向常态回归，将一年期存款基准利率由2.25%上调至2.75%，以稳定通货膨胀预期，抑制货币信贷增长。

总之，危机期，由于国际经济的相互依存，由美国的次贷危机演变成的全球金融危机，使全球多数国家与地区经济几乎同时出现了显著的下滑趋势。美国等发达经济体是本次危机的发源地，经济下滑程度最大。新兴经济体虽然没有受到危机直接影响，但国际市场萎缩，外部需求下降，导致国内经济也出现严重下滑。国际社会加强货币政策协调，减少国际货币政策的溢出效应造成的政策冲突，相关国家央行在G20框架下，通过货币政策沟通协调，成功遏制了全球经济进一步衰退，促进经济企稳回升。如2008年10月8日，美联储与英格兰银行、欧洲央行等联合宣布同步降息50个基点。此后，日本、欧洲与中国央行同时从长期的加息操作转向下调通道。危机应对期各经济体央行利率调整操作要么持续下调，要么由升转降，方向保持高度一致，而且均长期维持低利率水平。同时，美国、欧元区、英国与日本均不同程度使用或扩大了量化宽松政策，在低利率或零利率环境下增加流动性。量化政策对促进各国经济复苏和消除通缩风险发挥了重要作用，但也增大了对他国经济的负面溢出效应。量化宽松政策可能加剧全球流动性泛滥和货币竞争性贬值的风险，并会通过汇率和资本跨境流动渠道对新兴经济体等产生负面的溢出效应。量化宽松推高了新兴市场主体的资产价格，增大了通货膨胀

压力。如2010年8月美联储释放第二轮量化宽松货币政策信号后，新兴市场国家的资本流入大幅增长，导致货币升值和资产价格泡沫，增大了金融体系的风险。一旦主要发达经济体开始了"退出"行动，全球资本流动将有可能出现逆转，全球资产价格尤其是新兴市场经济体资产价格可能出现波动。美国等发达经济体应该实施负责任的政策，减少量化宽松政策，特别是美国超发美元给他国带来的负面溢出效应。

（二）美国政策利率、美国指数与主要经济体双边汇率的变动趋势

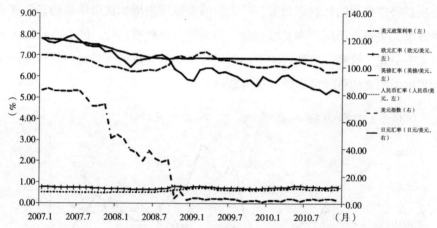

图5-8　世界主要经济体货币汇率与美国政策利率、美元指数的变化趋势

（2007.1—2010.12）

数据来源：美联储经济研究局数据库。

备注：美国政策利率用美国有效联邦基金利率计量（％），美元指数用美元真实有效汇率计量（以2010年为100），人民币、欧元、日元、英镑汇率均用以本国货币表示的美元价格计量（直接标价法）。

货币政策是一经济体币值的最重要决定变量。危机后，美国等重要经济体实行低利率与量化政策造成了流动性泛滥与美元超发，出现竞争性贬值现象。图5-8显示了美国有效联邦基金利率、美元指数，以及人民币、欧元、日元与英镑对美元汇率的变动趋势。从图5-8可以看出，伴随着实际有效联邦基金利率下降，美元指数以及欧元、日元与英镑对美元汇率呈现下降趋势，美元整体走弱，而其他经济体货币走强，对他国经济产生负面溢出效应，相比较而言，美元对日元升值较多。2007—2010年，随着联邦基金利率

持续降低，并在低利率基础上，增发美元，美元指数总体上呈波动下降态势。尽管在2008年下半年到2009年上半年美元指数出现波动上升，但两者持续下降的态势出现较长时期的延续。2009年随着美国量化政策的持续与规模扩大，美元指数又呈现贬值趋势。2007年，美元相对欧元和日元整体呈走低态势，美元对欧元和日元分别较年初贬值9.6%和6.5%。2008年，美元先弱后强，美元对欧元和英镑分别升值4.4%和35.7%，而对日元则贬值22.9%。2010年美元汇率总体呈现先升后贬之后再回升的"N"走势。这一时期，美国等主要经济体央行的低利率政策与扩大负债表规模来增加货币供给的非常规货币政策，主要货币间汇率宽幅震荡，美元整体呈贬值态势，随着全球经济回升态势分化，这种"以邻为壑"的货币政策，对他国特别是对新兴市场国家和发展中国家的负面溢出效应逐步显现。

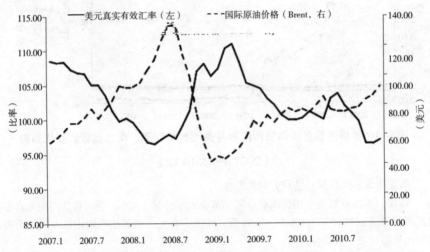

图5-9　美元真实有效汇率与国际原油价格的变化趋势（2007.1—2010.12）

数据来源：美联储经济研究局数据库。

备注：美元真实有效汇率以2010年为100。

（三）美国政策利率、美元币值与国际大宗商品价格的变动趋势

美国货币政策会影响美元币值，进而影响全球大宗商品价格如石油价格。图5-9显示了2007—2010年美元币值变动与国际原油价格的关系，二者之间出现三个"剪刀差"，均表明虽然美国次贷危机及金融危机的冲击导致原油价格大幅波动，但美元币值（真实有效汇率）与布伦特国际原油价

格呈负向变动关系。2006年至2008年前半年，美元贬值，布伦特国际原油价格上升；2008年下半年至2009年年初，美元走强，布伦特国际原油价格急剧下滑；2009年年初至2010年年末，美元重回跌势，布伦特国际原油价格则波动上涨。美国货币政策会对国际大宗商品价格产生溢出效应。国际大宗商品价格不断走高，2009年国际大宗商品价格指数（CRB指数）上涨了23.5%。国际原油价格从年初的47美元/桶上涨至77美元/桶，涨幅达63.8%。

（四）全球主要经济体通货膨胀率的变动趋势

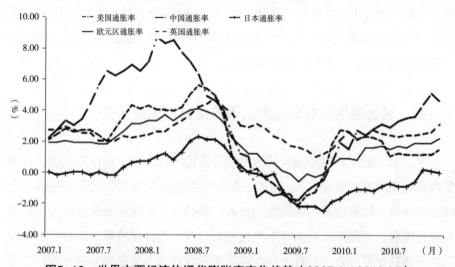

图5-10　世界主要经济体通货膨胀率变化趋势（2007.1—2010.12）

数据来源：美联储经济研究局数据库。

备注：美国、日本、欧元区通货膨胀率用各自包含全部项目的月度CPI同比增长率表示。

图5-10显示了美国、日本、欧元区、英国与中国的通货膨胀率的变动趋势。从图上可以看出，这一时期，相关经济体通货膨胀率有类似的变化趋势。美国作为世界第一大经济体，其国内通货膨胀会溢出到全球，向相关国家输出通货膨胀，而金融危机使美国经济急剧衰退后，又向全球输出通货紧缩。2007—2008年，主要经济体物价水平持续走高，通胀压力成为2007年全球性现象。2007年美国第四季度通货膨胀率达4.0%，欧元区从9月起综合消费价格指数持续攀升，连续四个月高于欧央行2%的通胀目标，中国居民消费价格2007年同比增长达4.8%，2008年3月CPI上涨达到最高水平

8.3%。随着美国、欧元区、日本均已陷入衰退，大宗商品价格迅猛上涨至2008年7月份高点后急剧回落，各经济体通胀压力缓解，通货紧缩风险同步增加。相比较而言，中国的物价水平较高，而日本则较低。全球主要经济体量化政策增大了各经济体通货膨胀压力。如2009年11月以后，多数发达经济体通胀率同比转正，部分新兴市场经济体则出现了明显的物价上涨。2010年全球流动性持续过剩，国际资本大量流入经济增长相对强劲、利差较大的新兴经济体，推高了新兴市场的输入性通胀压力，印度、巴西和俄罗斯央行预计全年CPI将分别达到8%、4.7%和7.0%。2010年中国价格延续2009年下半年以来的回升态势，特别是下半年价格上涨压力更大。2010年CPI同比上涨3.3%，较上年高4个百分点。

四、后金融危机时期国际货币政策溢出效应新变化

从2011年起世界经济逐步从危机低谷走出，但由于主权债务危机、日本受严重地震海啸灾害冲击等，2011—2016年复苏曲折缓慢，且不平衡性，全球经济体货币政策出现一定程度的分离。2013年，美联储率先开启货币政策正常化进程，而欧洲央行和日本央行则在持续加码量化政策。2017年主要发达经济体同步复苏大多数进入货币政策正常化通道。美联储2014年10月已退出量化宽松，开启加息（2015年12月）、缩减资产负债表（2017年10月）货币政策正常化路径。欧洲央行货币政策正常化进程滞后于美国，2016年12月起缩减资产购买规模。英格兰银行于2017年11月启动了10年来的首次加息。美国等主要经济体量化宽松政策的退出，以及加息、缩表对他国产生巨大的溢出效应，特别是对新兴经济体金融冲击明显。

（一）后危机期国际货币政策操作

图5-11显示了金融危机期后（2011年1月—2019年12月）美国、中国、欧元区、日本与英国政策利率调整趋势。从图中可以看出，各主要经济体政策利率调整有一定协调性，2014年各经济体货币政策出现一定程度分化。美国等发达经济体从非传统货币政策退出，到加息、缩表等正常化，以及2019年后的重启宽松货币政策，对全球经济发展与金融稳定都有重要

影响，对发达经济体与发展中经济体都产生了显著的溢出效应。欧洲央行在美国退出量化宽松政策后才开启量化政策，各主要经济体量化政策的不协调。主要经济体货币政策的分化及其相互影响，会造成各主要经济体"以邻为壑"政策的冲突，会加剧跨境资本流动的波动，对他国产生负面溢出效应。下面从各经济体货币政策操作方面进行具体分析。

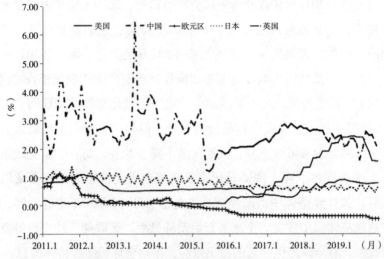

图5-11 世界主要经济体政策利率变化趋势（2011.1—2019.12）

数据来源：美联储经济研究局数据库，中国银行间隔夜拆借利率为中国人民银行各年统计数据。

备注：美国政策利率用有效联邦基金利率计量，中国政策利率用全国银行间同业隔夜拆借交易利率计量，英国政策利率用银行间30天或90天利率计量，日本政策利率用日本央行短期贷款与折现率表示，欧元区政策利率用欧元区银行间隔夜利率计量。

1. 美国率先开启货币政策正常化进程

危机后，世界经济整体缓慢恢复，其中，发展中经济体好于发达经济体。加上主权债务风险的影响，美国等主要工业化国家央行继续保持宽松的货币政策，继续坚持超低利率政策，维持或加大量化政策规模。2011—2013年美联储维持0—0.25%的联邦基金利率目标区间，并持续加大宽松货币政策力度，美国经济较快复苏。2011年6月按期完成第二轮量化宽松政策（QE2）。第二轮量化宽松政策使美联储的资产负债表扩张5000亿美元。2012年9月13日，美联储宣布推出第三轮无期限的量化宽松措施（QE3），每月额外购买400亿美元的抵押贷款支持证券，12月12日，又推出第四轮量化宽松政策，每月新增450亿美元长期国债购买规模。美联储在2014年1月起开始削减其每月的资产购买规模，并于10月结束了资产购买计划。2015年12月16日正式启动加息操作，到2018年12月共加息9次（2015年1次、2016年1次、2017年3次、2018年4次），将联邦基金利率目标区间由0—0.25%上调至2.25%—2.50%。2017年10月开始缩减资产负债表。2019年年初美联储货币政策转向宽松，停止加息，并在下半年连续3次降息，重启量化政策。其间，美联储的资产负债表规模从2010年年末的2.42万亿美元，增加到2014年年末的4.5万亿美元，此后，美联储通过缩表操作，将资产负债表规模收缩到2019年年末的4.17万亿美元。对于美国而言，第一轮量化宽松政策期间，都有标普500大幅度上涨，以及大宗商品价格上升。但第三轮量化宽松政策后，大宗商品价格不但没有继续上升，反而逐渐下降。此外，每一次量化政策导致的股市上涨幅度在下降，说明量化宽松政策对于经济刺激性逐渐减弱。金融危机后，发达经济体中美国经济率先企稳回升，历经8年稳健发展，2019年，发达经济体同步放缓，全球央行启动降息潮，美联储、欧央行等重启宽松货币政策，对全球产生显著的溢出效应，带动全球较多经济体降息。

2. 欧元区政策利率持续降低，量化政策开启

由于欧元区经济复苏缓慢，加上欧债危机的影响，欧洲央行持续宽松，并不断加大量化政策规模。欧洲央行2011年两次加息后，货币政策又转向宽松，分别于2011年11月到2016年年末，连续八次将主要再融资利率下调为零。同时，2012年9月推出直接货币交易计划（OMT），2015年、2016年两次将每月资产购买规模扩大至800亿欧元。之后2017年、2018年两次将其降至150亿欧元。不过，欧洲央行2012年推出直接货币交易计划后并没有实质实施，直到美联储退出量化宽松政策后的2015年年初才实质性开启欧元区版的量化宽松政策。欧洲央行资产负债表规模从2014年年末的2.15万亿欧元扩张到2019年年末的4.69万亿欧元。总之，欧元区量化宽松是在日本、美国、英国之后，且美国已退出量化政策时，才开启的，这使得量化政策成主要经济体的政策选择，这可能导致全球主要经济"以邻为壑"的政策冲突，而相互"践踏"。

3. 日本保持或加大量化政策

日本由于自然灾害对经济的冲击以及外部需求减少等因素，日本经济在2011年后长期处于艰难的恢复之中，日本维持"零利率"，并保持或加大量化政策。日本央行的量化质化宽松货币政策从增加基础货币投放规模到负利率政策的实施再到收益率曲线控制，将非传统货币政策发展到极致。日本央行的资产负债表规模从2010年年末的128.7万亿日元急剧扩张到2019年年末的573.05万亿日元。2011年日本银行继续维持"零利率"政策于0—0.1%的区间，将资产购买规模从年初的40万亿日元逐步扩大到2012年年末的101万亿日元、近于无限量宽松的规模。2013年1月日本央行宣布设定CPI年涨幅为2%的价格稳定目标，并决定从2014年起实施无限期、每月购入13万亿日元的资产购买计划。2014年10月起加码"量化和质化宽松货币政策"，宣布将每年基础货币扩张规模由60—70万亿日元增至80万亿日元，将每年国债购买规模增加30万亿日元至80万亿日元。2016年1月日本央行引入负利率政策，对金融机构存放在日本央行的边际过剩资金实施–0.1%的利率。

4. 英国量化政策相对谨慎

2011年英国基本维持基准利率0.5%的水平，将政府债券购买计划由750亿英镑扩大至2750亿英镑，2012年扩大至3750亿美元。2016年8月，英格兰银行下调基准利率25个基点至0.25%，并将资产购买计划的存量规模增加至4350亿英镑。2017年11月维持量化政策不变的同时，将英格兰银行上调基准利率25个基点至0.5%，启动2007年7月以来首次加息，并在2018年上调至0.75%。之后，受脱欧不确定性影响，英格兰银行则维持现有宽松立场不变。总体上英国货币政策与美国保持较高协调性。

5. 中国实现利率市场化，形成利率走廊调控操作框架

金融危机期后，中国经济增长相对强劲，但面对工业化国家量化宽松所导致的输入性通胀压力，中国人民银行通过货币政策微调以平衡竞技增长与通胀压力。中国人民银行于2011年三次上调一年期存款基准利率由2.75%提高到3.50%。2012年到2015年连续下调8次，将存款基准利率由3.5%下降到1.5%，并在2015年基本放开存款利率上限。存款利率上限的放开标志着中国利率市场化迈出了关键步伐，为货币政策调控方式由数量型为主向价格型为主转变、

提高调控市场利率水平创造了条件。同时，创设常备借贷便利等政策工具，建立健全利率走廊货币政策操作框架，深化利率市场化改革，积极推进"两轨合一轨"。中国人民银行2019年工作会议明确提出，要推进利率"两轨合一轨"，完善市场化的利率形成、调控和传导机制。之后，中国人民银行，主要通过公开市场操作，调控市场利率。2016年10月1日，人民币正式加入SDR货币篮子，SDR货币篮子扩大至美元、欧元、人民币、日元、英镑五种货币。

（二）美国政策利率、美国指数与主要经济体双边汇率的变动趋势

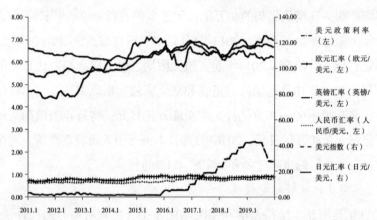

图5-12　世界主要经济体货币汇率与美国政策利率美元指数的变化趋势

（2011.1—2019.12）

数据来源：美联储经济研究局数据库。

备注：美国政策利率用美国有效联邦基金利率计量（%），美元指数用美元真实有效汇率计量（以2010年为100），人民币、欧元、日元、英镑汇率均用以本国货币表示的美元价格计量（直接标价法）。

图5-12显示了2011—2019年有效联邦基金利率、美元指数，以及人民币、欧元、日元与英镑对美元汇率的变动趋势。从图5-12可以看出，2015年之前，由于美国有效联邦基金利率处于接近零的水平，波动小幅升值，美元指数与有效联邦基金利率没有协调性。这是由于这一时期美国等主要经济体维持低利率并持续量化宽松，使美元指数大幅度波动。2015年之后，联邦基金利率与美元指数变动协调性增强，呈现类似走势。尽管期间美元指数出现一些波动，但两者同向变化的态势呈现较长时期的延续。随着美国加息、缩表等货币政策正常化，美国政策利率提高，国内资产预期回报率提高，

国际资本流入，升值美元。总体上，2011—2019年美元指数与欧元、日元与英镑对美元汇率变动有类似的走势，呈现一定协调性。美元币值总体上呈波动走强态势，日元相对于美元变软，而人民币对美元2011—2014年保持持续升势，之后双向波动总体呈贬值态势。2012—2015年，日元对美元贬值，2016年以后小幅升值。欧元在2014年以后贬值幅度大。此外，随着美元的强势，新兴经济体货币对美元大幅贬值。如2015年，哈萨克斯坦坚戈贬值幅度在40%以上，阿根廷比索、巴西雷亚尔贬值幅度在30%以上。金融危机后，世界主要经济体货币政策分化，特别是美国量化政策的实施，会溢出到国外，对外部经济体货币政策产生冲击，国际货币政策协调显得越发重要。

图5-13 美元真实有效汇率与国际原油价格的变化趋势（2011.1—2019.12）

数据来源：美联储经济研究局数据库。

备注：美元真实有效汇率以2010年为100。

（三）美元币值与全球大宗商品价格的变动趋势

美国货币政策正常化，引起美元持续超强，进而导致石油价格总体呈跌势。图5-13显示了美元币值变动与国际原油价格的关系。虽然2014年布伦特国际原油价格跌幅明显大于美元升值幅度，但两者总体上仍呈现持续的反向变动关系。美国利率政策影响美元币值，美元币值又会影响全球大宗商品价格。随着2014年美国货币政策回归正常化，国际油价大幅下跌，油价走势产生较大不确定性，加大全球经济增长的风险。国际油价大幅下跌，一方面，会促进全球需求增加，表明原油进口国贸易条件改善，另一方面则会影响石油出口国的收入与经济增长。2016年石油输出国组织（OPEC）达成限产协议，导致原油价格涨幅较大。2016年伦敦布伦特原油期货价格为56.82美元/桶，较上年上涨52.41%。

（四）美国政策利率与世界主要经济体通货膨胀率的变动趋势

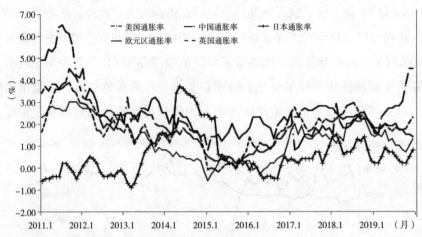

图5-14　世界主要经济体通货膨胀率变化趋势（2011.1—2019.12）

数据来源：美联储经济研究局数据库。

备注：美国、日本、欧元区通货膨胀率用各自包含全部项目的月度CPI同比增长率表示。

图5-14显示了中国、美国、日本、欧元区、英国等主要经济体2011—2019年通货膨胀率的变动趋势。从图5-14可以看出，2014年之前除了日本通货膨胀率与其他经济体通货膨胀呈反向变化态势外，各主要经济体这一时期通货膨胀率均呈现类似变化态势，同时其他经济体通货膨胀率变化较美国通货膨胀率相对滞后，这从一个侧面反映出，2014年之前持续或不断加码量化政策，到2014年之后，量化政策退出、加息缩表等货币政策调整通过价格渠道对外部经济体的溢出效应。受2015年美国货币政策转向以通胀为目标，启动加息等货币政策正常化的外溢出影响，美元走强，国际油价下跌，加上全球价值链发展与技术进步因素的影响，主要发达经济体通胀水平处于2011年后的低位，多数经济体通胀水平大幅低于政策目标。2015年美国与欧元区通货膨胀率下跌到2011年以来最低值，之后两经济体通胀水平温和上行，通货紧缩缓解。日本除2014年外，长期面临通胀下行

压力，通货膨胀率大多数年份低于日本央行2%的通胀目标。中国居民消费价格2016年以前总体上持续呈下降趋势，之后温和上涨。

五、国际货币政策溢出效应新趋势与展望

货币政策是全球各国现代经济体系的重要组成部分。世界主要经济体货币政策取向主要取决于本国的宏观经济形势与世界经济环境。2020年全球经济受新冠肺炎疫情冲击，经历了二战以来最严重衰退。全球发达经济体央行大幅度降息，并重启或加码量化宽松政策，美元指数大幅下跌，全球流动性大规模增加，全球经济缓慢恢复。而中国由于经济规模大和双循环新发展格局的形成，坚持实施正常货币政策，没有像美国等发达经济体那样采用量化宽松政策，与美欧非常规货币政策相比，表现出明显的独立性。未来，首先，要关注的是疫情对全球经济的影响。疫情发展是2021年全球经济走势的最大不确定因素，会持续冲击经济复苏进程，甚至会改变全球产业链、供应链以及国际贸易格局，进而影响全球收入增长、通货膨胀等。其次，全球主要发达经济体货币政策持续性受到巨大挑战。主要发达经济体长期推行货币宽松政策，特别是美元超发、滥发，在货币政策边际效用递减的同时，会加重资产价格泡沫。如2021年1月以来全球长期利率大幅上升，因市场参与者修正了它们对美联储何时开始政策立场正常化的预期。此外，贸易保护主义、单边主义等全球化逆流进一步增加了全球经济的不确定性，使国际环境日趋复杂。2021年4月6日，国际货币基金组织（IMF）发布《世界经济展望》预测：2021年和2022年全球经济分别增长6%和4.4%，发达经济体与新兴经济体经济将分别增长5.1%和6.7%；2021年美国经济将增长6.4%，为20世纪80年代初以来的最快增速，欧元区与中国经济增长将分别达到4.4%、8.4%。2021年欧洲和日本经济增长明显落后于美国，到2022年欧洲和日本的GDP也许能够恢复到2019年的水平。

展望未来，中期内世界主要经济体低利率政策仍将持续，同时，由于全球主要央行的政策利率基本都在零附近，欧洲央行和日本央行早已进入负值区间，进一步下调政策利率的空间有限。主要经济量化政策会随着全

球经济恢复逐步退出，特别是美联储2021年年末率先退出量化政策的预期增加。世界主要经济体经济未来增长态势将呈现明显分化态势，这将导致货币政策立场分化，这种分化既存在于发达经济体和发展新兴经济体之间，也存在于发达经济体之间。不同发达经济体央行实施"以邻为壑"货币政策的概率会大大增加，这些政策会产生国际溢出、溢回效应，并相互影响，甚至产生冲突。主要经济体低利率和量化宽松可能导致其他经济体跨境资本流动和外汇市场风险上升。发达经济体央行需要做好前瞻性指引，利用G20平台加强国际货币政策沟通与协调，特别是经济企稳回升后，量化政策退出时，应避免采取断崖式调整，促进全球经济复苏发展。①

1. 美国货币政策

2020年美联储重启并升级量化政策，将政策利率降至零附近，并承诺无限量购买国债，美联储资产负债表快速扩张，其规模从年初的4.16万亿美元扩张到了7.36万亿美元，扩张了77%。2020年8月27日，美联储发布新的《长期目标和货币政策策略声明》，将原2%的通货膨胀目标调整为平均2%的通胀目标，原框架中评估"就业水平较之充分水平的偏离"改为对"充分就业缺口"的评估，同时强调需多维度综合研判就业形势。这就意味着，美联储将会在低利率或经济周期低谷时提高通胀目标，将其设定在2%以上，在高利率或经济繁荣时期降低通胀目标至2%以下。在就业水平低于充分就业水平时，通过多种工具促进经济增长和就业稳定。国际货币基金组织2021年4月的《世界经济展望》预测，2021年美国经济将增长6.4%，并预计在发达经济体中，2021年美国的GDP将率先超过疫情前水平。可以预见，美国2022年会在发达经济体中率先开启货币政策正常化进程，逐步退出量化宽松政策，并适时实施加息、缩表操作。

2. 欧元区货币政策

2020年，欧洲中央银行维持存款利率-0.50%的负政策利率水平，加码2019年重启的资产购买计划，扩大资产购买操作，资产负债表规模较年初

---

①国际货币基金组织. 《世界经济展望》报告（2021.4.6）。

扩张了50%。欧元区量化规模的持续加码，一定程度上也是美国数万亿美元的量化政策通过汇率、资本流动渠道向欧元区传导，对欧元区货币政策产生的溢出效应的反映。美国无限量化政策使美债收益率快速提升，引起欧元区融资成本产生上升压力，欧洲央行被迫扩大债券购买规模，提升债券收益率。2021年国际货币基金组织《世界经济展望》指出，除非新冠肺炎疫情趋势在未来发生重大变化，否则欧元区经济复苏会更慢。展望未来，中期内欧元区负利率与量化政策仍将持续，以刺激经济活动、支持经济恢复，直到疫情结束、经济实现全面复苏。

3. 日本货币政策

新冠疫情前日本经济就已处于衰退边缘，疫情冲击使经济衰退进一步加重。2020年日本央行维持超低基准利率，并承诺无限量购买国债，2020年日本央行资产负债表规模扩大了23%。国际货币基金组织2021年4月的《世界经济展望》预测，日本2021年经济或增长3.3%，并预计日本的GDP在2022年有可能回到疫情前水平。未来，日本将在中期持续维持超低利率，保持日本央行资产负债表规模在较高水平上。

4. 中国人民银行货币政策

在新兴市场和发展中经济体，中国GDP已于2020年率先恢复到疫情前水平，是唯一实现经济正增长的主要经济体。国际货币基金组织2021年4月的《世界经济展望》预测，中国2021年经济增速分别为8.4%。2020年以来，中国坚持正常货币政策，利率保持在合理区间，没有采取零利率甚至负利率，央行资产负债表规模基本稳定，是少数实施正常货币政策的主要经济体，中国货币政策与美国等发达经济体的货币政策差异明显，不管是从政策性利率水平、10年期国债收益率、央行扩表，还是从汇率的走势来看，已经形成了较高的相对独立性。2020年国内需求拉动GDP增长1.7%，成为拉动中国经济增长的核心动力，而货物和服务净出口GDP增长贡献率为0.7%，内需拉动的增长率约占总增长率的74%。这是中国央行保持正常性货币政策的重要支撑。未来，中国经济更大的经济体量与双循环新发展格局决定了中国货币政策独立自主性会进一步增强，继续坚持正常货币政策，健全市场化利率形成和传导机制，利用利率走廊框架引导市场利率围绕公开市场操作利率和中期借贷便利利率波动，提高市场利率调控水平。发挥市场供求在汇率形成中的决定性作用，增强人民币汇率弹性，稳定市场预期，增强与保持货币政策独立自主性。

第六章 国际货币政策溢出效应经验实证

第一节 美国货币政策的溢出效应

一、美国货币政策的向量自回归模型（VAR模型）

（一）变量选取、数据说明及处理

利用2002—2019年美国宏观经济变量与货币政策变量的月度数据，构建并估计美国向量自回归模型，考察美国货币政策对国内经济的影响效应，作为国际分析的基础。模型包括美国产出缺口（y^u）[1]、通货膨胀率（p^u）、美国联邦基金利率（i^u）、货币供应量（m^u）、美元汇率（e^u）五个变量，变量次序：y^u，p^u，i^u，m^u，e^u。

用美国联邦基金利率和货币供应量作为传统货币政策的代理变量。美国联邦基金利率（Federal funds rate，FFR）既是美国银行间隔夜拆借利率，也是美联储货币政策目标利率。美联储于1994年将联邦基金利率作为公开市场操作的短期目标，并从1994年2月开始一直定期公布，长期实行单一目标利率制，直到2020年调整为平均通胀目标制。[2]该利率作为美国央行基准利率，在利率体系中处主导地位，它的变动能很好地反映美国货币当局的货币政策立场。因此，选择有效美国联邦基金利率（i^u）作为美国价格型货币政策的代理变量。根据预期理论，美国联邦基金利率可能含有预期成

---

[1] 产出缺口（y^u）定义为（$y-y^*$），其中，u是以2012年为100的美国工业生产指数表示的真实产出；y^*表示潜在产出，用Hodrick-Prescott滤波计算潜在产出水平。

[2] 美联储主席鲍威尔2020年8月27日在杰克逊霍尔全球央行年会上的"货币政策框架评估"报告中指出，美联储的新策略是"平均通胀目标制（Average-inflationTargeting）"，同时，美联储宣布将实行"平均通胀目标制"。

分，即来源于中央银行为传递新的货币政策与对过去货币政策措施存在偏差而进行的中央银行沟通，以及市场对宏观经济变量如通货膨胀与GDP增长的判断等调整，这类预期到的货币政策冲击不会对宏观经济变量产生影响，只有未预期到的政策冲击才会对宏观经济变量产生影响，而Haldane and Read（2000），Cacnio（2013）等则认为，预期与非预期货币政策都会对宏观经济变量产生影响，只不过是非预期货币政策冲击效应相对小而已。Boivan and Giannoni（2002），Robert Dekle and Koichi Hamada（2015）指出，即使是存在预期冲击，这些预期冲击相对于政策利率的变动也较小。研究者们一般认为VAR模型的误差项即冲击向量，提供了计量宏观经济变量对货币政策波动反应的外生变量，宏观经济变量的冲击反应测量并表征了货币政策的传递机制。在利用VAR模型分析随机扰动对变量系统的动态冲击时，不再对美国央行基准利率波动进行预期与非预期区分，把模型货币政策方程冲击向量作为货币政策冲击，解释联储货币政策冲击对宏观经济变量形成的影响。

货币供应量（m''）用取自然对数并差分处理后的M2表示。通货膨胀率（p''）用包括所有项目的消费价格水平增长率表示。美元汇率（e''）用取自然对数并差分处理后的美元真实有效汇率指数（index2010=100）表示。美国产出缺口（y''）定义为（$y-y*$），即$y''=y-y*$，y是用美国工业生产指数（index2012=100）表示的真实产出，y*表示潜在产出，用对y进行Hodrick-Prescott滤波处理得到的趋势序列表示。相关数据来自美联储经济研究局数据库。

为了防止模型估计中出现伪回归问题，需要检验数据序列的平稳性。用ADF平稳性检验方法进行检验。美国产出缺口（y''）、通货膨胀率（p''）、美国联邦基金利率（i''）ADF平稳性检测在5%的统计水平下显著、平稳，直接进入向量自回归模型中。M2、美元真实有效汇率指数水平序列不平稳，取对数差分后平稳作为货币供应量（m''）、美元汇率（e''）的代理变量序列进入模型。同时，为了估计VAR模型，根据AIC准则选择4阶滞后。

（二）脉冲响应方程

VAR模型是一种非理论性模型，一般不分析变量对变量的影响，为了从本质上分析美国货币政策的传递效应，需采用脉冲响应函数（impulse response function，IRF）方法，这种方法是分析当某个误差项发生变化，或者说模型受到某种冲击时对经济系统的动态影响。在向量自回归模型中，动态分析一般采用正交化脉冲响应函数实现，即采用残差协方差矩阵的Cholesky因子的逆来正交化脉冲。这个过程为模型的变量设置一个次序，并将影响变量的公共因素归结到第一个变量上。这就导致Cholesky分解的结果严重依赖于模型中的变量次序。

因此，美国向量自回归模型动态分析采用广义脉冲响应函数实现，以克服估计结果对模型中变量次序的依赖。如果美国货币政策对宏观变量的影响程度高，对于给定的货币政策变量的外部冲击，一定会引起其他宏观经济变量产生反应。通过脉冲响应函数分析，可以考察货币政策冲击的传递速度、完全性以作用的程度。估计结果见图6-1。图6-1主要列出了美国产出缺口（y^u）、通货膨胀率（p^u）、对美国联邦基金利率（i^u）、货币供应量（m^u）与美元汇率（e^u）的冲击反应，以及美元汇率（e^u）对美国联邦基金利率（i^u）、货币供应量（m^u）的冲击反应。

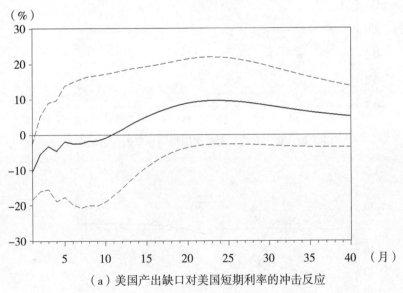

（a）美国产出缺口对美国短期利率的冲击反应

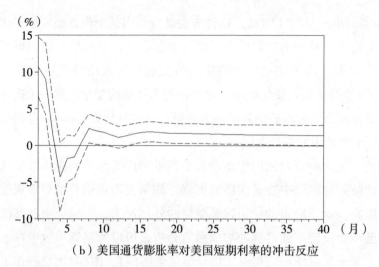

（b）美国通货膨胀率对美国短期利率的冲击反应

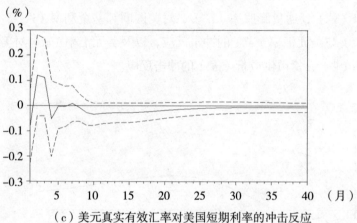

（c）美元真实有效汇率对美国短期利率的冲击反应

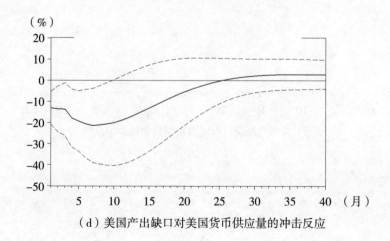

（d）美国产出缺口对美国货币供应量的冲击反应

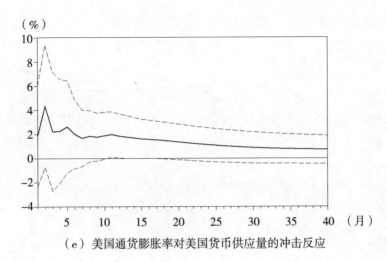

（e）美国通货膨胀率对美国货币供应量的冲击反应

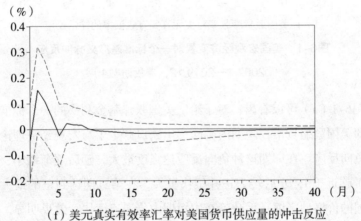

（f）美元真实有效率汇率对美国货币供应量的冲击反应

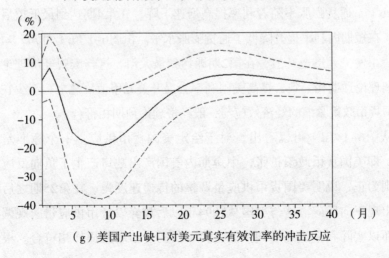

（g）美国产出缺口对美元真实有效汇率的冲击反应

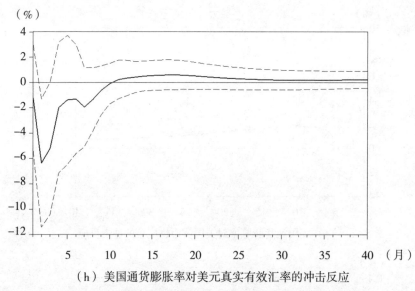

（h）美国通货膨胀率对美元真实有效汇率的冲击反应

图6-1　美国宏观经济变量对一个标准差广义脉冲反应

（2002.1—2019.12，滞后阶数4）

从图6-1（a）可以看出，对于给定美国联邦基金利率的一个标准差正向冲击，即美国紧缩货币，短期内美国产出缺口产生了与宏观经济理论预期相一致的负向反应。在即期这种负向反应达强度最大，随后逐渐缩小，在第11期（月）趋近于0，之后转为正并很快扩大，在第21期达到正的最大值。这表明美国的价格型紧缩货币政策在中短期内传递速度快，效果明显。根据图6-1（b），通货膨胀率随着利率提高增速下降，在第4期达到最低值后开始回升，在短期内利率提升降低了通货膨胀水平。由图6-1（c）可知，短期内紧缩货币使美元迅速升值，在第2期即达到最大值，这与宏观经济理论与汇率超调理论预期相一致，提高美国利率会提升美元币值。总之，至少在短期内美国货币政策紧缩的经济效应与一般经济理论预期相符合。

从图6-1（d）可以看出，对于给定美国货币供应量一个标准差正向冲击，即美国货币政策扩张，中短期内美国产出缺口产生了负向反应，在长期则为正，说明美国货币供应量调整的传递速度慢，在第25期之后，产出才出现正向反应。这与美国从1994年以后放弃以货币供应量宏观调控手段，而以实际利率为经济调控的主要手段的货币政策操作相符合。根据图

6-1（e），美国货币扩张推高了通货膨胀率，并且货币的物价效应具有持久性，这与货币数量理论的预期相一致。货币主义学派弗里德曼认为，通货膨胀的主要来源是货币增发，是印钞机带来的现象，增发货币最终都会在物价水平上表现出来。由图6-1（f）可知，增发货币在即期就导致了美元贬值，之后经过短期的波动之后，产生了持久的贬值效应。

从图6-1（g）可以看出，对于给定美元有效汇率一个标准差正向冲击，美元升值短期内增进了美国产出，在第3期到第19期，产出缺口为负，之后转正。反之，中短期美元贬值初期会降低美国产出，而后逐步产生正向效应，促进美国产出增长，呈现类似"J"曲线的特征。美元贬值产生支出转换效应与收入吸收效应，其净效应由两者的作用强度决定。在贬值初期，收入吸收效应占主导，贸易余额为负，对本国产品需求减少，降低了产出，之后支出转换效应占主导，贸易余额改善，对本国产品需求增加，促进产出提升。由图6-1（h）可知，美元升值，在中短期有显著的通货膨胀抑制作用。

总之，在单一美国模型中，美国紧缩利率政策对产出、物价有抑制作用，而推高美元币值，价格型货币政策传导通畅，政策有效。数量型货币政策扩张对美国产出的促进作用弱，贬值作用不明显，而明显推高了通货膨胀率。美元贬值对美国产出的影响，呈现类似"J"曲线的特征。

二、美国货币政策对欧元区经济的影响

（一）变量选取、数据说明及处理

扩展美国基准模型，利用2002—2019年美国与欧元区宏观经济变量的月度数据，构建并估计涵盖美国与欧元区变量的向量自回归模型，考察美国货币政策对欧元区经济的影响效应。模型包括变量（y^e、p^e、i^e、m^e、e^{ue}、y^u、p^u、i^u、m^u），其中，有"e"上标的变量为欧元区变量。欧元区产出缺口（y^e）用欧元区不含建筑业的工业生产指数（index2015=100）与其Hodrick-Prescott滤波处理后的趋势值之差表示。通货膨胀率（p^e）用包括所有项目的消费价格指数的上年同期增长率表示。欧元区短期利

率（i^e）用欧元区银行间隔夜利率作为代理变量表征。欧元区货币供应量（m^e）用取自然对数并差分处理后的M3表示。e^{ue}表示欧美双边汇率（美元/欧元），e^{ue}上升表示欧元升值，美元贬值。相关数据来自美联储经济研究局数据库。

为了防止模型估计中出现伪回归问题，需要检验数据序列的平稳性。用ADF平稳性检验方法进行检验。欧元区产出缺口（y^e）、通货膨胀率（p^e）、欧元区短期利率（i^e）平稳性检验在5%的统计水平上、欧美双边汇率（e^{ue}）在10%统计水平上显著且平稳，直接进入向量自回归模型中。M3水平序列不平稳，取对数差分后平稳作为货币供应量（m^e）的代理变量序列进入模型。同时，为了估计VAR模型，根据AIC准则选择滞后阶数为2。

（二）脉冲响应方程

美国、欧元区两经济体向量自回归模型动态分析采用广义脉冲响应函数实现。重点考察了欧元区宏观经济变量对美国联邦基金利率（i^u）、货币供应量（m^u）与欧美双边汇率（e^{ue}）（美元/欧元）的冲击反应，同时也分析了欧元区货币政策变量对美国经济的影响。估计结果见图6-2和图6-3。

1. 产出的脉冲响应

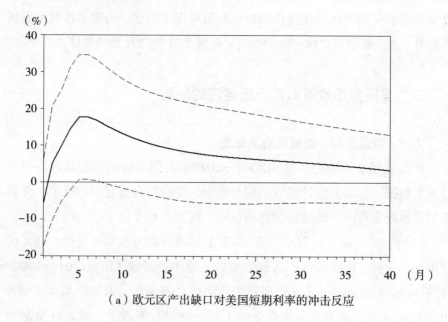

（a）欧元区产出缺口对美国短期利率的冲击反应

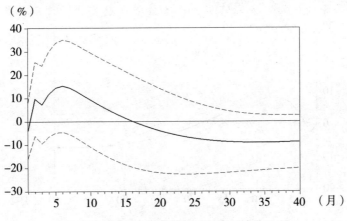

（b）欧元区产出对欧美双边汇率的冲击反应

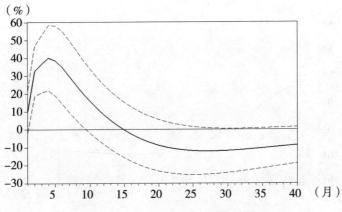

（c）欧元区产出缺口对欧元区短期利率的冲击反应

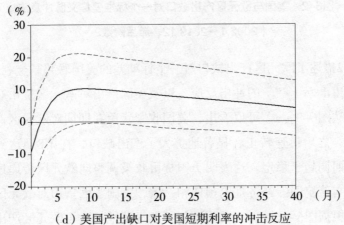

（d）美国产出缺口对美国短期利率的冲击反应

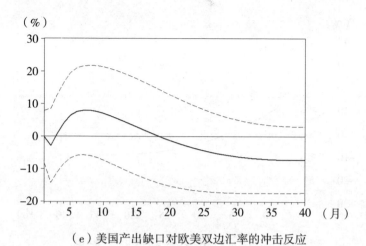

（e）美国产出缺口对欧美双边汇率的冲击反应

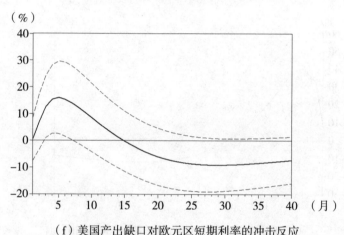

（f）美国产出缺口对欧元区短期利率的冲击反应

图6-2　美国与欧元区产出缺口对一个标准差广义脉冲反应

（2002.1—2019.12，滞后阶数2）

　　图6-2描述了欧元区产出缺口对一个标准差的美国联邦基金利率（i^u）与欧美双边汇率（e^{ue}）的冲击反应，以及美国产出对欧元区货币政策的冲击反应。从图6-2（a）可以看出，美国收紧货币在即期对欧元区产出缺口影响为负，之后迅速转正，显著地扩大了产出缺口，在第8期达到最大值后，小幅回调趋于稳定。这表明美国货币政策调整向欧元区传递速度快且程度高，与传统国际经济理论预期相一致，美国紧缩货币对欧元区产出促进作用。根据图6-2（b），美元贬值短期显著地扩大了欧元区产出缺口，

长期则会产生负的影响。对于给定欧美双边汇率一个标准差正向冲击，欧元产出在小幅下滑之后，在第2—16期，显著地扩大了欧元区产出缺口，之后，美元贬值对欧元区产出的影响转为负。由图6-2（c）可知，欧元区短期利率提升，在中短期提高了短期欧元区产出，长期则会产生抑制作用。另一面，根据图6-2（f）可知，欧元区收紧货币，提高利率在中短期极大地提升美国产出，长期则有弱的负向影响。由图6-2（d）和（e）可知，在短期内美国传统货币政策效果好，在欧元区与美国两大经济体模型中，美国短期利率提高在短期内对产出有显著的抑制效应，美元贬值在中期显著地推高了产出，这与美国基本VAR模型分析结果类似。

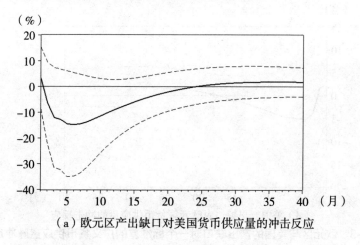

（a）欧元区产出缺口对美国货币供应量的冲击反应

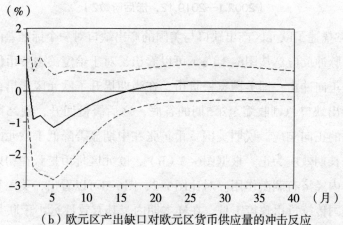

（b）欧元区产出缺口对欧元区货币供应量的冲击反应

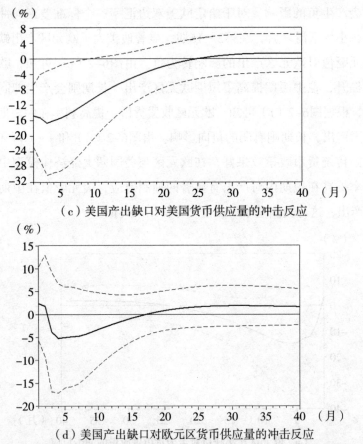

（c）美国产出缺口对美国货币供应量的冲击反应

（d）美国产出缺口对欧元区货币供应量的冲击反应

图6-3　欧元区与美国的产出缺口对一个标准差的广义货币供应量脉冲反应

（2002.1—2019.12，滞后阶数2）

　　图6-3描述了欧元区产出缺口与美国的产出缺口对一个标准差的广义货币供应量脉冲反应。从图6-3（a）可以看出，对于给定美国货币供应量一个标准差正向冲击，即美国宽松货币，在当期提升了欧元区产出，之后，欧元区产出缺口急剧收缩至第5期的谷底，之后缓慢回升，到25期之后产生了微弱的正向响应。说明美国货币扩张在中期显著降低了欧元区产出缺口，但是长期效应为正。根据图6-3（b），欧元区货币扩张在初期与长期对经济体内经济有刺激作用。对比图6-2、图6-3可以看出，美国货币供应量作为美国传统货币政策工具，在样本期内，其有效性远小于联邦基金利率对经济的调控效果。在中短期，美国扩张货币对本国产出刺激作用不

明显，但会降低欧元区产出缺口，伤害外国经济。

总之，在两国模型中，美国紧缩利率政策对欧元区产出有正向作用，而短期内显著抑制了美国产出。在中短期，美国扩张货币对本国产出刺激作用不明显，但会降低欧元区产出缺口，伤害外国经济。欧元区产出对欧元升值的反应呈现"J"曲线的特征。

2. 通货膨胀率的脉冲响应

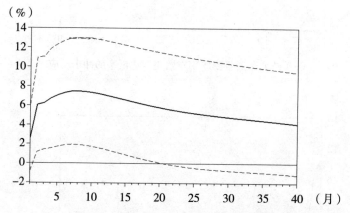

（a）欧元区通货膨胀率对美国短期利率的冲击反应

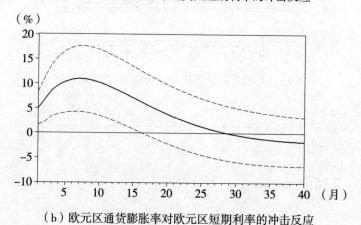

（b）欧元区通货膨胀率对欧元区短期利率的冲击反应

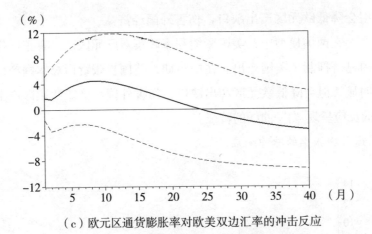

（c）欧元区通货膨胀率对欧美双边汇率的冲击反应

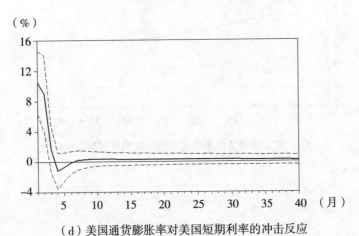

（d）美国通货膨胀率对美国短期利率的冲击反应

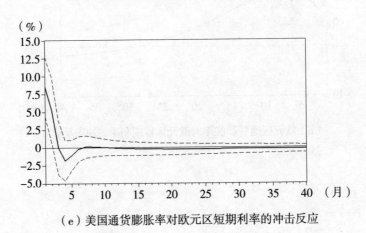

（e）美国通货膨胀率对欧元区短期利率的冲击反应

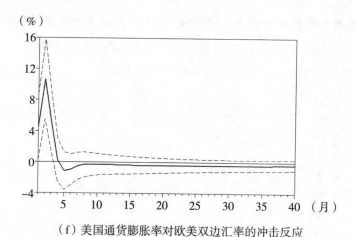

（%）

（f）美国通货膨胀率对欧美双边汇率的冲击反应

图6-4 欧元区与美国的通胀率对一个标准差广义脉冲反应
（2002.1—2019.12，滞后阶数2）

图6-4描述了两大经济体通货膨胀率对美国短期利率、欧元区短期利率与双边汇率的冲击反应。从图6-4（a）可以看出，对于给定美国短期利率一个标准差正向冲击，即美国紧缩货币，推高了欧元区通货膨胀率，且有持久性，但不显著。图6-4（b）和（c）表明，欧元区短期利率提高与欧元升值，在中短期都会推高物价水平，而长期则对物价有抑制作用。据图6-4（d）和（e）可知，美国、欧元区短期利率提高，在中期对美国通货膨胀有抑制作用。图6-4（f）表明，美元贬值在短期显著地推高了物价水平。此外，对两大经济体通货膨胀率对欧元区、美国货币供应量的冲击反应分析表明，美国货币供应量增长会快速持久地降低欧元区通货膨胀率，这与Kim（2001）研究美国货币政策对非美国G7六国的国际传递与外溢效应相一致，即美国的扩张性货币政策将导致美元贬值、外币升值，从而非美国G7六国进口商品价格下降，生产原材料价格下降，继而导致消费者价格指数下降相一致。[1]

总之，两大经济体的通货膨胀率对利率上升、紧缩货币的冲击反应与传统的货币数量理论预期相悖，再次证实了John C. Bluedorn, Christopher Bowdler（2011）等在分析美国货币政策的国际溢出时所指出的"价格之

---

[1]Kim S. International transmission of U.S. monetary policy shocks: Evidence from VAR's[J]. Journal of Monetary Economics, 2001, 48（2）: 339-372.

谜"（货币紧缩价格上升）。[1][2]在欧元区与美国两大经济体的VAR模型中，欧元区"价格之谜"持续达到25期，而美国则只持续4期。

3. 欧美双边汇率、欧元区短期利率的脉冲响应

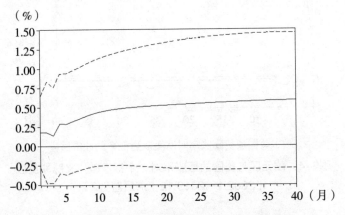

（a）欧美双边汇率对美国短期利率的冲击反应

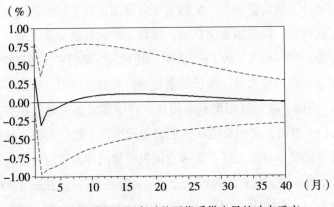

（b）欧美双边汇率对美国货币供应量的冲击反应

①John C. Bluedorn, Christopher Bowdler.The open economy consequences of U.S. monetary policy[J]. Journal of International Money and Finance, 2011（30）: 309-336.

②Faust, J., Rogers, J.H.. Monetary policy's role in exchange rate behavior[J]. Journal of Monetary Economics, 2003（50）: 1403-1424.

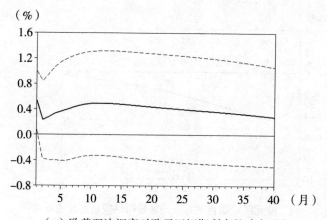

（c）欧美双边汇率对欧元区短期利率的冲击反应

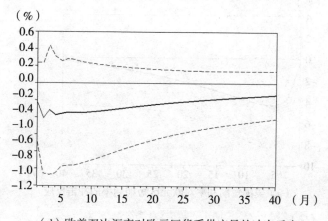

（d）欧美双边汇率对欧元区货币供应量的冲击反应

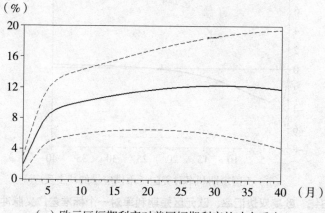

（e）欧元区短期利率对美国短期利率的冲击反应

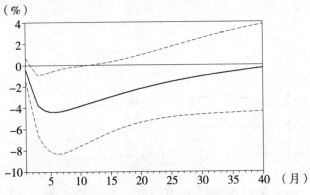

（f）欧元区短期利率对欧元区货币供应量的冲击反应

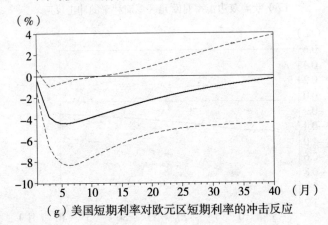

（g）美国短期利率对欧元区短期利率的冲击反应

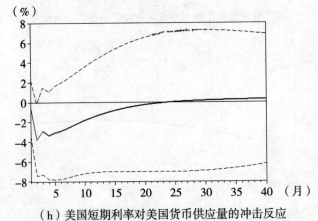

（h）美国短期利率对美国货币供应量的冲击反应

图6-5　欧美双边汇率、欧元区短期利率对一个标准差广义脉冲反应

（2002.1—2019.12，滞后阶数2）

图6-5描述了欧美双边汇率、欧元区短期利率对一个标准差的欧元区、美国短期利率与货币供应量的冲击反应。从图6-5（a）可以看出，对于给定美国短期利率一个标准差正向冲击，即美国紧缩货币，双边汇率上升美元贬值，但不显著。由图6-5（b）可知，对于给定美国货币供应量一个标准差正向冲击，美国宽松货币政策，使美元在当期与长期产生了贬值效应。为什么紧缩与宽松货币政策产生了类似的效果？这是由于美国增发货币，使美元贬值，同时，在金融危机之后，美国实施了量化宽松政策，短期利率长期处于0下限，使样本期内美国利率政策的传递条件发生了结构改变，模糊了利率政策对美元币值影响效应。根据图6-5（c）和（d）可知，欧元区利率提升与货币宽松分别提升与降低了欧元币值，符合传统国际金融理论的预期。总之，欧元区利率提升紧缩货币使欧元对美元迅速产生传统M-F-D模型所预期的升值反应，而美元对美国利率提升的反应则相反。

从图6-5（e）可以看出，对于给定美国短期利率一个标准差正向冲击，欧元区短期利率在迅速上升至第5期的12%，此后，缓慢上升并在高位稳定。说明美国利率政策调整向欧元区传递速度快、程度高，对欧元区短期利率有正向的持久影响。而图6-5（g）则表明欧元区短期利率调整对美国短期利率的影响程度相对较小，且不具有持久性。在欧元区收紧货币同期美国短期利率产生最大的正向反应（5%），此后经历9期衰减至0。由图6-5（f）和（h）可知，两大经济体货币扩张均会急剧降低本国利率，扩张货币政策向短期利率传递迅速而有效。

4. 不同时期对比

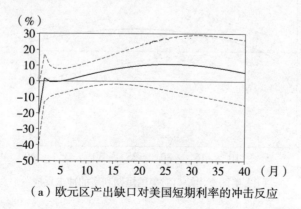

（a）欧元区产出缺口对美国短期利率的冲击反应

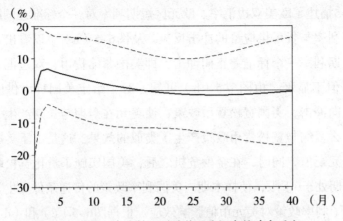

（b）欧元区产出缺口对欧美双边汇率的冲击反应

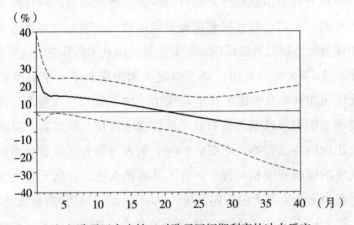

（c）欧元区产出缺口对欧元区短期利率的冲击反应

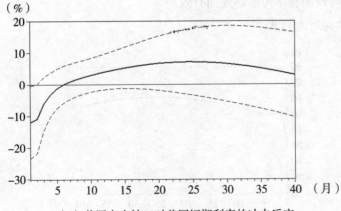

（d）美国产出缺口对美国短期利率的冲击反应

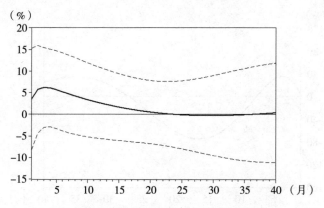

（e）美国产出缺口对欧美双边汇率的冲击反应

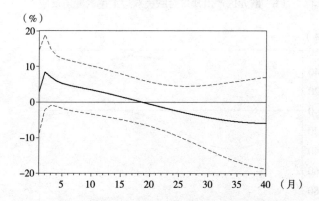

（f）美国产出缺口对欧元区短期利率的冲击反应

图6-6　美国、欧元区产出缺口对一个标准差广义脉冲反应

（2002.1—2006.12，滞后阶数1）

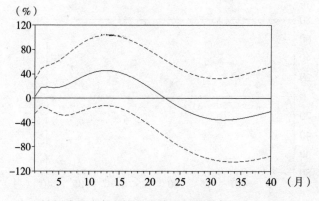

（a）欧元区产出缺口对美国短期利率的冲击反应

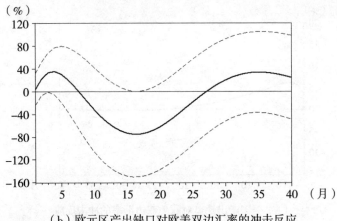

（b）欧元区产出缺口对欧美双边汇率的冲击反应

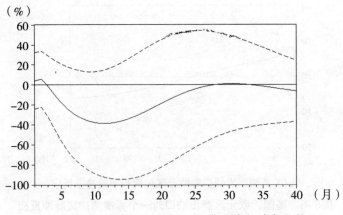

（c）欧元区产出缺口对欧元区短期利率的冲击反应

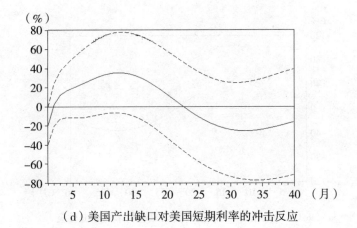

（d）美国产出缺口对美国短期利率的冲击反应

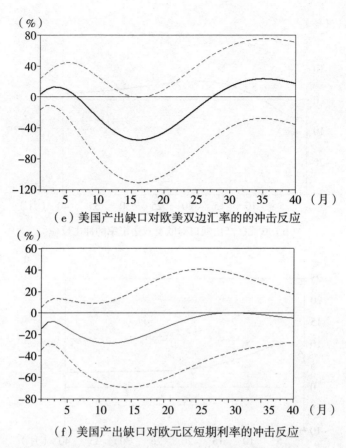

（e）美国产出缺口对欧美双边汇率的的冲击反应

（f）美国产出缺口对欧元区短期利率的冲击反应

图6-7　美国、欧元区产出缺口对一个标准差广义脉冲反应

（2007.1—2010.12，滞后阶数1）

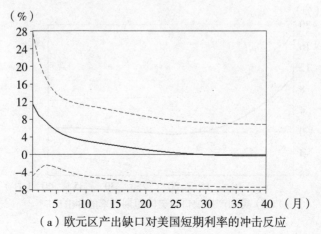

（a）欧元区产出缺口对美国短期利率的冲击反应

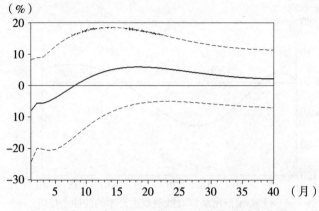

（b）欧元区产出缺口对欧美双边汇率的冲击反应

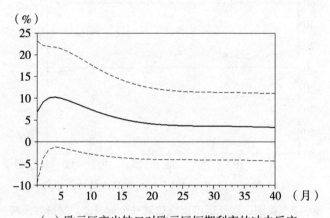

（c）欧元区产出缺口对欧元区短期利率的冲击反应

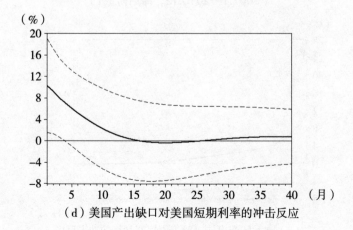

（d）美国产出缺口对美国短期利率的冲击反应

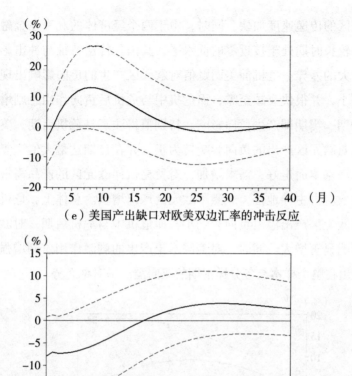

（e）美国产出缺口对欧美双边汇率的冲击反应

（f）美国产出缺口对欧元区短期利率的冲击反应

图6-8 美国、欧元区产出缺口对一个标准差广义脉冲反应

（2011.1—2019.12，滞后阶数1）

图6-6、图6-7、图6-8给出的金融危机前期（2002—2006）、金融危机时期（2007—2010）、后金融危机使其（2011—2019）的美国与欧元区产出对两经济体短期利率以及双边汇率的冲击反应曲线。

金融危机前期（2002—2006）不包括两经济体的量化宽松时期。对比图6-6、图6-7、图6-8与整个样本期图6-2反应曲线，可以看出，分期样本与全期样本相一致，美国短期利率提升，紧缩货币，显著地提升了欧元区产出缺口。危机前美国利率向欧元区产出的传递速度较危机中与危机后慢，且正向影响持续时间长。这是由于危机后，世界主要经济体强化了国际货币政策协调，协同大幅度降低利率，国际利率联动程度提升，美国利

率向欧元区的传递速度加快。同时，由于两个经济体的利率在金融危机中
与危机后较长时期处于接近零的低水平，其国际传递特征与冲击影响理论
上也应有大的差异。危机前美国贬值对欧元区产生的负向影响出现在15期
之后且较小，并很快衰减至零，而危机中与危机后负向作用急剧增大，分
别在第10期、当期即产生负向影响，特别值得注意是危机后期，美元贬值
在第10期对欧元区产出的负向影响转为正，并在15期达最大值。美国危机
后期，经济基本面走好，需求增加，对贸易伙伴欧元区的产品需求增长，
收入吸收效应占主导地位，刺激了欧元区产出增长。总体上，危机前，美
元贬值向欧元区产出溢出负向影响小，而危机中与危机后期，对欧元区产
生负向影响显著增大。同时，对美国本土产出的刺激作用急剧增强，两个
经济体产出在整个样本与各分样本期的双向溢出呈对称态势。

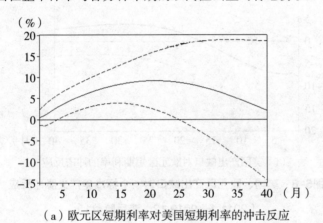

（a）欧元区短期利率对美国短期利率的冲击反应

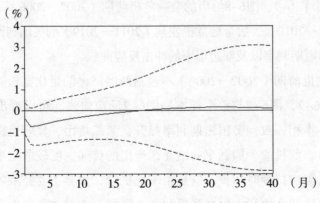

（b）欧元区双边汇率对美国短期利率的冲击反应

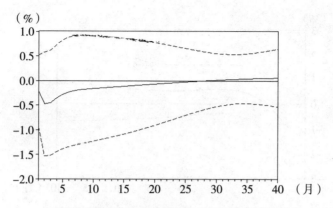

（c）欧元区双边汇率对美国货币供应量的冲击反应

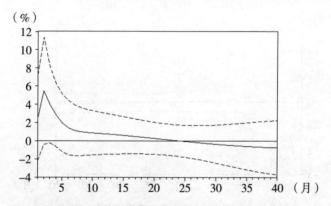

（d）欧元区通货膨胀率对美国货币供应量的冲击反应

图6-9 欧元区短期利率与欧美双边汇率对一个标准差广义脉冲反应

（2002.1—2006.12，滞后阶数1）

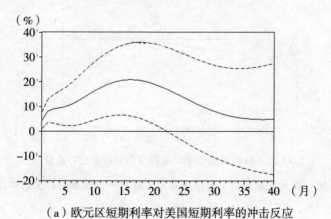

（a）欧元区短期利率对美国短期利率的冲击反应

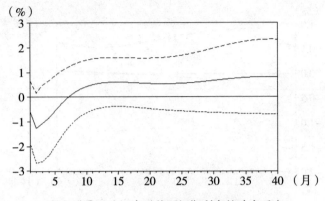

（b）欧美双边汇率对美国短期利率的冲击反应

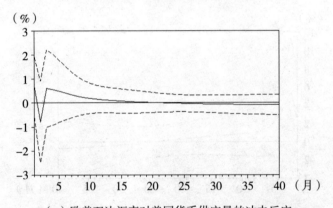

（c）欧美双边汇率对美国货币供应量的冲击反应

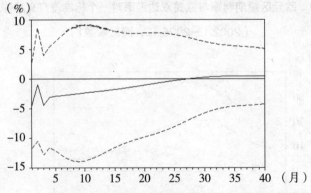

（d）欧元区通货膨胀率对美国货币供应量的冲击反应

图6-10　欧元区短期利率与欧美双边汇率对一个标准差广义脉冲反应

（2007.1—2010.12，滞后阶数1）

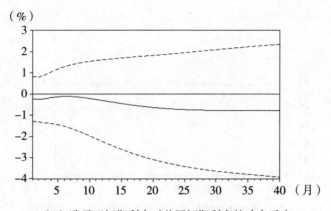

（a）欧元区短期利率对美国短期利率的冲击反应

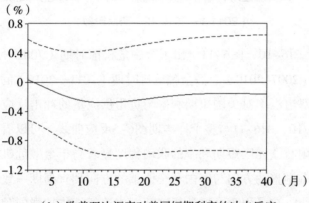

（b）欧美双边汇率对美国短期利率的冲击反应

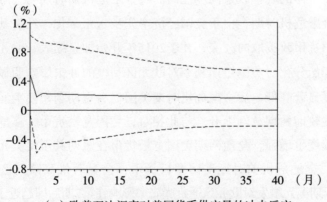

（c）欧美双边汇率对美国货币供应量的冲击反应

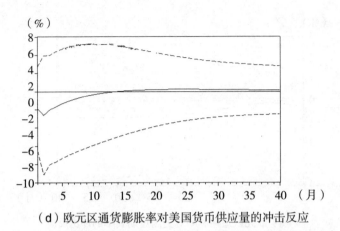

（d）欧元区通货膨胀率对美国货币供应量的冲击反应

图6-11　欧元区短期利率与欧美双边汇率对一个标准差广义脉冲反应

（2011.1—2019.12，滞后阶数1）

　　图6-9、图6-10、图6-11给出了金融危机前时期（2002—2006）、金
融危机时期（2007-2010）、后金融危机时期（2011—2019）的欧元区短期
利率与欧美双边汇率对美国短期利率与货币供应量的冲击反应曲线。对比
图6-9、图6-10、图6-11与整个样本期图6-5反应曲线，可以看出，金融危
机时期，美国与欧元区短期利率的联动程度显著高于金融危机前时期，欧
元区短期利率调整的方向与美国利率调整的方向具有高度一致性，传递程
度高，速度快。这是因为金融危机时期，主要经济体加强国际利率政策协
调，两个经济体的利率政策同步性高。与金融危机前时期与金融危机时期
相比，后金融危机时期，由于美国经济率先步入正常化，经济基本面态势
向好，美国货币政策取向改变，并于2015年开始加息缩表，欧元区与美国
货币政策开始分化，美国短期利率对欧元区利率的冲击影响明显减弱，国
际传递程度显著降低。后金融危机时期美国提高短期利率使美元升值的幅
度与持久性较前两期急剧上升。与此相对，美国宽松货币，在危机后期，
美元贬值程度也增强，与前两期美国宽松货币在短期甚至使美元升值形成
鲜明对比。金融危机前时期美国宽松货币，会显著推高欧元区通货膨胀
率，而后两期美元增发对欧元区通货膨胀率影响在第7期后即趋近于零。总体
上，金融危机时期与后金融危机时期，美国短期利率冲击对外国利率冲击影
响显著减弱，货币政策主要通过汇率渠道向国际传递，伤害外国经济。

5. 小结

前面对单一国家模型和两国模型和分期两国模型的分析表明，美国货币政策是以本国经济基本面为基础进行调整的，美国紧缩利率政策会推高美元币值，价格型货币政策传导通畅，政策有效。数量型货币政策扩张贬值作用不明显，而明显推高了通货膨胀率。美元贬值对美国产出的影响，呈现类似"J"曲线的特征。美国紧缩利率政策对欧元区产出有正向作用，而短期内显著抑制了美国产出。在中短期，美国宽松货币对本国产出刺激作用不明显，但会降低欧元区产出缺口，伤害外国经济。两大经济体存在"价格之谜"（货币紧缩价格上升），相对而言，欧元区持续"价格之谜"时间更长。两大经济体货币扩张向短期利率传递迅速而有效。美国利率的国际传递即向欧元区传递速度快、程度高，但不具有对称性。危机前，美元贬值向欧元区产出溢出负向影响小，而危机中与危机后期，对欧元区产出负向影响显著增大，同时，对美国产出的刺激作用急剧增强，两大经济体产出在整个样本与各分样本期的双向溢出呈对称态势。而危机中与危机后期，美国短期利率冲击对外国利率的冲击影响显著减弱，货币政策主要通过汇率渠道向国际传递，伤害外国经济。美国货币政策国际溢出的负面影响增强。

三、美国货币政策对日本经济的影响

（一）变量选取、数据说明及处理

扩展美国基准模型，利用2002—2019年美国与日本宏观经济变量的月度数据，构建并估计涵盖美国与日本变量的向量自回归模型，考察美国货币政策对日本经济的影响效应。模型包括变量（y^j，p^j，i^j，m^j，e^{uj}，y^u，p^u，j^u，m^u），其中，有"j""u"上标的变量分别为日本与美国变量。美国变量与前面一致。日本产出缺口（y^j）用日本不含建筑业的工业生产指数（index2015=100）与其Hodrick-Prescott滤波处理后的趋势值之差表示，通货膨胀率（p^j）用包括日本所有项目的消费价格指数的上年同期增长率表示，短期利率（i^j）用日本平均贷款与贴现利率作为代理变量表征，货币供应量（m^j）用M2上年同期增长率表示，e^{uj}表示日美双边汇率（日元/美元），e^{uj}上升表示美元升值，日元贬值。相关数据来自美联储经济研究局数据库（Federal Reserve Economic Data）[①]。

序列y^j、p^j、i^j、m^j的ADF平稳性检验在5%统计水平上、序列e^{uj}在10%的统计水平上，显著且平稳，直接进入向量自回归模型中。同时，为了估计VAR模型，根据AIC准则选择滞后阶数为3。

（二）脉冲响应方程

美国、日本两个经济体向量自回归模型动态分析采用广义脉冲响应函数实现。重点考察了日本宏观经济变量对美国联邦基金利率（i^j）、货币供应量（m^j）与日美双边汇率（e^{uj}）（日元/美元）的冲击反应，同时也分析了日本货币政策变量对美国经济的影响。估计结果见图6-12、6-13。

1. 产出的脉冲响应

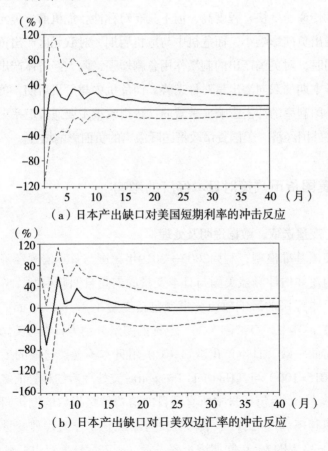

（a）日本产出缺口对美国短期利率的冲击反应

（b）日本产出缺口对日美双边汇率的冲击反应

---

① https：//fred.stlouisfed.org/about.html.

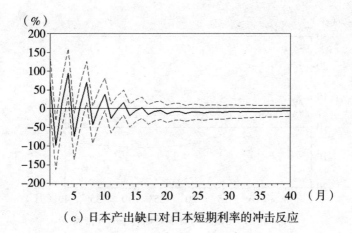

（c）日本产出缺口对日本短期利率的冲击反应

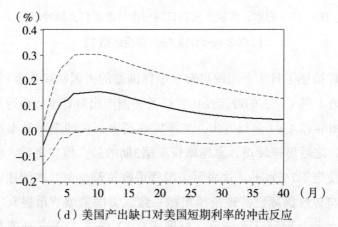

（d）美国产出缺口对美国短期利率的冲击反应

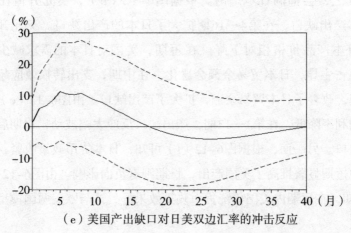

（e）美国产出缺口对日美双边汇率的冲击反应

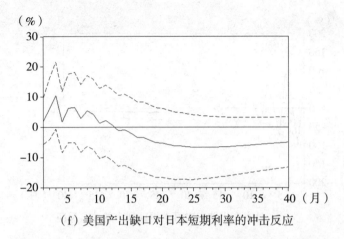

（f）美国产出缺口对日本短期利率的冲击反应

图6-12　日本、美国产出缺口对一个标准差广义脉冲反应

（2002.1—2019.12，滞后阶数3）

图6-12描述了日本产出缺口对一个标准差的美国联邦基金利率（i^u）与日美双边汇率（e^{uj}）的冲击反应，以及美国产出对日本货币政策的冲击反应。从图6-12（a）可以看出，美国提高利率，在即期对日本产出缺口影响为负，之后迅速转正，急剧增长至第3期的最大值，之后，缓慢回调在30期后稳定于7%水平。这表明美国货币政策调整向日本传递速度快且程度高，与传统国际经济理论预期相一致，美国紧缩货币提高了日本产出，而反之，会抑制日本产出。根据图6-12（b），美元升值在短期降低了日本产出缺口，在第4—16期扩大了日本的产出缺口。美元升值日元贬值，日本产品价格相对下降。在短期，美国对日本的需求减少，收入减少效应占主导，日本贸易余额会恶化，在中期，支出转换效应超过收入减少效应，改善了日本贸易余额，扩大了产出缺口。由图6-12（c）可知，日本短期利率降低，在第1—13期，产出缺口反应大幅波动，14期后，会扩大产出缺口。另一面，根据图6-12（f）可知，日本货币政策收紧，提高利率，在中短期显著推高了美国产出，长期则有负向影响。由图6-12（d）和（e）可知，在短期内美国传统货币政策效果好，这与欧美两国模型估计结果相一致。

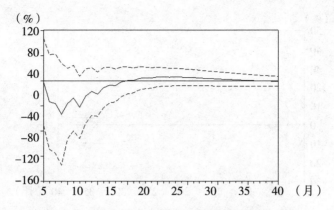

（a）日本产出缺口对美国货币供应量的冲击反应

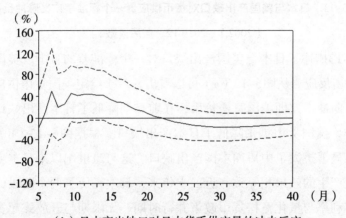

（b）日本产出缺口对日本货币供应量的冲击反应

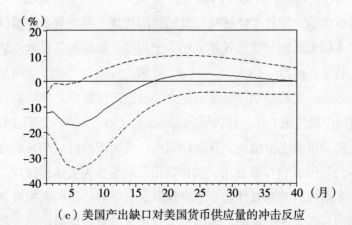

（c）美国产出缺口对美国货币供应量的冲击反应

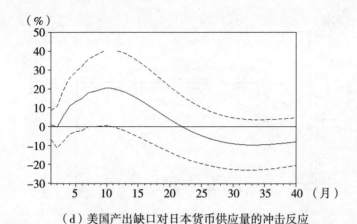

（d）美国产出缺口对日本货币供应量的冲击反应

图6-13　日本与美国产出缺口对货币供应量一个标准差广义脉冲反应

（2002.1—2019.12，滞后阶数3）

图6-13描述了日本与美国产出缺口对一个标准差的日本、美国货币供应量的冲击反应。从图6-13（a）可以看出，对于给定美国货币供应量一个标准差正向冲击，即美国宽松货币，在前15期降低了日本产出缺口。与欧元区一样，美国货币扩张降低了日本产出缺口。根据图6-13（b），日本增发货币显著扩大了中短期本国产出缺口。这与21世纪以来日本实施的货币政策及产生的效果相一致。近二十年来，日本经历了两个阶段的量化宽松，即零利率与量化宽松货币政策并行时期、无限期与开放式超宽松政策时期（安倍经济学）。日本在利率"0"下限环境下，量化宽松货币政策通过增加货币供给，使日本经济从20世纪末的持续下滑与衰退中得以复苏，2012年以来的无限期与开放式超宽松一定程度上也刺激了日本经济增长。值得注意的是，由图6-13（c）与（d）可知，日本货币供应量增加，实施宽松货币政策，在前22期内显著地扩大了美国产出缺口。伴随着日本货币扩张，美国产出急剧上升，在10期达到最大值（21%）。与之形成鲜明对比的是，美国货币供应量增加，在前18期内，美国产出缺口却显著地收缩。对比图6-12和图6-13可以看出，美国货币供应量作为美国传统货币政策工具，在样本期内，其有效性远小于联邦基金利率对经济的调控效果。与欧美两国模型一样，在中短期，美国扩张货币未能有效刺激产出，但降低了日本产出，损人不利己。美国增发货币，对日本产出的负面溢出效应显著

而持久，这与Robert Dekle，Koichi Hamada（2015）研究结果相一致。[①]

总之，在日本与美国两国模型中，美国紧缩利率政策对日本产出有正向作用，短期内对本国产出有抑制作用。在中短期，美国扩张货币，损人不利己，对外国有显著的负面溢出效应。美元升值在中期显著地扩大了日本产出缺口。

2. 通货膨胀率的脉冲响应

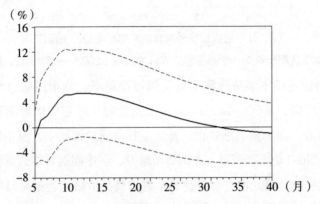

（%）

（a）日本通货膨胀率对美国短期利率的冲击反应

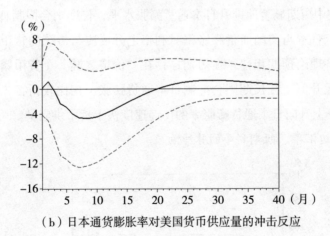

（%）

（b）日本通货膨胀率对美国货币供应量的冲击反应

① Robert Dekle，Koichi Hamada.Japanese monetary policy and international Spillovers[J]. Journal of International Money and Finance，2015（52）：175-199.

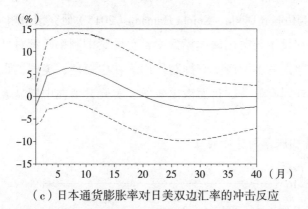

（c）日本通货膨胀率对日美双边汇率的冲击反应

图6-14　日本通货膨胀率对一个标准差广义脉冲反应（2002.1—2019.12，滞后阶数3）

图6-14描述日本通货膨胀率对美国短期利率、货币供应量与日美双边汇率的冲击反应。从图6-14（a）可以看出，对于给定美国短期利率一个标准差正向冲击，即美国紧缩货币，推高了日本通货膨胀率，但不显著，长期作用相反。图6-14（b）表明，美国货币增发，在中期对日本通货膨胀有抑制作用，而在长期，美元增发会提高日本进口商品价格，会推高日本通货膨胀率。反之，美元升值，在长期会抑制日本物价上涨。由图6-14（c）可知，美元升值，在中短期显著地推升日本通货膨胀水平，长期则会抑制日本通货膨胀。总之，日本与美国通货膨胀率对利率上升反应与传统的货币数量理论与国际经济理论预期相悖，在短期，存在"价格之谜"（货币紧缩价格上升）。美元升值，在长期则会抑制日本通货膨胀。相比较而言，美国短期利率与汇率上升向日本通货膨胀率的传递速度快于货币供应量。

3. 双边汇率、短期利率的脉冲响应

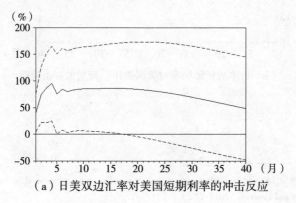

（a）日美双边汇率对美国短期利率的冲击反应

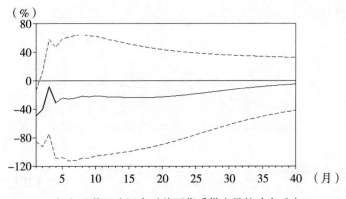

（b）日美双边汇率对美国货币供应量的冲击反应

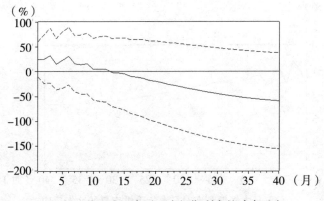

（c）日美双边汇率对日本短期利率的冲击反应

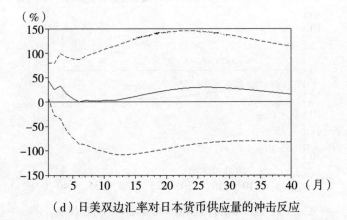

（d）日美双边汇率对日本货币供应量的冲击反应

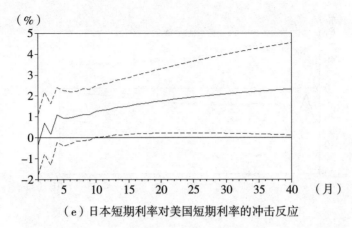

（e）日本短期利率对美国短期利率的冲击反应

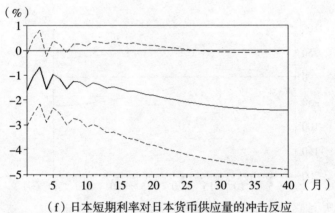

（f）日本短期利率对日本货币供应量的冲击反应

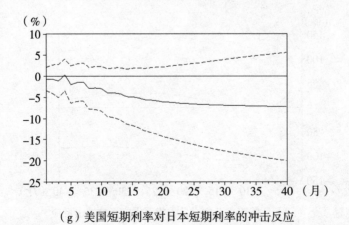

（g）美国短期利率对日本短期利率的冲击反应

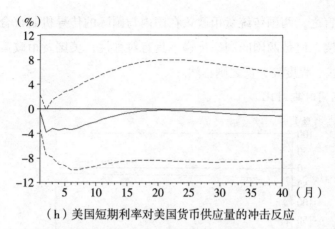

（h）美国短期利率对美国货币供应量的冲击反应

图6-15　日本、美国的双边汇率、短期利率对一个标准差广义脉冲反应

（2002.1—2019.12，滞后阶数3）

图6-15描述了日本、美国的双边汇率、短期利率对一个标准差的日本、美国短期利率与货币供应量的冲击反应。从图6-15（a）可以看出，对于给定美国短期利率一个标准差正向冲击，双边汇率显著上升，美元升值，日元贬值。图6-15（c）可知，日本利率提升短期日元贬值，而在中长期则使日元升值。由图6-15（b）可知，对于给定美国货币供应量一个标准差正向冲击，美国宽松货币，日元对美元汇率在当期即产生最大降幅，日元升值，美元贬值，此后缓慢回调，影响持久。而图6-15（d）则表明，日本增发货币急剧贬值日元。这再次验证了Robert Dekle，Koichi Hamada（2015）的研究结果，即美元增发，强劲升值日元。[1]总体上，两国短期利率与货币增发对双边汇率的影响符合传统国际金融理论的预期，美国利率提升紧缩货币使日元对美元迅速产生传统M-F-D模型所预期的升值反应。相比较而言，日本利率调整向汇率传递的速度较美国慢。从图6-15（e）可以看出，美国提高利率会快速溢出国外，提高日本短期利率，持久地推高日本利率水平。而图6-15（g）则表明日本短期利率调整对美国短期利率的影响程度低，且为负。由图6-15（f）和（h）可知，两大经济体货币扩张均会迅速传递到本国短期利率，急剧降低本国利率。

---

① Robert Dekle，Koichi Hamada.Japanese monetary policy and international Spillovers[J]. Journal of International Money and Finance，2015（52）：175-199.

总而言之，两国传统货币政策在国内与国际的传导机制符合传统经济学理论预期，但是两国间利率传递不具有对称性，美国货币政策向日本传递的速度快、程度高，反之则不然。

4. 不同时期对比

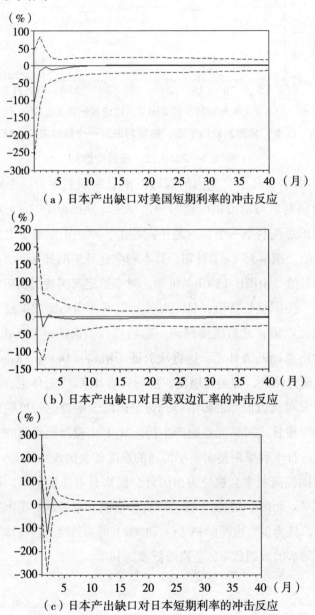

（a）日本产出缺口对美国短期利率的冲击反应

（b）日本产出缺口对日美双边汇率的冲击反应

（c）日本产出缺口对日本短期利率的冲击反应

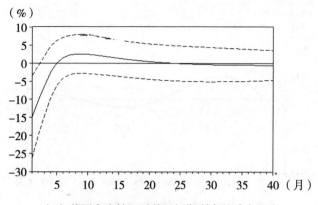

（d）美国产出缺口对美国短期利率的冲击反应

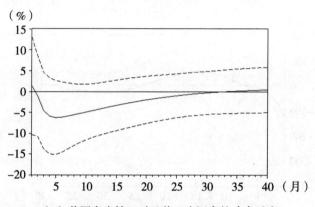

（e）美国产出缺口对日美双边汇率的冲击反应

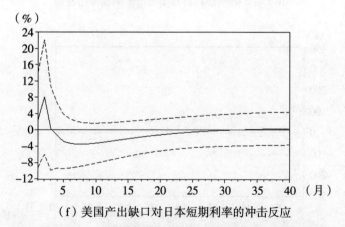

（f）美国产出缺口对日本短期利率的冲击反应

图6-16　日本、美国产出缺口对一个标准差广义脉冲反应

（2002.1—2006.12，滞后阶数1）

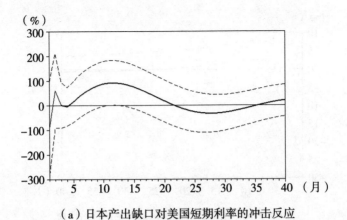

（a）日本产出缺口对美国短期利率的冲击反应

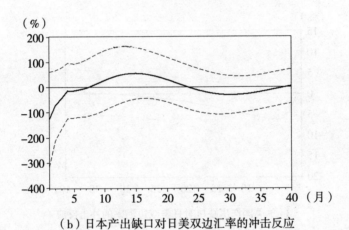

（b）日本产出缺口对日美双边汇率的冲击反应

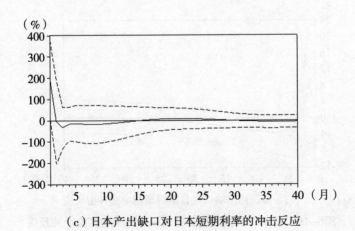

（c）日本产出缺口对日本短期利率的冲击反应

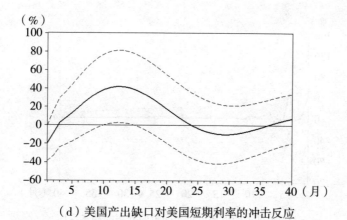

（d）美国产出缺口对美国短期利率的冲击反应

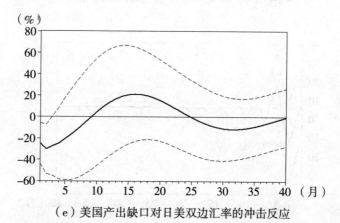

（e）美国产出缺口对日美双边汇率的冲击反应

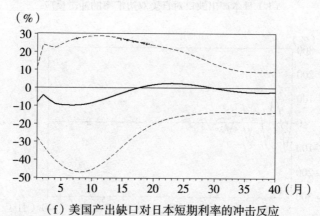

（f）美国产出缺口对日本短期利率的冲击反应

图6-17　日本、美国产出缺口对一个标准差广义脉冲反应

（2007.1—2010.12，滞后阶数1）

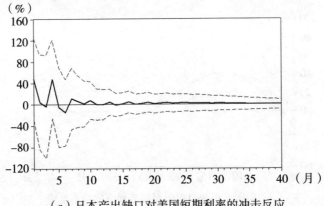

（a）日本产出缺口对美国短期利率的冲击反应

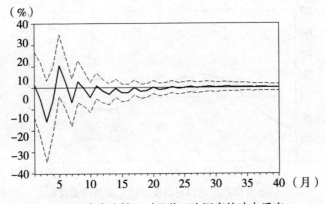

（b）日本产出缺口对日美双边汇率的冲击反应

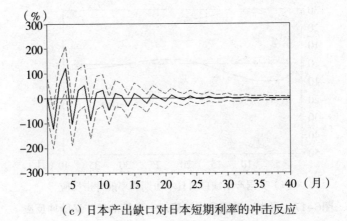

（c）日本产出缺口对日本短期利率的冲击反应

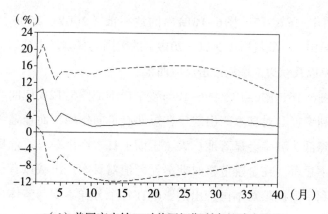

（d）美国产出缺口对美国短期利率的冲击反应

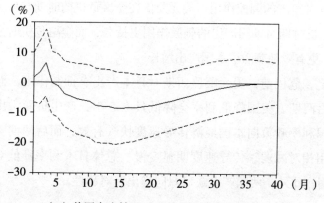

（e）美国产出缺口对日美双边汇率的冲击反应

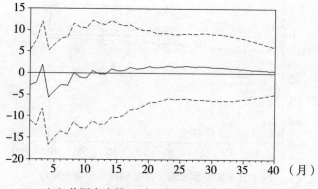

（f）美国产出缺口对日本短期利率的冲击反应

图6-18　日本、美国产出缺口对一个标准差广义脉冲反应
（2011.1—2019.12，滞后阶数3）

图6-16、图6-17、图6-18给出的危机前（2002—2006）、危机中（2007—2010）、危机后（2011—2019）的美国与日本产出缺口对两个经济体短期利率以及双边汇率的冲击反应曲线。

对比图6-16、图6-17、图6-18与整个样本期图6-12反应曲线可知，危机前美国利率提升对日本产出缺口在短期有负向作用，而金融危机时期美国提升（降低）利率会显著地扩大（压缩）日本产出缺口，危机后这一作用减弱而不显著。在金融危机时期美元贬值对日本产出缺口有扩大作用。日本短期利率的调整对本国产出的影响在各个分样本期与整体样本期相类似均不显著。2000年以来，日本长期实施接近0的低利率政策，限制了价格型货币政策对经济的调控作用。美元贬值在金融危机前时期与后金融危机时期较金融危机时期对本国产出的刺激作用更持久，而金融危机时期美元贬值急剧强劲、更有效地刺激了本国产出增长。

总体上，危机前，美元贬值短期对日本产出有抑制作用，而后两期则相反。在后两期，美国降低利率会降低日本产出，产生负面溢出效应。危机前，美国利率政策向本国经济传导速度快，有效，而后两期美国利率政策效果作用相对减弱，传导速度明显变慢。总体日本利率降低对美国产出有刺激作用。此外，两国产出缺口双向溢出有对称性。

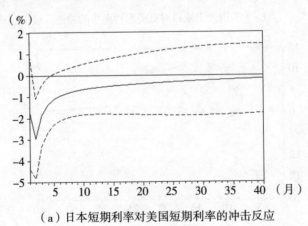

（a）日本短期利率对美国短期利率的冲击反应

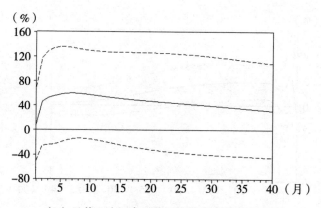

（b）日美双边汇率对美国短期利率的冲击反应

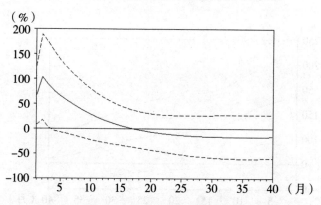

（c）日美双边汇率对美国货币供应量的冲击反应

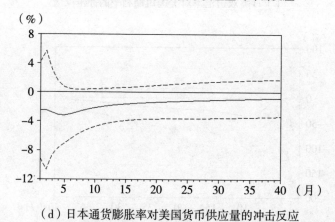

（d）日本通货膨胀率对美国货币供应量的冲击反应

图6-19 日本短期利率与日美双边汇率对一个标准差广义脉冲反应

（2002.1—2006.12，滞后阶数1）

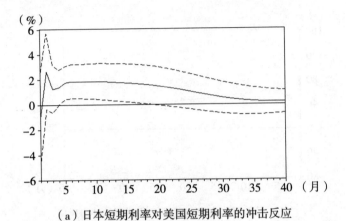

（a）日本短期利率对美国短期利率的冲击反应

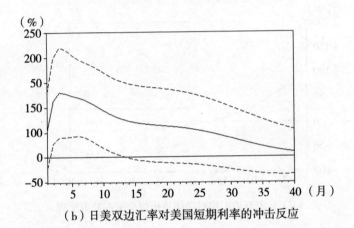

（b）日美双边汇率对美国短期利率的冲击反应

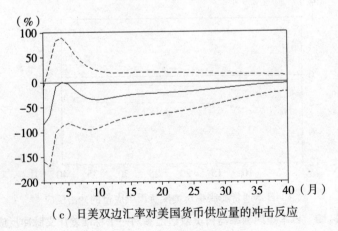

（c）日美双边汇率对美国货币供应量的冲击反应

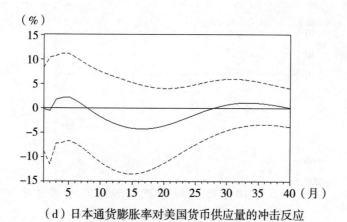

（d）日本通货膨胀率对美国货币供应量的冲击反应

图6-20　日本短期利率与日美双边汇率对一个标准差广义脉冲反应

（2007.1—2010.12，滞后阶数1）

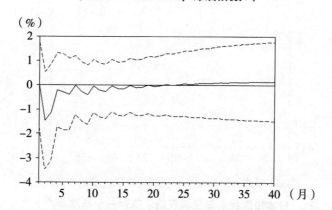

（a）日本短期利率对美国短期利率的冲击反应

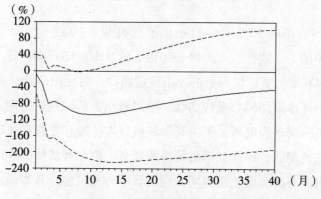

（b）日美双边汇率对美国短期利率的冲击反应

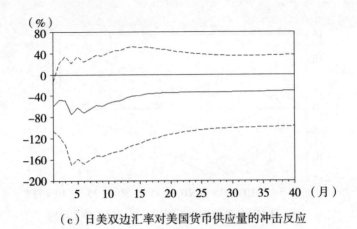

（c）日美双边汇率对美国货币供应量的冲击反应

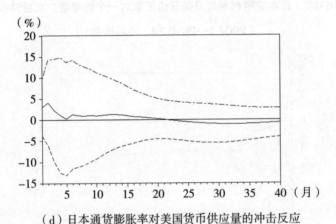

（d）日本通货膨胀率对美国货币供应量的冲击反应

图6-21　日本短期利率与日美双边汇率对一个标准差广义脉冲反应

（2011.1—2019.12，滞后阶数3）

图6-19、图6-20、图6-21给出了危机前（2002—2006）、危机中（2007—2010）、危机后（2011—2019）的日本短期利率与日美双边汇率对美国短期利率与货币供应量的冲击反应曲线。对比图6-19、图6-20、图6-21与整个样本期图6-15反应曲线，可以看出，金融危机时期，美国与日本短期利率的联动程度高，美国利率调整日本传递程度高、速度快。这是因为金融危机期间，国际利率政策协调降息，两个经济体的利率政策同步性高。危机前与后金融危机时期，同由日本与美国经济基本面差异大，特别是后金融危机时期日本实施超无限期与开放式超宽松量化政策，与美国

的加息缩表形成鲜明对比，日本与美国利率政策明显呈分化态势。后金融危机时期美国货币政策正常化，美国加息反而急剧地使美元贬值，与前两期形成强烈反差。金融危机时期与后金融危机时期，美国增发货币，向汇率传导的速度加快，使美元贬值程度也增强。总体上，金融危机时期与后金融危机时期，美国短期利率向日本传递的程度显著减弱，货币政策主要通过汇率渠道向国际传递。

5. 小结

前面单一国家模型、两国模型和分期两国模型的分析表明，由于日本与美国经济基本面差异大，2000年以来，日本实施了低利率与量化宽松政策，以及危机发生后，美国也实施了量化政策，美国利率政策向日本传递的程度显著降低。在日本与美国两国模型中，总体上，美国紧缩利率政策对日本产出有正向作用，短期内对本国产出有抑制作用。在中短期，美国扩张货币，对日本有显著的负面溢出效应。美元升值在中期显著地扩大了日本产出缺口。日本存在"价格之谜"（货币紧缩价格上升）。美元升值，在长期则会抑制日本通货膨胀。金融危机时期与后金融危机时期，美国短期利率向日本传递的程度显著减弱，货币政策主要通过汇率渠道向国际传递。危机前，美元贬值短期对日本产出有抑制作用，而后两期则相反。在后两期，美国降低利率会降低日本产出，产生负面溢出效应，同时，对美国本国产出的刺激作用急剧增强，而日本利率降低对美国产出有刺激作用。此外，两国产出缺口双向溢出有对称性。

四、美国货币政策对中国经济的影响

（一）变量选取、数据说明及处理

扩展美国基准模型，利用2002—2019年美国与中国宏观经济变量的月度数据，构建并估计涵盖美国与中国变量的向量自回归模型，考察美国货币政策对中国经济的影响效应。模型包括变量（y^c, p^c, i^c, m^c, e^{uc}, y^u, p^u, i^u, m^u），其中，有"c""u"上标的变量分别为中国与美国变量。美国变量与前面一致。中国产出缺口（y^c）用中国不含建筑业的工业生产指数

（index以上年同期值为100）与其Hodrick-Prescott滤波处理后的趋势值之差表示，产出缺失值用前后两个月的平均数补充，通货膨胀率（p^c）用包括中国所有项目的消费价格指数的上年同期增长率表示，短期利率（i^c）用全国银行间同业隔夜拆借交易利率（1天）表示，货币供应量（m^c）用取自然对数并差分处理后的M2表示，e^{uc}表示中美双边汇率用取自然对数并差分处理后的人民币对美国汇率表示，e^{uc}上升表示美元升值，人民币贬值。相关数据来自美联储经济研究局数据库（Federal Reserve Economic Data）[①]与中国人民银行相关年份统计数据。

序列y^c、i^c、p^c、e^{uc}的ADF平稳性检验在1%的统计水平上，序列m^c的ADF平稳性检验在10%的统计水平上，显著且平稳，进入向量自回归模型中。同时，为了估计VAR模型，根据AIC准则选择滞后阶数为3。

（二）脉冲响应方程

中国、美国两大经济体向量自回归模型动态分析采用广义脉冲响应函数实现。重点考察了中国宏观经济变量对美国联邦基金利率（i^j）、货币供应量（m^j）与日美双边汇率（e^{uj}）（人民币/美元）的冲击反应，同时也分析了中国货币政策变量对美国经济的影响。估计结果见图6-22、图6-23。

1. 产出的脉冲响应

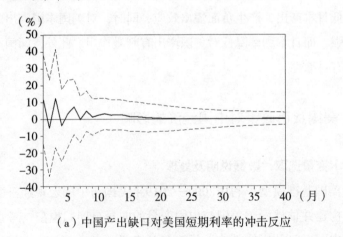

（a）中国产出缺口对美国短期利率的冲击反应

---

① https://fred.stlouisfed.org/about.html.

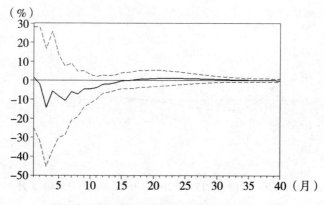

（b）中国产出缺口对中美双边汇率的冲击反应

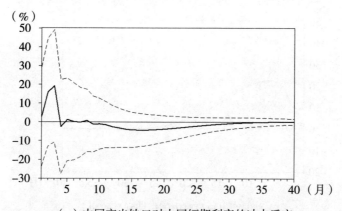

（c）中国产出缺口对中国短期利率的冲击反应

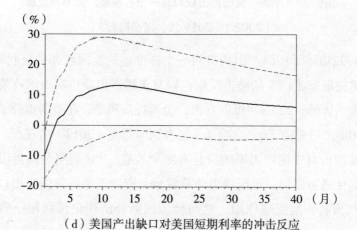

（d）美国产出缺口对美国短期利率的冲击反应

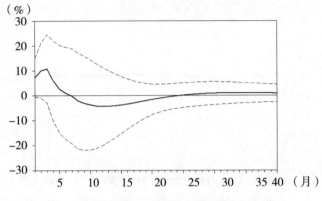

（e）美国产出缺口对中美双边汇率的冲击反应

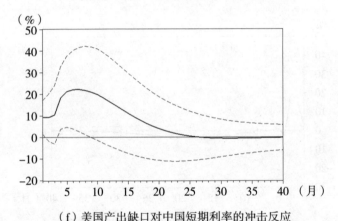

（f）美国产出缺口对中国短期利率的冲击反应

图6-22　中国、美国产出缺口对一个标准差广义脉冲反应

（2002.1—2019.12，滞后阶数3）

图6-22描述了中国产出缺口对一个标准差的美国联邦基金利率（i^u）与中美双边汇率（e^{uc}）的冲击反应，以及美国产出缺口对中国政策利率的冲击反应。从图6-22（a）可以看出，美国提高利率，在短期提升了中国产出，在10期之后趋势于0，这验证了金春雨与张龙（2017）的观点，即美国货币政策冲击对中国产出影响只是有短期效应。[1]这表明美国货币政策调整向中国传递速度快，美国货币政策收紧，有助于中国对美国出口增长，对中国产出有一定促进作用，这与传统国际经济理论预期相一致。中国

---

[1] 金春雨，张龙.美联储货币政策对中国经济的冲击[J].中国工业经济，2017（1）：25—42.

于2001年11月10日加入世界贸易组织，中国与美国的经济贸易联系逐步增强，美国提升利率，产品价格相对上升，全球需求将从美国商品转移至包括中国在内的他国产品，提高相关国家收入。与此相对应，由图6-23（f）可知，中国利率提升显著地扩大美国产出。根据图6-23（b）和（e），美元升值，在短期对中国产出缺口产生弱的负面影响，在中期会抑制美国产出，美国产出对美国传统货币政策的反应与美国基本模型冲击反应类似。

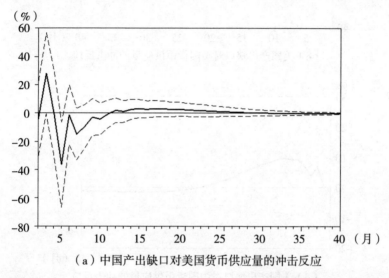

（a）中国产出缺口对美国货币供应量的冲击反应

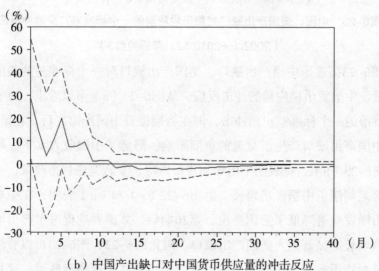

（b）中国产出缺口对中国货币供应量的冲击反应

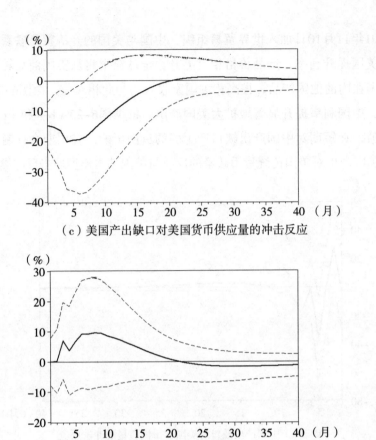

（c）美国产出缺口对美国货币供应量的冲击反应

（d）美国产出缺口对中国货币供应量的冲击反应

图6-23　中国、美国产出缺口对货币供应量的一个标准差广义脉冲反应

（2002.1—2019.12，滞后阶数3）

图6-23描述了中国产出缺口、美国产出缺口对一个标准差的美国货币供应量、中国货币供应量的冲击反应。从图6-23（a）可以看出，对于美国宽松货币的一个标准差正向冲击，即在当期提升中国产出之后，在第3—10期对中国产出缺口产生了显著的负面影响，降低了中国收入水平。与此相反，图6-23（b），则表明中国增加货币供应，实施宽松货币政策，在中短期显著地刺激了中国产出增长。由图6-23（c）和（d）表明，在中短期美国货币增发显著降低了美国产出，第20期后，才微弱地促进了产出增长。而中国增长则显著扩大美国产出缺口。对比图6-22、图6-23可以看出，中国数量型货币政策对中国经济的调控效率显著高于价格型政策，这是因为

21世纪初以来，中国正处于货币政策由数量型向价格型转变的改革时期，数量型政策仍是重要的政策工具，随着中国货币政策操作框架的完善，价格型政策的调控效率会逐步提升。同时，因为美国在20世纪90年代以来，放弃了传统货币政策的数量型工具，所以，美国联邦基金利率作为价格型政策工具相对数量型工具更有效。

总之，在中美两国模型中，美国紧缩利率政策对中国产出有正向作用，而短期内显著抑制了美国产出。美国增发货币对本国产出刺激作用不明显，但会降低中国产出。中国增长货币会刺激两国产出。美国货币政策冲击对中国产出影响都只有短期效应，并无长期影响。

2. 通货膨胀率的脉冲响应

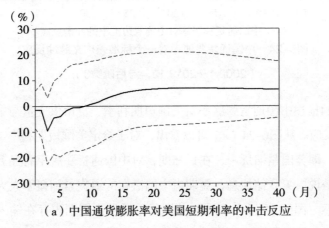

（a）中国通货膨胀率对美国短期利率的冲击反应

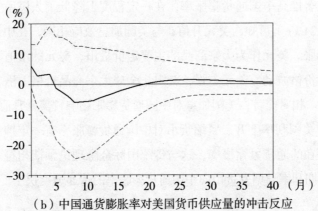

（b）中国通货膨胀率对美国货币供应量的冲击反应

（%）

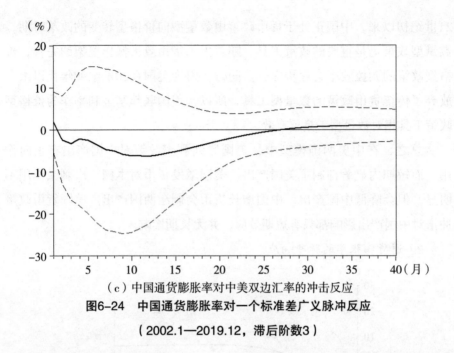

（c）中国通货膨胀率对中美双边汇率的冲击反应

图6-24　中国通货膨胀率对一个标准差广义脉冲反应

（2002.1—2019.12，滞后阶数3）

图6-24描述中国通货膨胀率对美国短期利率、货币供应量与中美双边汇率的冲击反应。从图6-24（a）可以看出，对于给定美国短期利率一个标准差正向冲击，即美国紧缩货币，在1—5期，对中国通货膨胀率有显著的抑制作用。也就是说，美联储加息，短期内中国潜在的通货紧缩概率大大增强。中长期则不然。图6-24（b）表明，美国货币增发，短期内存在输入性通货膨胀效应，显著推高中国通货膨胀率，在一定程度上降低了人民币实际购买能力。由图6-24（c）可知，美元升值，与美国加息效应相同，在中短期会抑制中国通货膨胀。美元作为大宗商品的主要定价货币，美元的币值波动也会造成大宗商品价格波动。美元走强，会阻止全球大宗商品价格上涨，向中国输入通货紧缩。相对而言，美国加息对中国通货膨胀影响较美元升值的大。

总之，美国利率上升、紧缩货币对中国通货膨胀率有一定抑制作用，会增加中国潜在的通货紧缩概率，这与传统国际金融理论预期相符。相比较而言，美国短期利率与增发货币向中国通货膨胀率的传递速度快于汇率。

3. 双边汇率、短期利率的脉冲响应

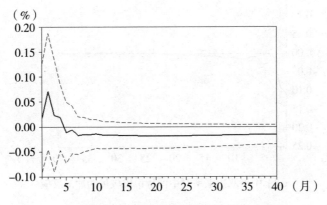

（a）中美双边汇率对美国短期利率的冲击反应

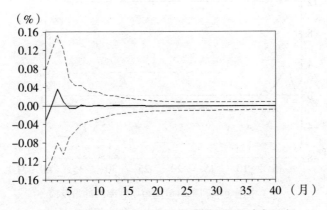

（b）中美双边汇率对美国货币供应量的冲击反应

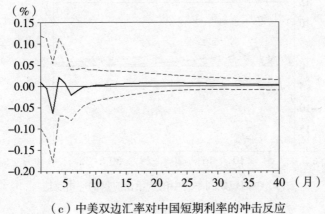

（c）中美双边汇率对中国短期利率的冲击反应

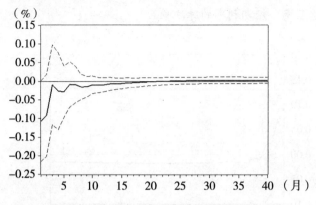

（d）中美双边汇率对中国货币供应量的冲击反应

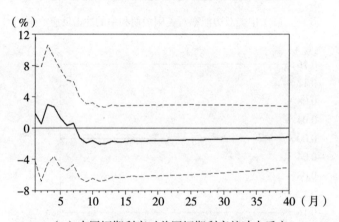

（e）中国短期利率对美国短期利率的冲击反应

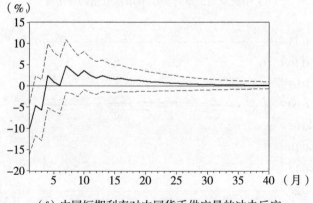

（f）中国短期利率对中国货币供应量的冲击反应

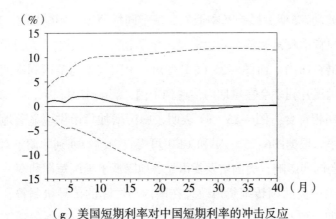

（g）美国短期利率对中国短期利率的冲击反应

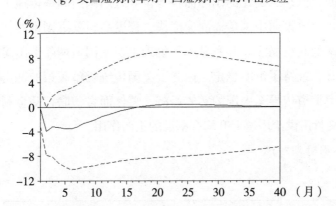

（h）美国短期利率对美国货币供应量的冲击反应

图6-25 中美双边汇率、短期利率对一个标准差广义脉冲反应

（2002.1—2019.12，滞后阶数3）

图6-25描述了中国和美国的双边汇率、短期利率对一个标准差的中国和美国短期利率与货币供应量的冲击反应。从图6-25（a）可以看出，对于给定美国短期利率一个标准差正向冲击，双边汇率显著上升，美元升值，人民币贬值，但不显著，并且由图6-25（b）可知，对于给定美国货币供应量一个标准差正向冲击，美国宽松货币，人民币对美元汇率在当期降低，人民币升值，美元贬值，但在统计上不显著。这是因为在2005年以前，中国人民银行实际上实施的是盯住美元的固定汇率制度，2008年7月至2010年6月为应对危机，实质上实施的汇率固定制度，加上中国资本与金融账户并未完全开放，美国货币政策对人民币对美元汇率的影响较小，短期内会造成人民币对

美元汇率波动，5期后影响基本消失。基于同样原因，图6-25（c）和（d）显示出中国货币政策调整对双边汇率产生了相同方向影响，人民币存在"外生内贬"潜在压力。由图6-25（e）可知，中国利率与美国利率的联动程度较高，美国提升利率会在短期内传递到中国，影响中国利率，这与利息率平价理论预期相符合。图6-25（f）表明，中国增加货币供应显著地降低了中国短期利率。根据图6-25（g）和（h）可得，中国短期利率调整对美国短期利率有微弱同向影响，美国增发货币显著地降低了美国短期利率。

总之，中美两国传统货币政策在国内与国际的传导机制符合传统经济学理论预期，但是，美元的国际储备地位导致两国间利率传递不具有对称性，美国货币政策向中国传递的速度快、程度高，反之则不然。美国利率与中国利率的联系循序国际利息率平价理论。中国短期随美国美联储紧缩政策而提升，维持了汇率稳定。因此，美国传统货币政策的冲击效应通过汇率和利率渠道传导至中国的实体经济。总体而言，联邦基金利率提升以及美国广义货币供给增速上升均有积极的正向作用。

4. 不同时期对比

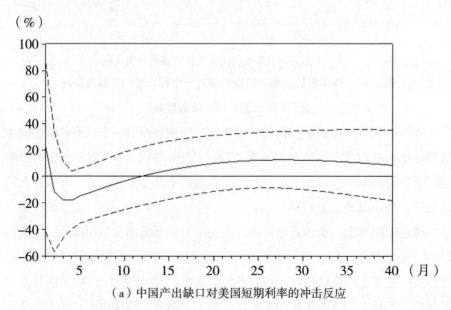

（a）中国产出缺口对美国短期利率的冲击反应

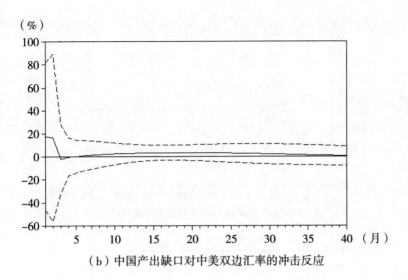

（b）中国产出缺口对中美双边汇率的冲击反应

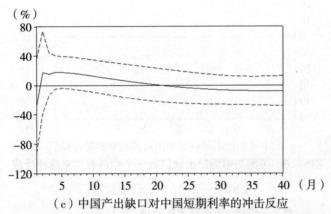

（c）中国产出缺口对中国短期利率的冲击反应

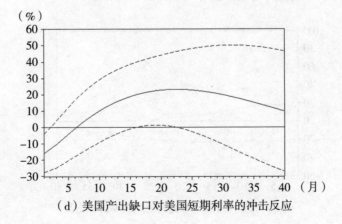

（d）美国产出缺口对美国短期利率的冲击反应

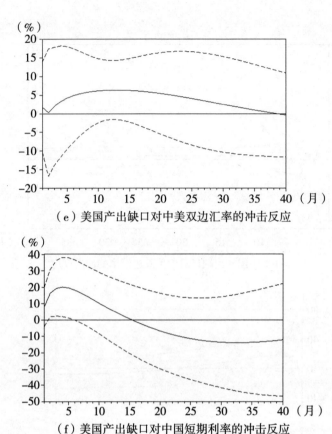

（e）美国产出缺口对中美双边汇率的冲击反应

（f）美国产出缺口对中国短期利率的冲击反应

图6-26　美国与中国产出缺口对一个标准差广义脉冲反应

（2002.1—2007.12，滞后阶数1）

注：为了增加模型平稳性，延长样本期到2007年12月。

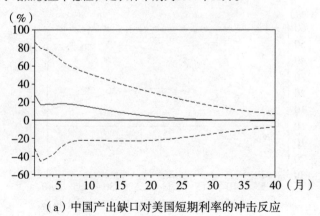

（a）中国产出缺口对美国短期利率的冲击反应

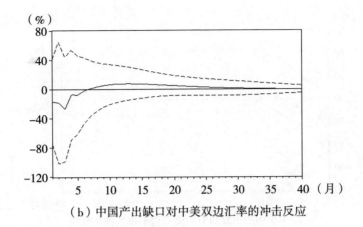

（b）中国产出缺口对中美双边汇率的冲击反应

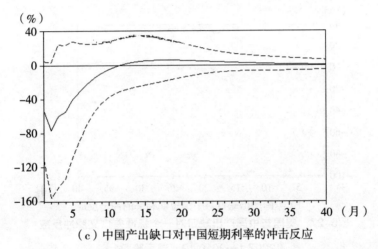

（c）中国产出缺口对中国短期利率的冲击反应

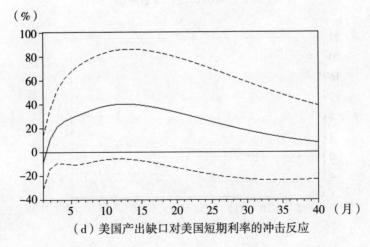

（d）美国产出缺口对美国短期利率的冲击反应

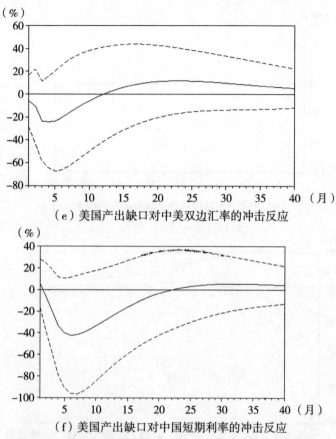

（e）美国产出缺口对中美双边汇率的冲击反应

（f）美国产出缺口对中国短期利率的冲击反应

图6-27　美国与中国产出缺口对一个标准差广义脉冲反应

（2007.1—2010.12，滞后阶数1）

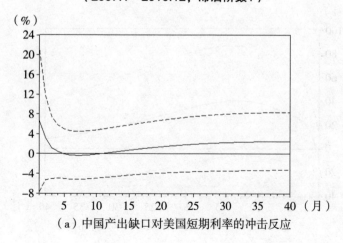

（a）中国产出缺口对美国短期利率的冲击反应

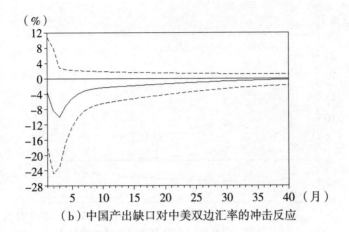

（b）中国产出缺口对中美双边汇率的冲击反应

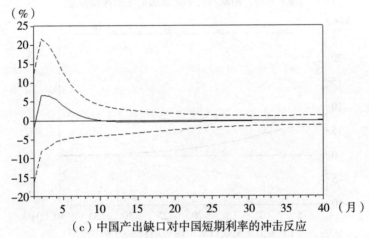

（c）中国产出缺口对中国短期利率的冲击反应

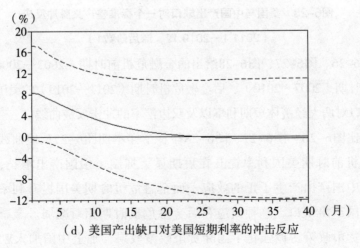

（d）美国产出缺口对美国短期利率的冲击反应

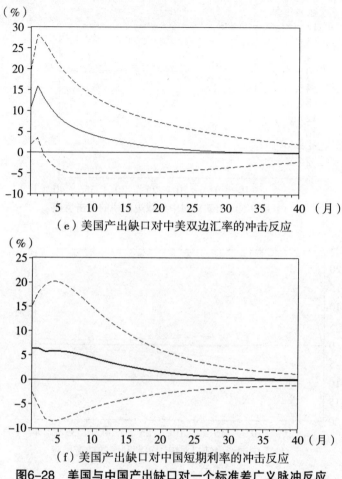

（e）美国产出缺口对中美双边汇率的冲击反应

（f）美国产出缺口对中国短期利率的冲击反应

图6-28　美国与中国产出缺口对一个标准差广义脉冲反应

（2011.1—2019.12，滞后阶数1）

图6-26、图6-27、图6-28给出的金融危机前时期（2002—2006）、金融危机时期（2007—2010）、后金融危机时期（2011—2019）的美国与中国产出缺口对两大经济体短期利率以及双边汇率的冲击反应曲线。

对比图6-26、图6-27、图6-28与整个样本期图6-22反应曲线可知，金融危机前时期美国利率提升在短期显著抑制了中国产出增长，在8期之后对中国产出产生了正的效应。而金融危机时期美国提升利率会急剧扩大中国产出缺口，这种效应在后金融危机时期相对减弱。金融危机时期国际货币政策协调强化了国际货币政策效果，加上中国加入WTO后，与全球经济与贸易联系与合作程度越来越高，都是导致美联储货币政策冲击在金融危机时期与后金融危机时期对中国产出溢出影响相对金融危机前时期增强、溢出速度加快的原因。在金融危机时期与后金融危机时期美元贬值会扩大中国产出缺口，而金融危机前时期则相反，但在正常统计水平上均不显著。金融危机时期美元贬值急剧强劲、有效地刺激美国本国产出增长，而金融危机前时期与后期美元贬值对美国产出有负面效应。在后金融危机时期，中国积极参与国际货币政策协调，实施"4万亿"经济计划，中国人民银行逐步建立了货币政策和宏观审慎政策双支柱调控框架，这都弱化了美元贬值对中国产出影响。

总体上，美国加息对中国产出有正面作用，金融危机时期该效应显著增强。美元贬值对中国产出影响不显著，中国人民银行双支柱调整框架、货币政策利率走廊操作框架等制度建设，都弱化了美元贬值对中国产出影响。

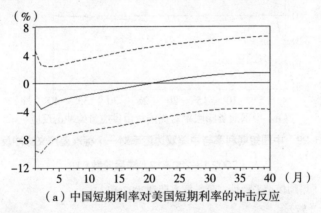

（a）中国短期利率对美国短期利率的冲击反应

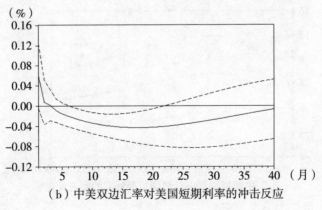

（b）中美双边汇率对美国短期利率的冲击反应

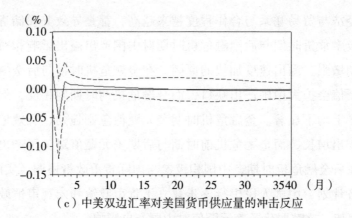

（c）中美双边汇率对美国货币供应量的冲击反应

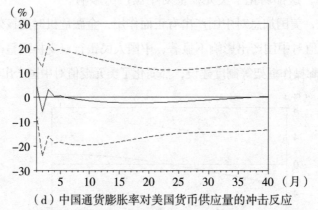

（d）中国通货膨胀率对美国货币供应量的冲击反应

图6-29　中国短期利率与中美双边汇率对一个标准差广义脉冲反应

（2002.1—2007.12，滞后阶数1）

注：为了增加模型平稳性，延长样本期到2007年12月。

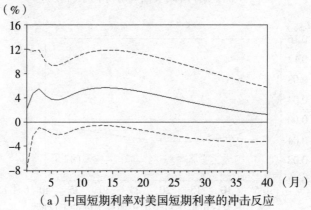

（a）中国短期利率对美国短期利率的冲击反应

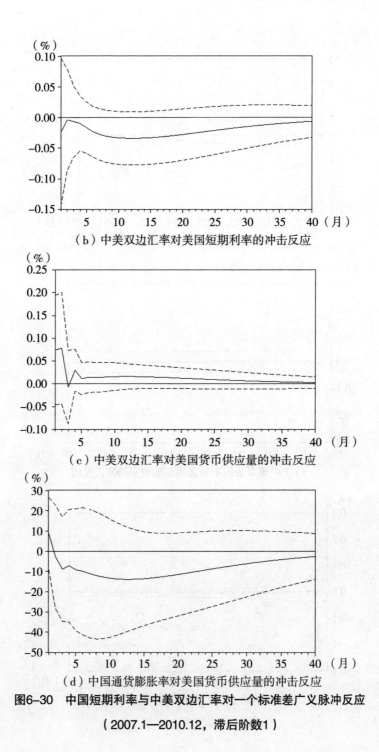

（b）中美双边汇率对美国短期利率的冲击反应

（c）中美双边汇率对美国货币供应量的冲击反应

（d）中国通货膨胀率对美国货币供应量的冲击反应

图6-30　中国短期利率与中美双边汇率对一个标准差广义脉冲反应

（2007.1—2010.12，滞后阶数1）

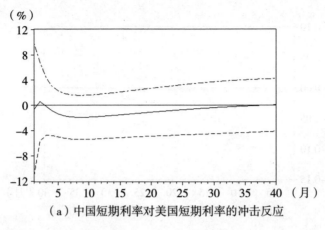

（a）中国短期利率对美国短期利率的冲击反应

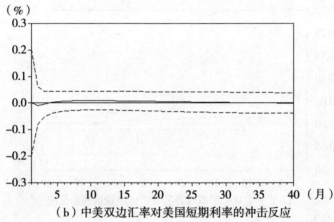

（b）中美双边汇率对美国短期利率的冲击反应

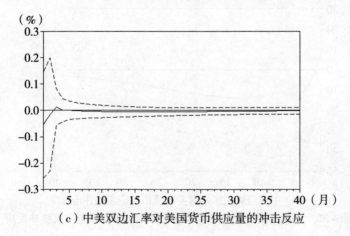

（c）中美双边汇率对美国货币供应量的冲击反应

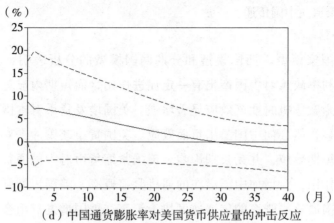

（d）中国通货膨胀率对美国货币供应量的冲击反应

图6-31　中国短期利率与中美双边汇率对一个标准差广义脉冲反应

（2011.1—2019.12，滞后阶数1）

图6-29、图6-30、图6-31给出了金融危机前时期（2002—2006）、金融危机时期（2007—2010）、后金融危机时期（2011—2019）的中国短期利率与中美双边汇率对美国短期利率与货币供应量的冲击反应曲线。对比图6-29、图6-30、图6-31与整个样本期图6-25反应曲线，可以看出，金融危机时期，中国与美国短期利率的联动程度高，美国利率调整向中国传递速度快、程度高。这是因为金融危机时期间，国际利率政策协调降息，两大经济体的利率政策同步性高。特别是后金融危机时期，人民币汇率形成机制改革持续深化，汇率弹性增强，扩大了中国人民银行利率政策操作空间，中国与美国利率政策联动程度相对降低。金融危机时期与后金融危机时期，美国加息、增发货币对人民币对美元汇率影响显著小于金融危机前时期。后金融危机时期美国增发货币会急剧推升中国通货膨胀率，美国货币宽松通过价格渠道传导到中国。美国增发货币，会推高美国物价与全球商品价格，向中国输入通货膨胀，在一定程度上降低了人民币购买力，人民币存在"外升内贬"潜在压力。这与陈虹、马永健（2016）研究结果相一致，即美国量化宽松政策并不能导致金砖国家货币升值，这些国家在"金融危机"后货币存在"外升内贬"的现象。[1]美国货币政策主要通过汇

---

① 陈虹，马永健.美国量化宽松货币政策与退出效应及其对中国的影响研究[J].世界经济研究，2016（6）：22—31+134.

率与价格渠道向中国传递。

5. 小结

单一国家模型、两国模型和分期两国模型的分析表明，总体上，美国紧缩利率政策对中国产出有一定促进作用，而短期内显著抑制了美国产出，金融危机时期该效应显著增强。美国增发货币对本国产出刺激作用不明显，但会向中国溢出负面效应。美国货币政策冲击对中国产出影响都是短期效应，并无长期影响。美国紧缩货币对中国通货膨胀率有一定抑制作用，会增加中国潜在的通货紧缩概率。美国短期利率与增发货币向中国通货膨胀率的传递速度快于汇率。美国增发货币会向中国输入通货膨胀，在一定程度上降低了人民币购买力，人民币存在"外升内贬"潜在压力。美国传统货币政策的冲击效应主要通过汇率、利率、价格渠道传导至中国。经济正常期，特别是后金融危机时期，人民币汇率形成机制改革持续深化，特别是人民币加入SDR篮子货币，汇率弹性增强，中国货币政策前瞻性增强，美国货币政策对中国经济的影响呈弱化态势。

五、美国货币政策对英国经济的影响

（一）变量选取、数据说明及处理

扩展美国基准模型，利用2002—2019年美国与英国宏观经济变量的月度数据，构建并估计涵盖美国与英国变量的向量自回归模型，考察美国货币政策对英国经济的影响效应。模型包括变量（y^k，p^k，i^k，m^k，e^{uk}，y^u，p^u，i^u，m^u），其中，有"k""u"上标的变量分别为英国与美国变量。美国变量与前面一致。英国产出缺口（y^k）用英国工业生产指数（index2015=100）与其Hodrick-Prescott滤波处理后的趋势值之差表示，通货膨胀率（p^k）用包括英国所有项目的消费价格指数的上年同期增长率表示，短期利率（i^k）用英国银行间拆借利率（30或90天）表示，货币供应量（m^k）用取自然对数并差分处理后的M3表示，e^{uk}用美元对英镑汇率（美元/英镑）表示，e^{uk}上升表示美元贬值，英镑升值。相关数据来自美联储经济研究局数据库（Federal Reserve Economic Data）[①]。

序列y^k、m^k的ADF平稳性检验在1%的统计水平上，序列p^k的ADF平稳性检验在5%的统计水平上，序列i^k、e^{uk}的ADF平稳性检验在10%统计水平上，显著且平稳，进入向量自回归模型中。同时，为了估计VAR模型，根据AIC准则选择滞后阶数为2。

（二）脉冲响应方程

英国、美国两大经济体向量自回归模型动态分析采用广义脉冲响应函数实现。重点考察了英国宏观经济变量对美国联邦基金利率（i^k）、货币供应量（m^k）与英美双边汇率（e^{uk}）（美元/英镑）的冲击反应，同时也分析了英国货币政策变量对美国经济的影响。估计结果见图6-32、图6-33。

1. 产出的脉冲响应

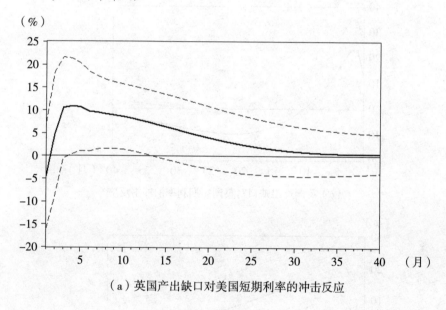

（a）英国产出缺口对美国短期利率的冲击反应

---

① https://fred.stlouisfed.org/about.html.

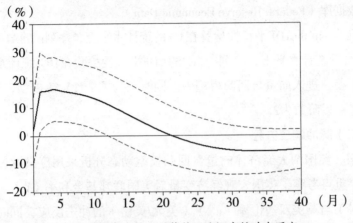

（b）英国产出缺口对英美双边汇率的冲击反应

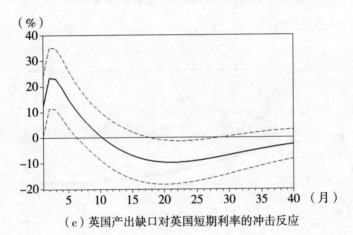

（c）英国产出缺口对英国短期利率的冲击反应

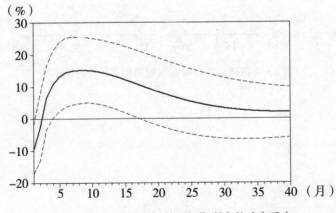

（d）美国产出缺口对美国短期利率的冲击反应

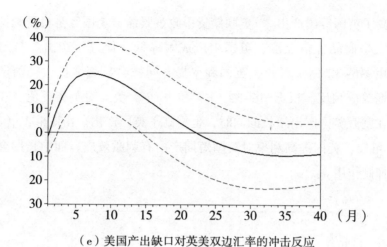

（e）美国产出缺口对英美双边汇率的冲击反应

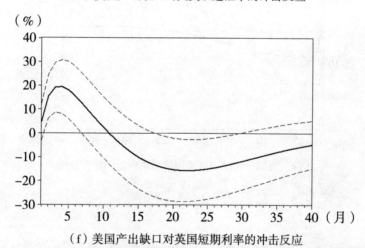

（f）美国产出缺口对英国短期利率的冲击反应

图6-32 美国、英国产出缺口对一个标差广义脉冲反应

（2002.1—2019.12，滞后阶数2）

图6-32描述了英国产出缺口对一个标准差的美国联邦基金利率（i^k）与英美双边汇率（e^{uk}）的冲击反应，以及美国产出缺口对英国政策利率的冲击反应。从图6-32（a）和（d）可以看出，美国提高利率，在第3—12期，显著持久地扩大了英国产出缺口，对英国产生了正向溢出效应，而对当期美国产出有显著抑制作用。这表明美国利率政策调整向英国传递速度快、程度高，这与传统国际经济理论预期相一致。Kazi et al.（2013）的实证研究发现，美国紧缩货币政策冲击会降低美国产出，

但提高了英国等国产出。①美联储货币政策紧缩，美国经济将受到抑制，阻止大宗商品价格上涨，英国生产成本降低，促进了产出。与此相对应，由图6-32（f）可知，英国利率提升同样会显著地扩大美国产出，而长期效应相反。根据图6-32（b）和（e），美元对英镑贬值，在中短期，在刺激美国产出增长的同时，也推高了英国产出。由图6-32（c）和（f）可知，英国提高利率对英国短期产出有刺激效应，而中长期会产生显著抑制作用。

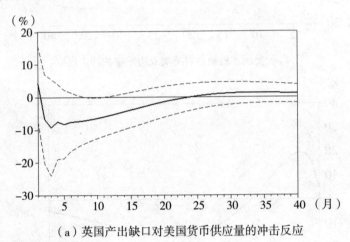

（a）英国产出缺口对美国货币供应量的冲击反应

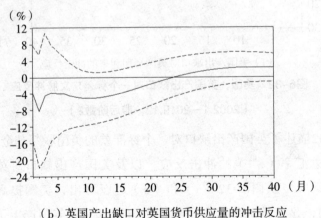

（b）英国产出缺口对英国货币供应量的冲击反应

---

① Kazi I A，Wagan H，Akbar F. The changing international transmission of U.S.monetary policy shocks：Is there evidence of contagion effect on OECD countries[J].Economic Modelling，2013，30（1）：90–116.

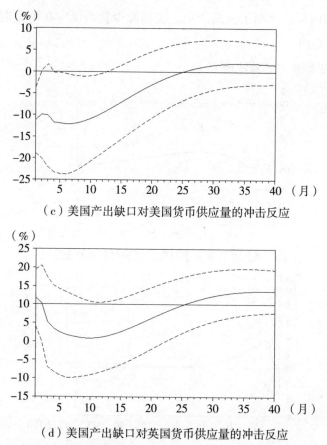

（c）美国产出缺口对美国货币供应量的冲击反应

（d）美国产出缺口对英国货币供应量的冲击反应

图6-33　英国、美国产出缺口对货币供应量的一个标准差广义脉冲反应

（2002.1—2019.12，滞后阶数2）

图6-33描述了英国产出缺口、美国产出缺口对一个标准差的美国货币供应量、英国货币供应量的冲击反应。从图6-33（a）可以看出，对于美国宽松货币的一个标准差正向冲击，在当期提升中国产出之后，在第3—23期对英国产出缺口产生了显著的负面影响，降低了英国收入水平。图6-33（b）表明英国增加货币供应，实施宽松货币政策，在第1—25期对英国产出微弱的负面作用，之后才显著推高了英国产出，英国增发货币向本国产出传导的速度较慢。由图6-33（c）和（d）表明，美国产出对两国增加货币在中短期内均产生了显著的负面效应。

总之，在英美两国模型中，美国提升政策利率对英国产出有正向作用，而短期内显著抑制了美国产出。美国减少货币供应在中短期对两国产出均有刺激作用。

2. 通货膨胀率的脉冲响应

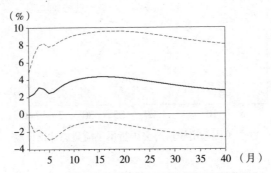

（a）英国通货膨胀率对美国短期利率的冲击反应

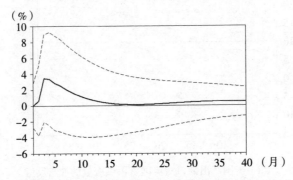

（b）英国通货膨胀率对美国货币供应量的冲击反应

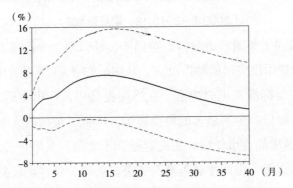

（c）英国通货膨胀率对英美双边汇率的冲击反应

图6-34　英国通货膨胀率对一个标准差广义脉冲反应

（2002.1—2019.12，滞后阶数2）

图6-34描述了英国通货膨胀率对美国短期利率、货币供应量与英美双边汇率的冲击反应。从图6-34（a）可以看出，对于给定美国短期利率一个标准差正向冲击，即美国紧缩货币，急剧持久地推高了英国通货膨胀率。这与Maćkowiak（2007）、Neri and Nobili（2010）、Canova（2015）的分析结果相一致，即美国紧缩货币政策会推高欧盟等国家的通货膨胀率。图6-34（b）表明，美国货币增发，短期内会向英国输入性通货膨胀，在一定程度上降低了英镑实际购买能力，但一般统计水平上不显著。由图6-34（c）可知，美元贬值，与美国加息效应相同，会持久地推动英国通货膨胀。美元作为大宗商品的主要定价货币，美元的币值波动也会造成大宗商品价格上涨，向英国输入通货膨胀。相对而言，美元贬值对英国通货膨胀影响较大。总之，美国利率上升、美元贬值与增发货币均会推高英国通货膨胀率。相比较而言，美元贬值对英国通货膨胀影响更大，而货币增发对英国的通货膨胀影响时间相对短。

3. 双边汇率、短期利率的脉冲响应

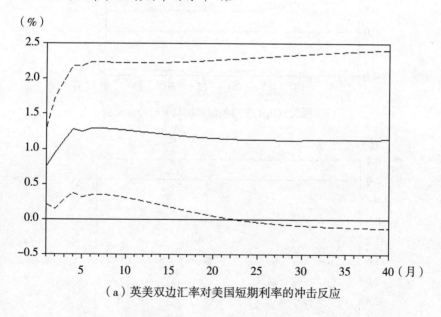

（a）英美双边汇率对美国短期利率的冲击反应

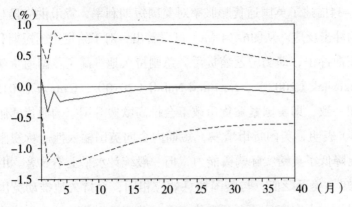

（b）英美双边汇率对美国货币供应量的冲击反应

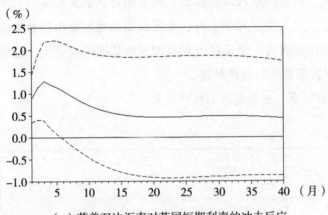

（c）英美双边汇率对英国短期利率的冲击反应

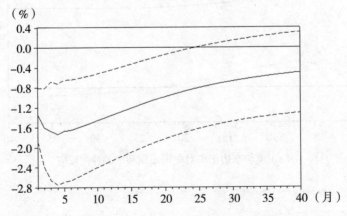

（d）英美双边汇率对英国货币供应量的冲击反应

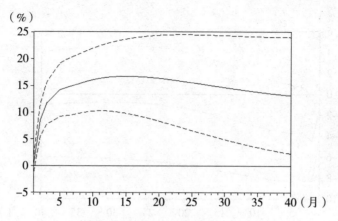

（e）英国短期利率对美国短期利率的冲击反应

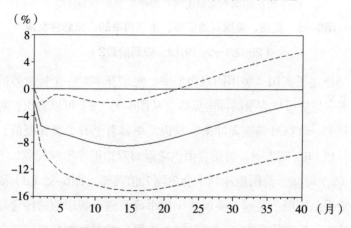

（f）英国短期利率对英国货币供应量的冲击反应

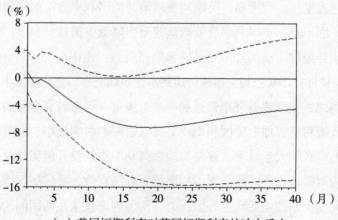

（g）美国短期利率对英国短期利率的冲击反应

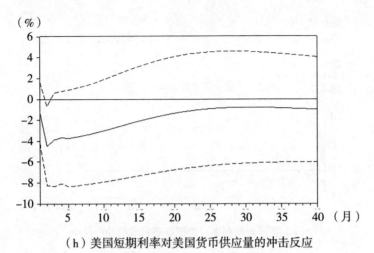

（h）美国短期利率对美国货币供应量的冲击反应

图6-35 英国、美国双边汇率、短期利率的广义脉冲反应

（2002.1—2019.12，滞后阶数2）

图6-35描述了英国、美国的双边汇率、短期利率对一个标准差的英国、美国短期利率与货币供应量的冲击反应。从图6-35（a）可以看出，对于给定美国短期利率一个标准差正向冲击，双边汇率显著上升，美元贬值，英镑升值。而图6-35（b）则表明，美国货币供应量对双边汇率影响较弱、不显著。由图6-35（c）可知，英国短期利率会急剧升值英镑，图6-35（d）则表明，英国增发货币急剧贬值英镑，英国传统货币政策向英镑币值的传递时间短、影响大而持久。比较图6-35（e）和（g）可得，美国短期利率调整向英国短期利率传递速度快、程度高，英国利率政策与美国利率政策的同向联动程度高，反之，则不然，英国利率政策调整甚至会降低美国政策利率。这是美元在全球的主导地位与英美经济贸易联系紧密所致。由图6-35（f）和（h）可知，两大经济体货币扩张均会迅速传递到本国短期利率，急剧降低本国利率。

总而言之，美国提升利率通过利率政策渠道，迅速较完全地溢出到英国提升英国政策利率，加上美国利率政策对双边汇率影响较小，而英国利率政策对双边汇率影响大且显著，致使美国提高利率不但没升值美元反而使其贬值。英国为两国货币供应量向本国利率传导顺畅有效，导致美国增发货币没有贬值美元，反而使美元产生升值压力。两国利率政策在两国间的传递不具有对称性，美国货币政策向英国传递的速度快，程度高，反之则不然。

4. 不同时期对比

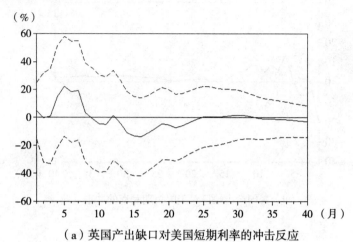

（a）英国产出缺口对美国短期利率的冲击反应

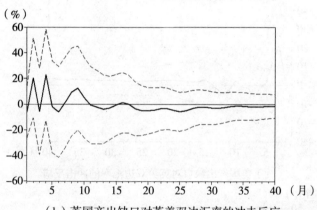

（b）英国产出缺口对英美双边汇率的冲击反应

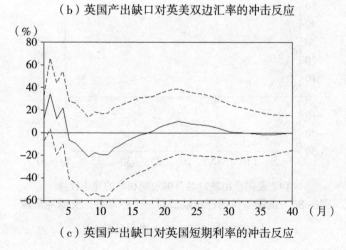

（c）英国产出缺口对英国短期利率的冲击反应

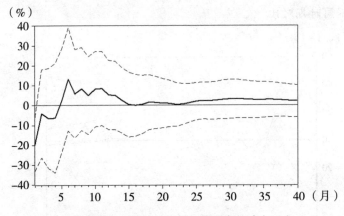

（d）美国产出缺口对美国短期利率的冲击反应

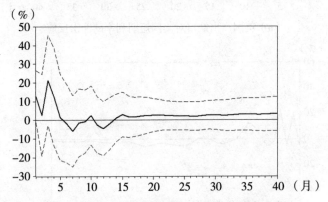

（e）美国产出缺口对英美双边汇率的冲击反应

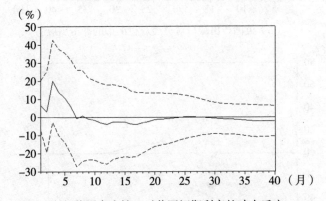

（f）美国产出缺口对英国短期利率的冲击反应

图6-36　美国与英国产出缺口对一个标准差广义脉冲反应

（2002.1—2006.12，滞后阶数4）

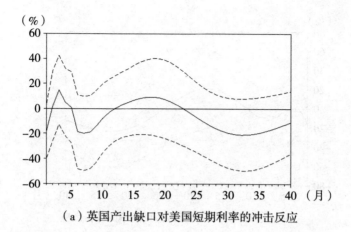

（a）英国产出缺口对美国短期利率的冲击反应

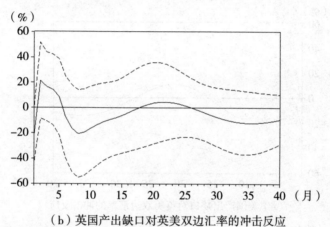

（b）英国产出缺口对英美双边汇率的冲击反应

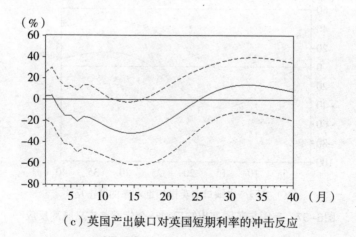

（c）英国产出缺口对英国短期利率的冲击反应

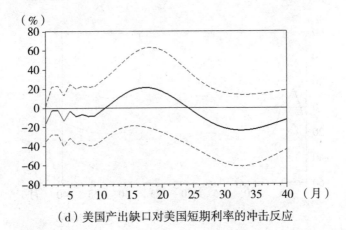

（d）美国产出缺口对美国短期利率的冲击反应

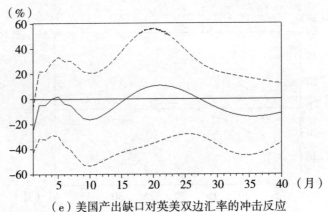

（e）美国产出缺口对英美双边汇率的冲击反应

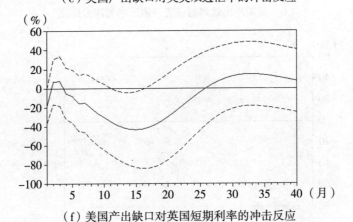

（f）美国产出缺口对英国短期利率的冲击反应

图6-37　美国与英国产出缺口对一个标准差广义脉冲反应

（2007.1—2010.12，滞后阶数2）

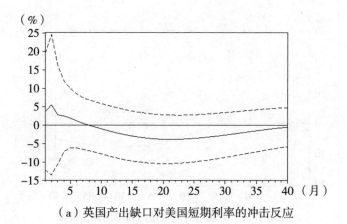

（a）英国产出缺口对美国短期利率的冲击反应

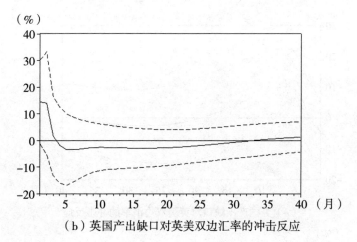

（b）英国产出缺口对英美双边汇率的冲击反应

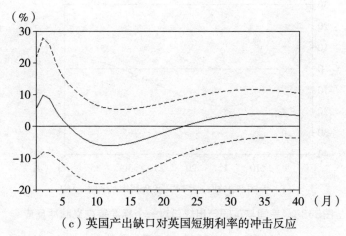

（c）英国产出缺口对英国短期利率的冲击反应

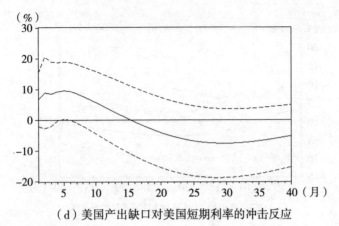

（d）美国产出缺口对美国短期利率的冲击反应

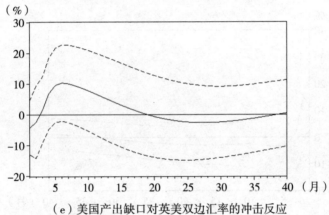

（e）美国产出缺口对英美双边汇率的冲击反应

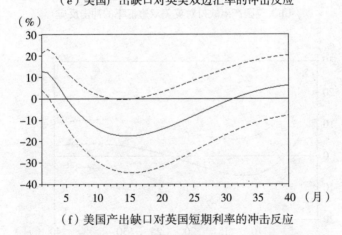

（f）美国产出缺口对英国短期利率的冲击反应

图6-38　美国与英国产出缺口对一个标准差广义脉冲反应

（2011.1—2019.12，滞后阶数2）

图6-36、图6-37、图6-38给出的金融危机前时期（2002—2006）、金融危机时期（2007—2010）、后金融危机时期（2011—2019）的美国与英国产出缺口对两大经济体短期利率以及双边汇率的冲击反应曲线。

对比图6-36、图6-37、图6-38与整个样本期图6-32反应曲线可知，金融危机时期美国政策利率提高，在当期对英国产出有抑制作用。在金融危机前时期与后金融危机时期，美国政策利率提高均对英国产出有一定刺激作用，但金融危机前时期较后金融危机时期刺激效应相对强。这主要是由于后金融危机时期，美国在全球经济与双边贸易的地位逐渐下降。金融危机前时期，美国利率政策对本国产出的调控水平，显著高于其他两期，美国金融危机时期、后金融危机时期的低利率政策限制了传统价格型货币政策的作用空间。金融危机时期英国降低利率对产出的刺激作用显著提升。后金融危机时期美元贬值在当期显著扩大了英国产出缺口，这与前两期的抑制作用形成鲜明对比，同时对美国产出的刺激作用明显弱化。总体上，美国加息对英国产出有正面作用，但后金融危机时期，这种正面效应显著变小。后金融危机时期美元贬值在当期显著扩大了英国产出缺口，而对美国产出的刺激作用明显弱化。

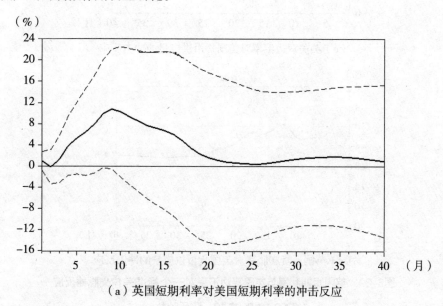

（a）英国短期利率对美国短期利率的冲击反应

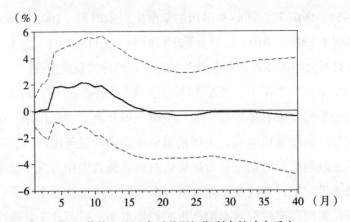

（b）英美双边汇率对美国短期利率的冲击反应

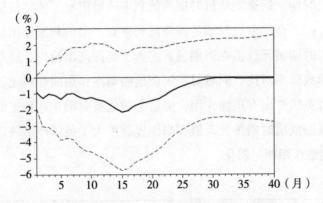

（c）英美双边汇率对美国货币供应量的冲击反应

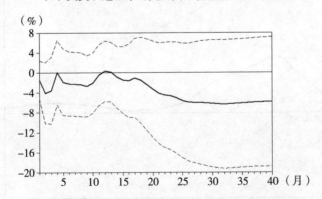

（d）英国通货膨胀率对美国货币供应量的冲击反应

图6-39　英国短期利率与英美双边汇率对一个标准差广义脉冲反应

（2002.1—2006.12，滞后阶数4）

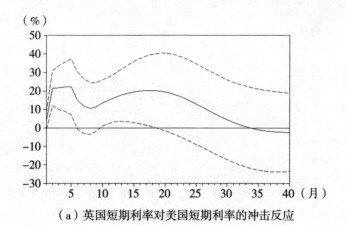

（a）英国短期利率对美国短期利率的冲击反应

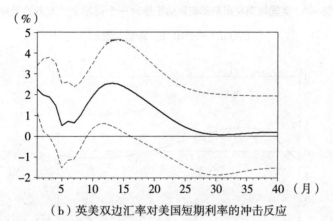

（b）英美双边汇率对美国短期利率的冲击反应

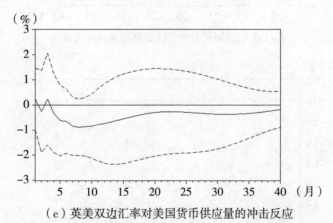

（c）英美双边汇率对美国货币供应量的冲击反应

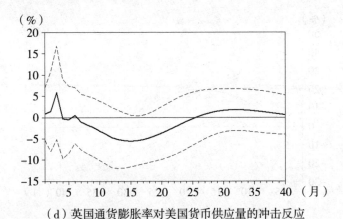

（d）英国通货膨胀率对美国货币供应量的冲击反应

图6-40　英国短期利率与英美双边汇率对一个标准差广义脉冲反应

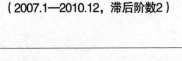

（2007.1—2010.12，滞后阶数2）

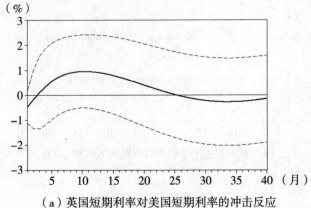

（a）英国短期利率对美国短期利率的冲击反应

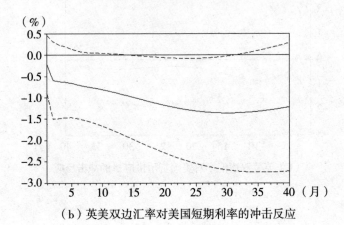

（b）英美双边汇率对美国短期利率的冲击反应

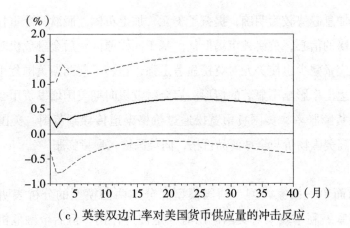

（c）英美双边汇率对美国货币供应量的冲击反应

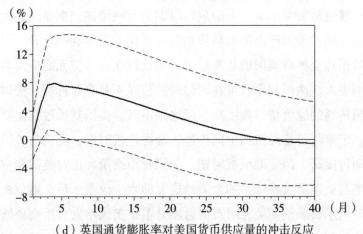

（d）英国通货膨胀率对美国货币供应量的冲击反应

图6-41　英国短期利率与英美双边汇率对一个标准差广义脉冲反应

（2011.1—2019.12，滞后阶数2）

图6-39、图6-40、图6-41给出了金融危机前时期（2002—2006）、金融危机时期（2007—2010）、后金融危机时期（2011—2019）的英国短期利率与英美双边汇率对美国短期利率与货币供应量的冲击反应曲线。对比图6-39、图6-40、图6-41与整个样本期图6-35反应曲线，可以看出，在金融危机时期，英国与美国短期利率的联动程度高。这是因为金融危机时期间，国际利率政策协调降息，两大经济体的利率政策同步性高。后金融危机时期，美国提升利率显著地降低了美元对英镑汇率，使美元对英镑急剧升值。这是因为后金融危机时期美国经济基本面较快转好，美国利率货币政策正常化，

美国渐进加息趋势较为明确，提振了美元，加上英国"脱欧"严重打击了市场对于英镑的信心，英镑被市场低估。基于同样原因，后金融危机时期，美国货币供应量减少也使美元对英镑显著走强，扭转了前两期美国货币供应量冲击对双边汇率影响不显著的情形。后金融危机时期美国增发货币会急剧推升英国通货膨胀率，美国货币宽松通过价格渠道传导到英国。美国增发货币，会推高美国物价与全球商品价格，向英国输入通货膨胀。

5. 小结

从前面单一国家模型、两国模型和分期两国模型的分析表明，总体上，美国紧缩利率政策对英国产出有一定促进作用，但后金融危机时期，这种正面效应显著变小。后金融危机时期美元贬值在当期显著扩大了英国产出缺口，而对美国产出的刺激作用明显弱化。美国利率上升、美元贬值与增发货币均会推高英国通货膨胀率。相比较而言，美元贬值对英国通货膨胀影响更大。两国利率政策在两国间的传递不具有对称性，美国货币政策向英国传递的速度快，程度高，反之则不然。美国货币政策主要通过利率政策、汇率与价格渠道向中国传递。金融危机时期，英国与美国短期利率的联动程度高。后金融危机时期，美国货币政策冲击对英国利率政策、双边汇率与英国通货膨胀率的影响效应方向发生改变。后金融危机时期，美国提升利率显著地使美元对英镑急剧升值，美国增发货币会急剧推升英国通货膨胀率，美国货币供应量减少也使美元对英镑显著走强，扭转了前两期美国货币供应量冲击对双边汇率影响不显著的情形。

第二节 日本货币政策的溢出效应

一国货币政策目标主要包括经济增长、充分就业、物价稳定与国际收支平衡。开放条件下，一国的货币政策对本国经济产生影响的同时，也对其他国家产生溢出效应。2008年金融危机爆发后，各国为刺激经济增长纷纷采用扩张性的货币政策，加速了国际资本流动。2012年日本提倡"安倍经济学"，进一步实施量化宽松政策，甚至是超宽松货币政策。一国的货币政策将会通过汇率和价格渠道，产生支出转换效应和吸收吸入效应，从而影响其他国家的产出和价格。①日元的快速贬值和日本扩张性的货币政策究竟会如何影响本国经济，并对世界其他主要经济体产生溢出效应？因此，本研究从日本的利率和基础货币入手，采用2000年1月至2019年12月的数据，构建日本扩张性货币政策对本国、美国、欧元区、英国和中国的向量自回归模型，检验不同货币政策的溢出效应。

目前国内外大部分研究仍集中在美国货币政策的影响中，对日本的研究相对较少。Dekle and Hamada（2015）、Fukuda（2015、2017、2018）、Kawai（2015）等研究均表明，日本的量化宽松货币政策的溢出效应与美国相比有较大的不同。Dekle and Hamada（2015）基于两国与多国VAR模型，发现日本宽松的货币政策将对本国和其他国家均产生正溢出效应。Liu et al.（2017）采用FAVAR模型分析，发现日本货币政策冲击的全球溢出效应较小。Fukuda（2017）、Giovanni and NourTawk（2019）分别采用GARCH模型、GVAR 模型研究了日本货币政策对亚洲资本市场的溢出效应。此外，张伊丽（2020）重点分析2008年金融后金融危机时期日本的宽松货币政策对东亚地区股票市场的正溢出效应。吴玲（2019）构建时变效应模型，认为日本货币政策在经济繁荣和萧条时的传导渠道分别为资本与金融账户和经常账户。陈雨萱和杨少华（2018）认为，不同国家的货币政策溢出效应呈不对称性，分别分析了美国、日本、欧元区和英国对中国产出的影响。王永茂（2011）采用VEC模型和广义脉冲响应分析日本量化宽松政策的利率传导机制。梁斯和郭兰玉（2015）、何国华和彭意（2014）采用SVAR模型分别分析日本货币政策对中韩、中美的溢出效应，李彬和邓美薇（2015）也采用SVAR模型分析汇率传导机制，发现日本扩张性货币政策对中国产出具有负溢出效应。王晶（2019）也发现在日本非常规货币政策的冲击下，降低了中国的产出增长。但王晗（2017）采用VAR模型分析了日本的货币政策对中国总产出只具有短期影响。王若涵和阮加（2020）采用TVP-VAR 模型，

---

① 多恩布什，费布尔，斯塔兹. 宏观经济学（第十二版）[M]. 王志伟，译. 北京：中国人民大学出版社，2017：424—433.

进一步对不同规模企业的产出受到日本货币政策冲击的影响进行分析。

一、日本货币政策的向量自回归模型

（一）变量选取、数据说明及处理

研究根据 Sims（1980）提出向量自回归模型分析日本货币政策对日本经济的影响，采用2000年1月至2019年12月日本产出缺口（y^j）、利率（i^j）、基础货币供应量（m^j）、通货膨胀率（p^j）、日元汇率（e^j）五个变量的月度数据（见表6-1），个别缺失值采用算术平均法补齐。

表6-1　日本变量选取及含义

国家	产出缺口 y^j	通货膨胀率 p^j	利率 i^j	基础货币 m^j	日元汇率（e）^{j}
日本（j）	产出缺口（%）	消费价格指数增长率（%）	贷款和折扣的平均合同利率（%）	货币存量的变化（%）	取自然对数并差分处理后的一美元等于多少日元
数据来源	（f）R（e）（d）数据库	（f）R（e）（d）数据库	日本中央银行	日本中央银行	（f）R（e）（d）数据库

一般用一国利率和货币供应量来代表一国货币政策。对于日本的短期利率（i^j），本研究没有采用隔夜拆借利率的数据，而是采用每月日本的贷款和折扣的平均合同利率（从日本中央银行获得）。主要由于隔夜拆借利率在2000—2006年以及2009年之后都趋向于0，不能更准确地用于研究。货币供应量（m^j）采用的是对货币存量变化率进行差分，主要由于日本央行在2003年启用了新的货币存量统计标准，因此采用货币存量数据将不利于更好地研究。因此在本研究中分别采用日本贷款和折扣的平均合同利率和货币存量的变化率作为日本货币政策的代理变量。日本通货膨胀率（p^j）用消费价格指数（含所有产品）同期增长率表示，汇率（e^j）采用取自然对数并差分处理后的日元对美元的汇率（日元/美元）。日本产出缺口（y^j）定义为（$y-y^*$），y采用日本工业生产指数（不含建筑业，index2015=100）表示真

实产出，对y进行季节调整和Hodrick–Prescott滤波处理后得到趋势序列，用以表示潜在产出y*。

对变量采用ADF检验，发现日本产出缺口（y^j）、通货膨胀率（p^j）、短期利率（i^j）均在5%的水平下显著且稳定，货币存量变化率和汇率数据不显著，因此对货币存量变化率进行差分、对汇率取自然对数后差分，并分别作为货币供应量（m^j）和汇率（e^j）的代理变量与产出缺口（y^j）、通货膨胀率（p^j）、短期利率（i^j）一同进入模型。根据AIC、SC和HQ准则选择最优滞后阶数为3。对模型进行AR根倒数分布检验，发现所有点均位于单位圆内，所有的特征根模的倒数均小于1。再对日本本国VAR模型进行Johansen协整，在5%水平下，秩（迹）检验和最大特征值检验均表明模型中存在4个协整关系。

（二）脉冲响应方程

对2000年1月至2019年12月日本产出缺口（y^j）、通货膨胀率（p^j）、短期利率（i^j）、货币供应量（m^j）和汇率（e^j）建立日本向量自回归模型，研究采用Pesaran and Shin（1998）的广义脉冲响应方法，以避免由于向量次序不同而导致的不同结果，保留40期结果。通过脉冲响应函数分析，考察日本货币政策［短期利率（i^j）和货币供应量（m^j）］的冲击，对日本宏观经济［产出缺口（y^j）、通货膨胀率（p^j）和汇率（e^j）］产生的影响（见图6-42）。

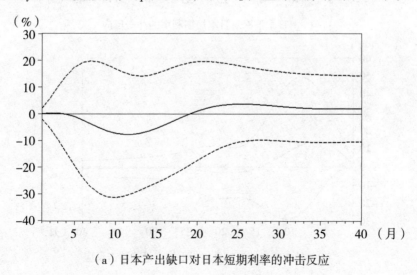

（a）日本产出缺口对日本短期利率的冲击反应

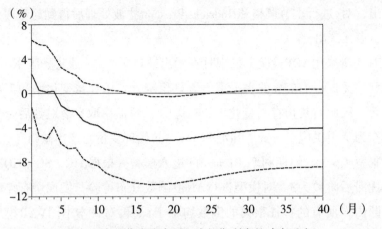

（b）日本通货膨胀率对日本短期利率的冲击反应

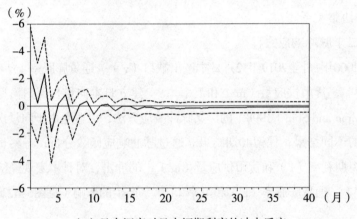

（c）日本汇率对日本短期利率的冲击反应

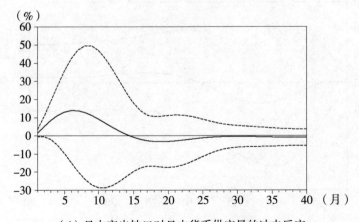

（d）日本产出缺口对日本货币供应量的冲击反应

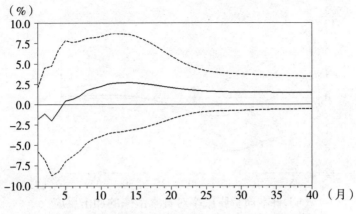

（e）日本通货膨胀率对日本货币供应量的冲击反应

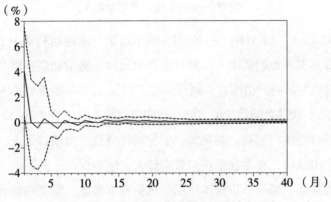

（f）日本汇率对日本货币供应量的冲击反应

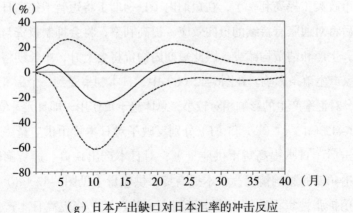

（g）日本产出缺口对日本汇率的冲击反应

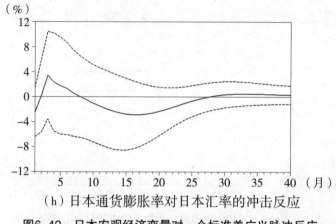

（h）日本通货膨胀率对日本汇率的冲击反应

图6-42　日本宏观经济变量对一个标准差广义脉冲反应

（2000.1—2019.12，滞后阶数3）

图6-42（a）-（b）和（c）分别反映了给定日本短期利率一个标准差正向冲击（日本提高短期利率），对日本产出缺口、通货膨胀率以及汇率产生40期的影响情况。对产出而言，据图6-42（a），在日本提高短期利率后，前4期对日本产出缺口影响趋于0，在5—18期将对缩小日本产出缺口，其中在11期对产出缺口的负向影响达到最大；中长期将导致产出缺口为正，第19期将拉大日本产出缺口，在第26期正向效应最大，随后保持正向影响。说明日本短期利率的提高，每一单位资本使用的机会成本增加，短期内将会减少投资和消费，将在中短期对产出产生明显的紧缩效果。如图6-42（b）所示，紧缩性货币政策（提高利率），在短期内（1—4期）将短暂地提高日本通胀水平，随后将对通胀有持续的负向效应。提高利率，将会抑制投资与消费，增加储蓄，生产和消费均减少，因此短期内物价将会上升，中长期将会下降，并对国家产生萧条影响。在图6-42（c）中，日本利率受到一个标准正单位的冲击后，对汇率产生的影响相对较小，总体趋于负作用，即日元升值。

图6-42（d）、（e）和（f）分别反映了对日本货币供应量一个标准差正向冲击后（日本提高货币供应量），对日本产出缺口、通货膨胀率以及汇率产生40期的影响情况。日本提高货币供应量［见图6-42（d）］后，即日本采用扩张性货币政策，在中短期内（前14期）将提高日本产出，在第6期对产出提升效果最大，在14期趋于0；中长期将减少产出，在第20期对

产出的负向效应最大，从28期开始趋于0。如图6-42（d）所示，增加日本货币供应量，在短期内（1—5期）将对通胀有抑制作用，随后均呈促进作用。基础货币投入的增加，将使物价上涨，长期将造成通货膨胀。图6-42（f）显示，货币供应量受到一个标准正单位的冲击后，对日本汇率的影响相对较小，总体趋于正效应，即日元贬值。增加货币供应量对产出、通胀和汇率的影响与降低短期利率的影响大体相同。

图6-42（g）和（h）分别反映了对日本汇率一个标准差正向冲击后（一美元可兑换更多的日元，日元贬值），对日本产出缺口和通货膨胀率产生40期的影响情况。日元的贬值，如图6-42（g），在短期内（1—5期）促进了日本产出增长；在中期（6—19期）抑制了日本产出增长；在长期（20—32期）促进了日本产出增长。根据马歇尔—勒纳条件，日元的贬值一方面将有利于本国商品的出口，提升出口商品的价格竞争力，有利于改善日本的贸易条件，但促使了进口商品的日元价格相对上升，进口减少出口增加，从贸易逆差转为贸易顺差，短期内促使产出增加。另一方面日元的贬值使货币购买力下降，从而导致产出降低。从图6-42（h）可以发现，日元贬值在2期内将短暂抑制通胀，在3—8期内将促进通胀，中长期（9—27期）将继续抑制通胀。

综上，在日本的本国模型中，日本价格型货币政策（降低利率或提高利率）和数量型货币政策（增加货币供应量或减少货币供应量）对日本宏观经济产生的影响类似。其中，扩张性货币政策（降低利率和增加货币供应量）均会在中短期内提高产出，长期内抑制产出；短期内抑制通胀，长期内促进通胀。2008年世界金融后金融危机时期，日本采用了量化宽松的货币政策，其他国家也采用了量化宽松的政策。再考虑到汇率的变化对贸易状况也具有滞后效应，由于利率下降初期，消费和生产仍具有"黏性"，因此扩张性货币政策所引起的日元贬值，不会立刻改善一国的国际收支情况。

二、日本货币政策对美国经济的影响

（一）变量选取、数据说明及处理

2019年，美国是日本的第二大货物贸易伙伴，第一大出口贸易国和第二进口来源国。美国一直是日本重要的贸易伙伴，因此日本的货币政策同样将对美国产生不同程度的影响。在日本本国VAR模型的基础上，加入2000年1月至2019年12月美国产出缺口（y^u）、利率（i^u）、基础货币供应量（m^u）和通货膨胀率（p^u）四个变量，建立模型考察日本货币政策对美国经济的影响。

表6-2 美国变量选取及含义

国家	产出缺口y^u	通货膨胀率p^u	利率i^u	基础货币m^u
美国（u）	产出缺口（%）	消费价格指数增长率（%）	美国联邦基金利率（%）	对M2（十亿美元）取自然对数后差分

美国短期利率（i^u）采用衡量美国银行间隔夜拆借利率的联邦基金利率数据，通货膨胀率（p^u）用消费价格指数（含所有产品）增长率表示，对美国M2供应量取自然对数后差分作为基础货币供应量（m^u）的代理变量。美国产出缺口（y^u）定义为美国工业生产指数（index2012=100，已季节调整）的真实产出与HP滤波处理后的趋势值之差。数据均来源于FRED数据库，个别缺失值采用算术平均法补齐。

采用ADF检验法对变量进行稳定性检验，发现美国产出缺口（y^u）、利率（i^u）和通货膨胀率（p^u）均在5%的水平下显著且稳定，直接进入模型。M2数据不显著，因此对M2取自然对数后进行差分，作为货币供应量（m^u）的代理变量进入模型。根据AIC准则选择最优滞后阶数为3，通过AR根倒数分布检验，发现所有点均位于单位圆内。对两国VAR模型进行Johansen协整发现，在5%水平下，秩（迹）检验和最大特征值检验分别表明模型中存在5个和4个协整关系。

（二）脉冲响应方程

采用广义脉冲响应函数对日本和美国向量自回归模型进行研究，保留40期结果。重点分析美国宏观经济变量对日本货币政策的冲击反应，反之也考察了美国货币政策对日本经济的影响。

1. 产出缺口的脉冲响应

图6-43（a）至（c）和（d）至（f）显示了日本短期利率（i^j）、汇率（e^j）和美国短期利率（i^u）分别受到一个标准差正向冲击后，对日本产出缺口（y^j）和美国产出缺口（y^u）的影响情况。图6-43（a）显示日本短期利

率的提高将短暂地促进日本产出，中长期将持续地抑制产出，后一结论与日本本国VAR不同。图6-43（d）显示日本利率的提高在短期内（前10期）对美国产出具有正溢出效应，中长期具有持久的负溢出效应，这与其对日本本国产出的影响相似。说明日本货币政策的调整对美国产出传递迅速，但影响不具有持久性。图6-43（b）结果与日本本国VAR模型结果相似，日元的贬值短暂地提高了日本产出，中期起抑制作用，长期提高。图6-43（e）显示美元的升值将短暂地提高美国产出，随后抑制产出，长期影响将趋于0。图6-43（c）和（f）显示美国收紧货币政策，提高短期利率时，将对日本和美国的产出都产生持续的正向影响。

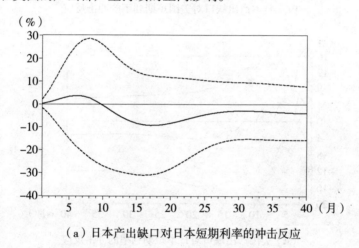

（a）日本产出缺口对日本短期利率的冲击反应

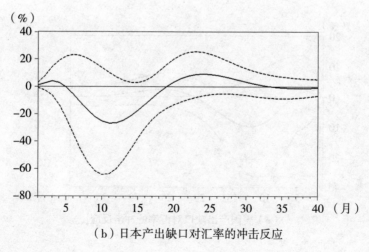

（b）日本产出缺口对汇率的冲击反应

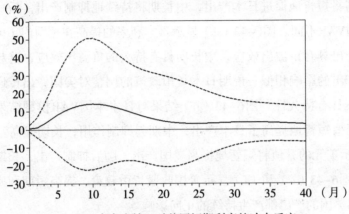

（c）日本产出缺口对美国短期利率的冲击反应

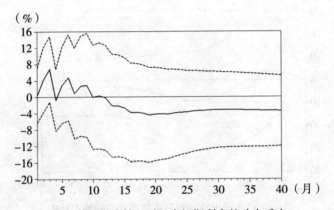

（d）美国产出缺口对日本短期利率的冲击反应

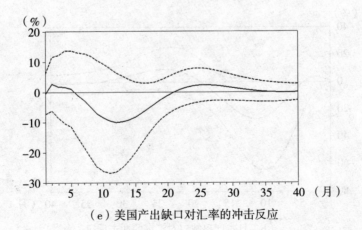

（e）美国产出缺口对汇率的冲击反应

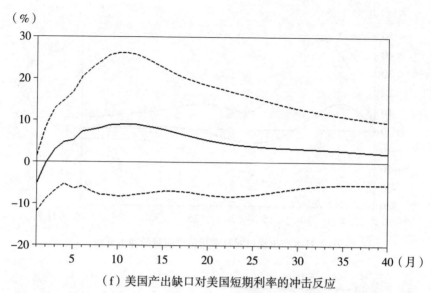

（f）美国产出缺口对美国短期利率的冲击反应

图6-43 日本、美国产出缺口对日本、美国短期利率及汇率的广义脉冲反应

（2000.1—2019.12，滞后阶数3）

　　一国基础货币的增加，一般而言将扩大国内产出。而国内产出的增长和经济的发展，同样也会传递到国际市场，中短期内可能对其他国家产生负面的溢出效应，长期将有一个正的溢出效应。图6-44通过对日本和美国货币供应量进行一个标准单位的正冲击后，得到日本和美国产出缺口的影响。图6-44（a）显示日本增大货币供应量在短中期（1—12期）将促进日本产出增长，13—26期具有抑制作用，随后效果趋于0（与日本本国VAR相似）。日本增加货币供应量对美国的产出总体呈现负溢出效应（前30期内除第7期为正），31期后呈正向影响但趋于0。说明日本货币扩张在中短期将显著降低美国产出缺口，长期将促进美国产出缺口，如图6-44（c）。由图6-44（d）可得，美国扩大货币供应量对美国产出缺口仅在第22—27期具有促进作用，其余时期抑制增长，这可能与美国频繁的量化宽松政策有关。图6-44（b）显示美国增大货币供应量在前17期对日本产出具有抑制作用，第18—29期将促进日本产出缺口增长，第30期后呈现抑制效应。

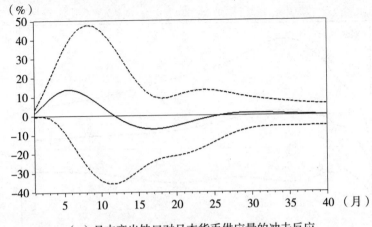

（a）日本产出缺口对日本货币供应量的冲击反应

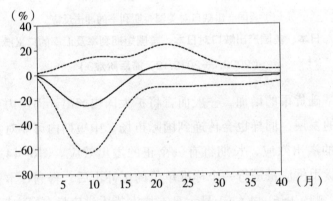

（b）日本产出缺口对美国货币供应量的冲击反应

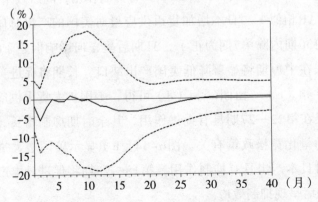

（c）美国产出缺口对日本货币供应量的冲击反应

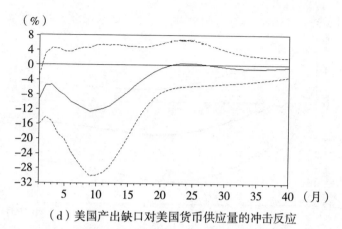

（d）美国产出缺口对美国货币供应量的冲击反应

图6-44　日本、美国产出缺口对日本、美国货币供应量的广义脉冲反应

（2000.1—2019.12，滞后阶数3）

因此，在日本和美国两国模型中，日本采用扩张型货币政策，降低短期利率将在短期抑制本国和美国产出，在中长期将刺激两国产出；扩大货币供应量将在中短期内刺激本国产出，对美国产出的刺激作用不明显。而美国降低利率对本国和日本产出均产生负效应，扩大货币供应量在中短期内均会抑制本国和日本的产出。日元的贬值将暂时促进日本和美国的产出，中期产生负溢出效应，长期呈现正效应。

2. 通货膨胀率的脉冲响应

图6-45显示了日本短期利率（i^j）、汇率（e^j）和美国短期利率（i^u）分别受到一个标准差正向冲击后，对日本通货膨胀率（p^j）和美国通货膨胀率（p^u）的影响情况。图6-45（a）和（d）显示了日本短期利率对日本和美国通货膨胀的影响，图6-45（a）显示降低日本利率将在前5期短暂地抑制本国物价的提高，使更多的资金由储蓄转为消费和投资，从而从第6期开始将不断刺激本国物价的增长。图6-45（d）显示降低日本利率对美国物价在短期内呈波动状态，将在前4期刺激美国物价增长，第5期短暂地抑制美国物价，从第10期开始影响将趋于0。美国降低利率将对美国物价总体呈现抑制作用，如图6-45（f），将在第2—17期抑制日本物价的增长，见图6-45（c）。由此可知，美国利率对物价的传导效应大于日本利率的作用。图6-45（b）和（e）表明日元贬值将在短期内推高日本和美国物价，9—26期将降低日本物价，4—16期降低美国物价。

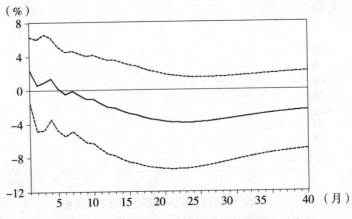

（a）日本通货膨胀率对日本短期利率的冲击反应

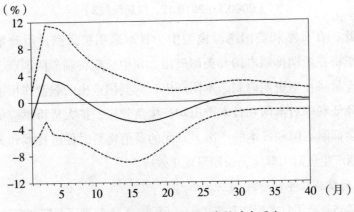

（b）日本通货膨胀率对汇率的冲击反应

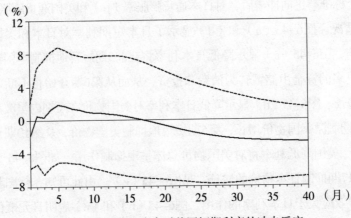

（c）日本通货膨胀率对美国短期利率的冲击反应

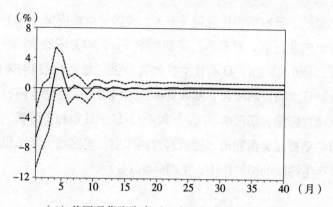

（d）美国通货膨胀率对日本短期利率的冲击反应

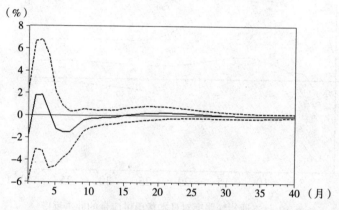

（e）美国通货膨胀率对汇率的冲击反应

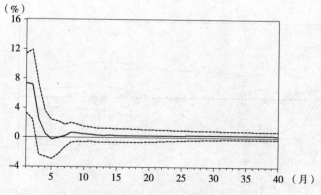

（f）美国通货膨胀率对美国短期利率的冲击反应

图6-45　日本、美国通货膨胀率对日本、美国短期利率及汇率的广义脉冲反应

（2000.1—2019.12，滞后阶数3）

图6-46显示了日本货币供应量（m^j）、美国货币供应量（m^u）分别受到一个标准差正向冲击后，对日本通货膨胀率（p^j）和美国通货膨胀率（p^u）的影响情况。图6-46（a）显示日本扩大货币供应量将在前4期降低日本物价，此后刺激日本物价的增长。基础货币投入的增加，将使本国物价上涨，长期将造成通货膨胀。而图6-46（c）和（d）显示日本和美国扩大货币供应量仅能在前两期提高美国物价，随后起抑制作用。美国增大货币供应量则会对日本物价产生持续的抑制作用，见图6-46（b）。

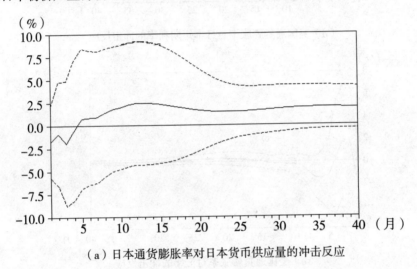

（a）日本通货膨胀率对日本货币供应量的冲击反应

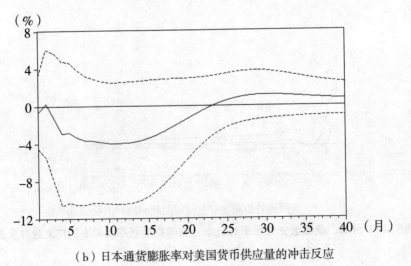

（b）日本通货膨胀率对美国货币供应量的冲击反应

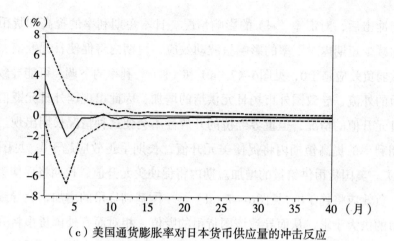

（c）美国通货膨胀率对日本货币供应量的冲击反应

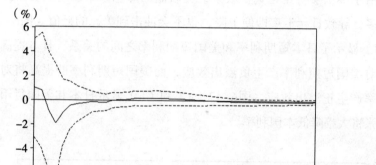

（d）美国通货膨胀率对美国货币供应量的冲击反应

图6-46　日本、美国通货膨胀率对日本、美国货币供应量的广义脉冲反应

（2000.1—2019.12，滞后阶数3）

因此，日本提高短期利率将在短期刺激日本物价，抑制美国物价，长期将抑制日本物价。日本缩小货币供应量，将短暂刺激日本物价上升长期降低物价，短暂抑制美国物价随后上升。日本推行紧缩性货币政策短期将刺激本国物价上升，抑制美国物价，中长期降低本国物价。

3. 双边汇率、短期利率的脉冲响应

图6-47（a）至（d）显示了日本短期利率（i^j）、日本货币供应量（m^j）、美国短期利率（i^u）和美国货币供应量（m^u）分别受到一个标准差

正向冲击后，对汇率（e^j）的影响情况。日本短期利率的提高和货币供给量的减少短期内对汇率的影响呈波动效应，短期内将促使日元贬值，长期呈微弱负效应趋于0，见图6-47（a）和（b）。利率的下调，可能导致本国货币的外流，导致国外市场日元供给的增加，因此出现国外日元贬值、国内日元升值的情况，但世界经济的开放性不会使这种情况长期出现。美国短期利率的提高短期内将促使美元升值，长期呈正效应趋于0，见图6-47（c）。美国货币供给量的增加短期内将促使美元升值，长期将促使美元贬值，负效应将趋于0，见图6-47（d）。一国基础货币的增加，会导致该国货币的供大于求，从而导致该国货币的贬值，相对而言外国货币将升值。因此由于美国实行量化宽松政策，美联储的降息频率和基础货币投放的不断增多，导致日元汇率即便下降，也不会冲击到美元的贬值。图6-47（e）和（f）显示了日本短期利率和美国短期利率之间的关系，日本提高短期利率将对美国短期利率产生负溢出效应，而美国短期利率的提高将对日本短期利率产生正溢出效应。图6-47（g）和（h）显示日本和美国货币供应量的扩张将大幅降低本国利率。

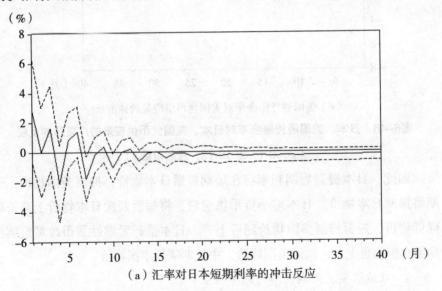

（a）汇率对日本短期利率的冲击反应

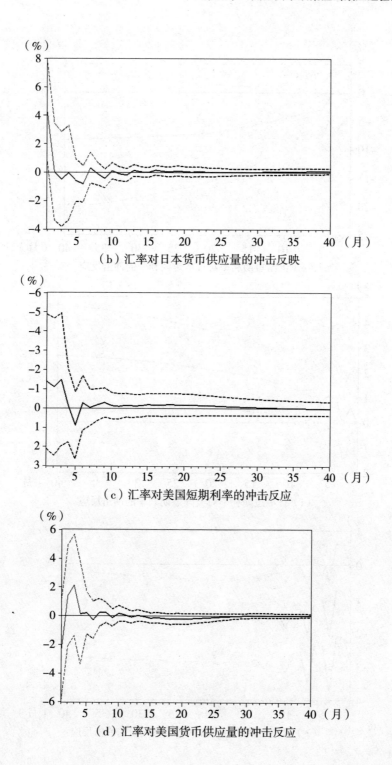

（b）汇率对日本货币供应量的冲击反映

（c）汇率对美国短期利率的冲击反应

（d）汇率对美国货币供应量的冲击反应

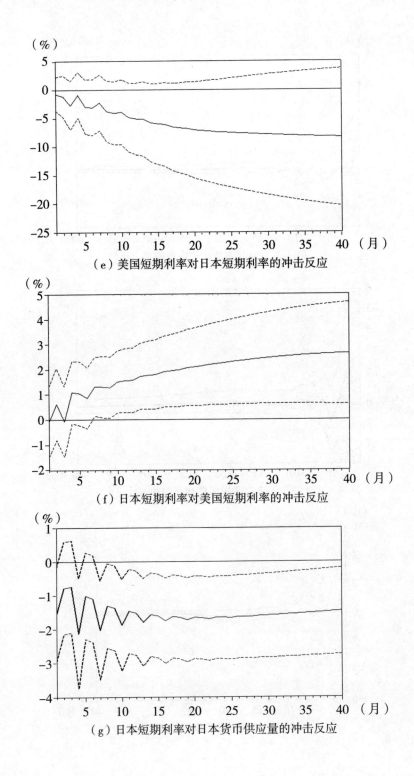

（e）美国短期利率对日本短期利率的冲击反应

（f）日本短期利率对美国短期利率的冲击反应

（g）日本短期利率对日本货币供应量的冲击反应

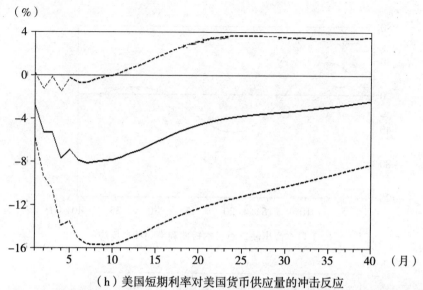

（h）美国短期利率对美国货币供应量的冲击反应

图6-47　汇率、日本和欧元区短期利率对日本、欧元区短期利率和货币供应量的
广义脉冲反应（2000.1—2019.12，滞后阶数3）

4. 不同时期对比

由于世界金融危机的爆发，因此将2001—2019年分为金融危机前时期（2000.1—2006.12）、金融危机时期（2007.1—2010.12）和后金融危机时期（2011.1—2019.12）三个时期进行分析。图6-48至图6-50分别分析了三个不同时期日本和美国产出缺口对日本短期利率、美国短期利率、汇率以及日本货币供应量的脉冲反应。对比图6-43（总体）可以发现，日本、美国短期利率及汇率受到冲击后，日本和美国产出缺口的反应趋势一致。其中日本降低短期利率短期内均先对产出具有抑制作用（日本10期，美国12期），长期具有促进作用。美国降低短期利率均会对日本和美国产出起长期抑制作用。日元贬值将短暂地刺激两国产出增长，随后抑制，长期将有一个趋于0的促进作用。对比图6-43（总体）发现，日本扩大货币供应量将在短期内（11期内）刺激日本产出，对美国产出具有抑制作用。

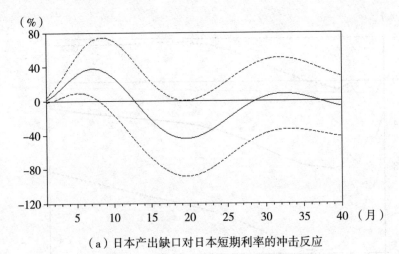

（a）日本产出缺口对日本短期利率的冲击反应

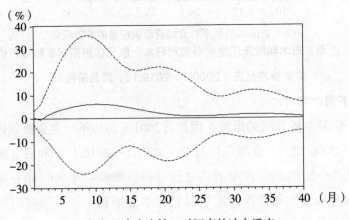

（b）日本产出缺口对汇率的冲击反应

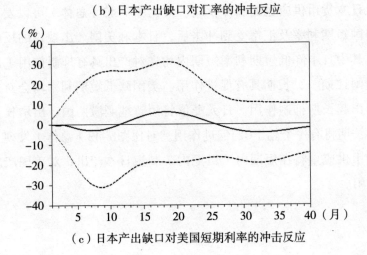

（c）日本产出缺口对美国短期利率的冲击反应

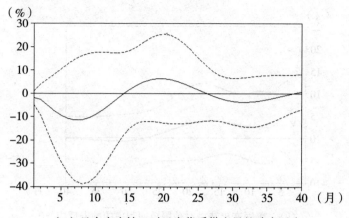

（d）日本产出缺口对日本货币供应量的冲击反应

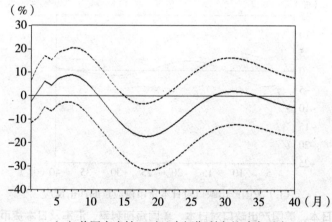

（e）美国产出缺口对日本短期利率的冲击反应

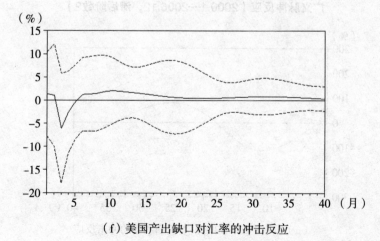

（f）美国产出缺口对汇率的冲击反应

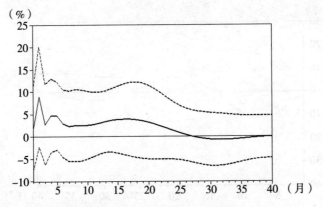

（g）美国产出缺口对美国短期利率的冲击反应

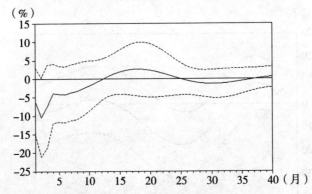

（h）美国产出缺口对日本货币供应量的冲击反应

图6-48　日本、美国产出缺口对日本、美国短期利率、汇率及日本货币供应量的
广义脉冲反应（2000.1—2006.12，滞后阶数2）

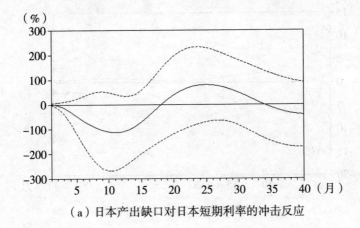

（a）日本产出缺口对日本短期利率的冲击反应

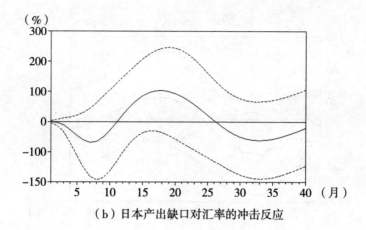

（b）日本产出缺口对汇率的冲击反应

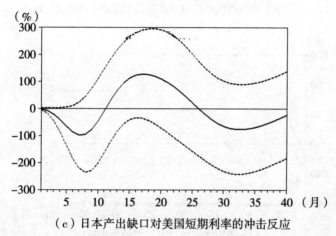

（c）日本产出缺口对美国短期利率的冲击反应

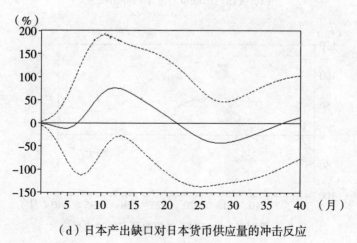

（d）日本产出缺口对日本货币供应量的冲击反应

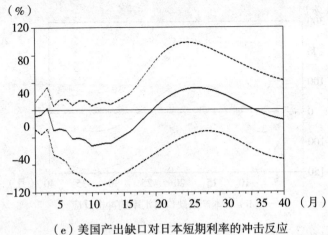

（e）美国产出缺口对日本短期利率的冲击反应

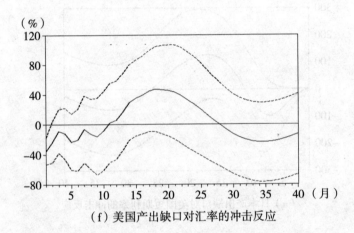

（f）美国产出缺口对汇率的冲击反应

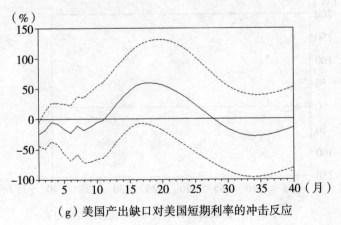

（g）美国产出缺口对美国短期利率的冲击反应

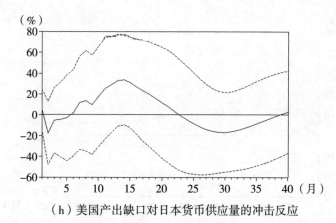

（h）美国产出缺口对日本货币供应量的冲击反应

图6-49　日本、美国产出缺口对日本、美国短期利率、汇率及日本货币供应量的
广义脉冲反应（2007.1—2010.12，滞后阶数3）

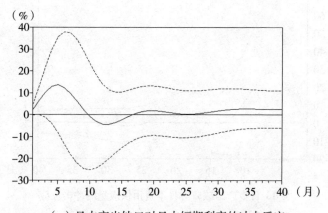

（a）日本产出缺口对日本短期利率的冲击反应

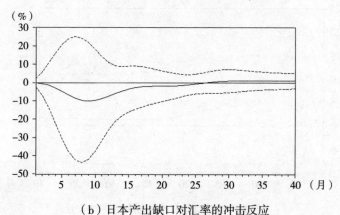

（b）日本产出缺口对汇率的冲击反应

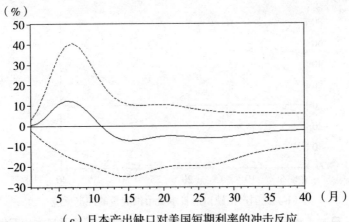

（c）日本产出缺口对美国短期利率的冲击反应

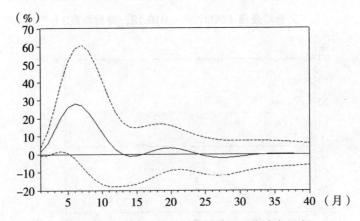

（d）日本产出缺口对日本货币供应量的冲击反应

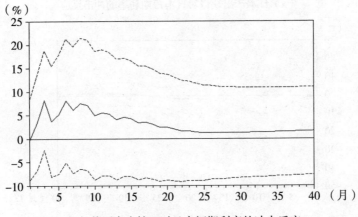

（e）美国产出缺口对日本短期利率的冲击反应

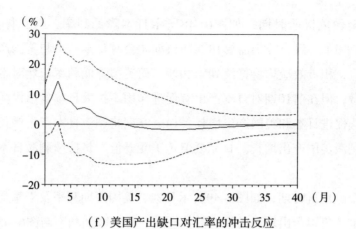

（f）美国产出缺口对汇率的冲击反应

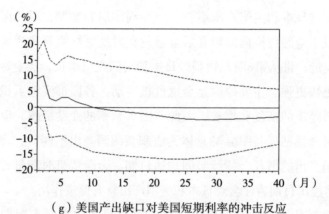

（g）美国产出缺口对美国短期利率的冲击反应

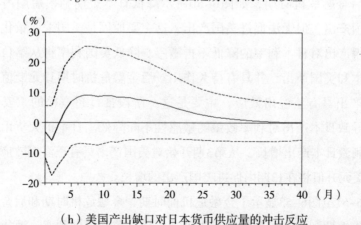

（h）美国产出缺口对日本货币供应量的冲击反应

图6-50 日本、美国产出缺口对日本、美国短期利率及汇率及日本货币供应量的
广义脉冲反应（2011.1—2019.12，滞后阶数3）

在金融危机前时期，如图6-48所示日本降低利率，与总体图6-43（a）和（d）一致，分别需要13期和11期才会对日本产出和美国产出产生积极效应，积极效应均将持续到第29期。而美国降低利率依然对本国产出收效甚微，但在前10期对日本产出有促进作用。扩大日本货币供应量短期内将无法促进日本和美国产出增长，14—26期将刺激日本产出增长，12—25期将刺激美国产出增长。日元贬值（美元升值）将持续刺激日本和美国产出。

在金融危机时期，如图6-49所示日本、美国短期利率及汇率受到冲击后，日本和美国产出缺口的反应总体一致。日本降低利率与图6-43总体一致，马上促进日本和美国产出增长，分别到18期和20期，对两国产出的促进作用相较于金融危机前时期和后金融危机时期更加明显和持久。日本扩大货币供应量，将从第6期开始刺激日本和美国产出增长，比金融危机前时期的反应更快更强。主要原因是金融危机时期，各国都实施了积极的货币政策，刺激经济的恢复和增长，因此产出对利率的变动敏感，但后期显得疲软。美国降低利率与图6-43总体无法刺激两国产出不同，它将立刻刺激日本和美国产出的增长，持续时间均达11期。金融危机时期日元贬值（美元升值）将经历11期后才会对日本和美国产出具有促进作用。

在后金融危机时期，如图6-50所示降低日本短期利率短期内将继续促进本国产出，但无法促进美国产出，这主要原因是美国采取量化宽松政策，使得产出对日本利率的降低不再敏感。降低美国利率将从第11期开始刺激日本和美国产出，并具有持久作用。后金融危机时期日元贬值将难以对日本产出具有正溢出效应，主要是这一阶段推行超宽松的"安倍经济学"，导致日本产出对利率政策的敏感性不断降低。日本扩大货币供应量将立刻刺激日本产出增长，从第3期开始对美国产出具有正溢出效应且效果持久。美元升值将在13期内促进美国产出的增长。

图6-51至图6-53显示了金融危机前时期、金融危机时期和后金融危机时期日本短期利率和货币供应量受到冲击后，美国短期利率、通货膨胀率以及汇率的不同反应情况。

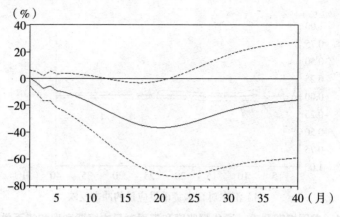

（a）美国短期利率对日本短期利率的冲击反应

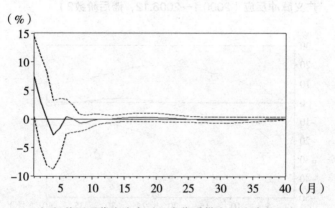

（b）美国通货膨胀率对日本货币供应量的冲击反应

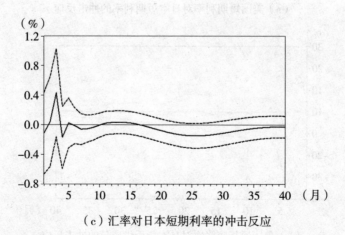

（c）汇率对日本短期利率的冲击反应

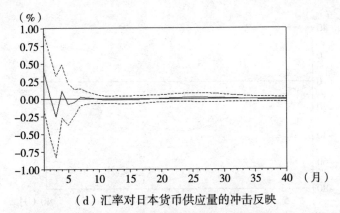

（d）汇率对日本货币供应量的冲击反映

图6-51　美国短期利率、通货膨胀率和汇率对日本短期利率和货币供应量的
广义脉冲反应（2000.1—2006.12，滞后阶数2）

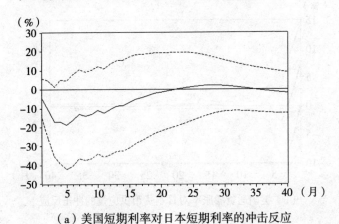

（a）美国短期利率对日本短期利率的冲击反应

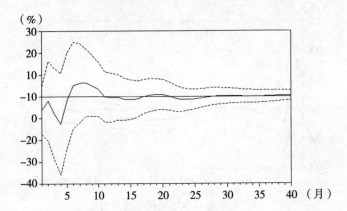

（b）美国通货膨胀率对日本货币供应量的冲击反应

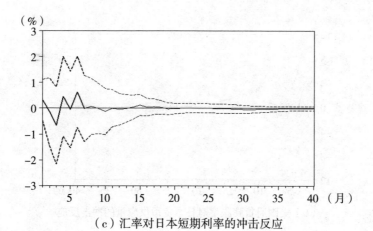

（c）汇率对日本短期利率的冲击反应

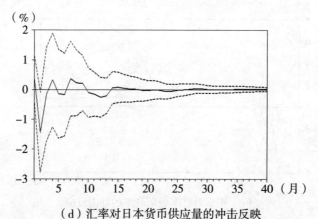

（d）汇率对日本货币供应量的冲击反映

图6-52　美国短期利率、通货膨胀率和汇率对日本短期利率和货币供应量的广义脉冲反应（2007.1—2010.12，滞后阶数3）

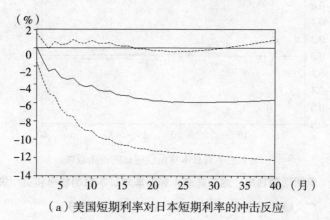

（a）美国短期利率对日本短期利率的冲击反应

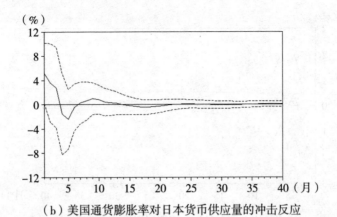

（b）美国通货膨胀率对日本货币供应量的冲击反应

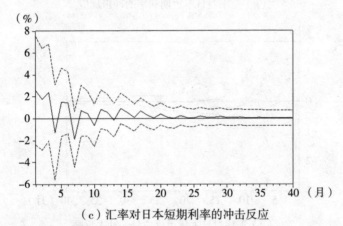

（c）汇率对日本短期利率的冲击反应

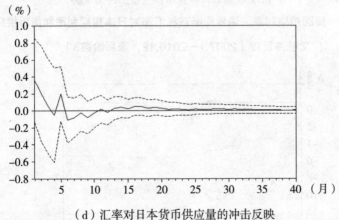

（d）汇率对日本货币供应量的冲击反映

图6-53　美国短期利率、通货膨胀率和汇率对日本短期利率和货币供应量的

广义脉冲反应（2011.1—2019.12，滞后阶数3）

金融危机前时期，日本货币供应量的增加将在3期内提高美国物价，随后对物价呈抑制作用，第10期开始影响趋于消失，见图6-51（b）。日本短期利率的降低将促进美国短期利率的提高，见图6-51（a），在第20期效果达到最大。均与总体基本相同（见图6-47）。金融危机时期，日本货币供应量的增加对美国物价的影响有所不同，将在5期内抑制美国物价的上升，随后刺激物价上涨，第11期开始影响趋于消失。日本短期利率的降低将在22期内促进美国短期利率的提高，见图6-52（a），效果不断减弱，与金融危机前时期和后金融危机时期不同。后金融危机时期，日本货币供应量的增加对美国物价和汇率的影响、日本短期利率对美国短期利率和汇率的影响均与金融危机前时期和总体情况相似。

5．小结

对日本和美国VAR模型分析发现，当日本采用扩张性货币政策时，降低短期利率和扩大货币供应量不仅对日本本国产出、物价等产生影响，同样也会对美国产生影响，不同时期呈现的结果有所不同。日本宽松货币，短期内将降低日本物价，刺激美国物价；长期将提高日本物价，降低美国物价。不同的货币政策对国家产出的影响略有不同，降低日本利率，短期内将抑制日本和美国产出，中长期对两国产出产生正溢出效应；扩大货币供应量短期内提高本国产出，抑制美国产出。在金融危机时期，货币政策的效果通常要优于金融危机前时期和后金融危机时期。

三、日本货币政策对欧元区经济的影响

（一）变量选取、数据说明及处理

欧元区是指统一使用欧元的区域，包含德国、法国、意大利、荷兰、比利时、卢森堡、爱尔兰、西班牙、葡萄牙、奥地利、芬兰、立陶宛、拉脱维亚、爱沙尼亚、斯洛伐克、斯洛文尼亚、希腊、马耳他、塞浦路斯等国家。在日本的本国模型基础上，用e^{ej}（日元/欧元）替代的汇率e^j，再加入2000年1月至2019年12月欧元区产出缺口（y^e）、利率（i^e）、基础货币供应量（m^e）和通货膨胀率（p^e）四个变量，建立模型考察日本货币政策对欧元

区经济的影响。

表6-3　欧元区变量选取及含义

国家	产出缺口$y_{(e)}$	通货膨胀率$p^{(e)}$	利率$i^{(e)}$	基础货币$m^{(e)}$	汇率（e）$^{(e)j}$
欧元区（e）	产出缺口（%）	消费价格指数增长率（%）	24小时即时利率（%）	M3（十亿欧元）差分	一欧元等于多少日元，汇率取对数后差分

欧元区短期利率（i^e）采用24小时即时利率，通货膨胀率（p^e）用消费价格指数（含所有产品）增长率表示，对欧元区M3差分后作为基础货币供应量（m^e）的代理变量，将汇率取对数后差分作为日元汇率（日元/欧元）（e^{ej}）的代理变量。欧元区产出缺口（y^e）定义为欧元区工业生产指数（index2015=100，不含建筑业）经季节调整的真实产出与HP滤波处理后的趋势值之差。数据均来源于FRED数据库，个别缺失值采用算术平均法补齐。

采用ADF检验方法对变量进行平稳性检验发现，欧元区产出缺口（y^e）、通货膨胀率（p^e）和汇率（e^{ej}）均在5%的水平下显著且稳定，利率（i^e）在10%的水平下显著且稳定，直接进入模型。M3不显著，因此对M3差分后作为货币供应量（m^e）的代理变量进入模型。根据AIC准则选择最优滞后阶数为4，通过AR根倒数分布检验，所有点均位于单位圆内。对两国VAR模型进行Johansen协整发现，在5%水平下，秩（迹）检验和最大特征值检验均表明模型中存在4个协整关系。

（二）脉冲响应方程

采用广义脉冲响应函数对日本和欧元区向量自回归模型进行研究，保留40期结果。重点分析欧元区宏观经济变量对日本货币政策的冲击反应，反之也考察欧元区货币政策对日本经济的影响。

1. 产出缺口的脉冲响应

图6-54（a）至（c）和（d）至（f）显示了日本短期利率（i^j）、汇率（e^{ej}）和欧元区短期利率（i^e）分别受到一个标准差正向冲击后，对日本产出缺口（y^j）和欧元区产出缺口（y^e）的影响情况。图6-54（a）显示日本

短期利率的提高将在14期内促进日本产出，15—29期将抑制产出。图6-54
（d）显示日本利率的提高在短期内（前12期）对欧元区产出具有正溢出
效应，13—33期具有持久的负溢出效应，这与其对日本本国产出的影响相
似。图6-54（b）显示日元的贬值短暂地提高日本产出（6期内），中期起
抑制作用，长期提高。图6-54（e）显示欧元的升值将在8期内提高欧元区
产出，9—15期抑制产出，16期开始继续促进欧元区产出。图6-54（c）和
（f）显示欧元区收紧货币政策，提高短期利率时，将在短中期抑制日本和
欧元区产出增长，第20期开始刺激日本和欧元区产出增长。

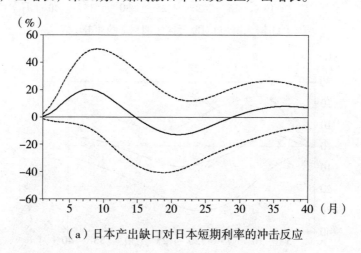

（a）日本产出缺口对日本短期利率的冲击反应

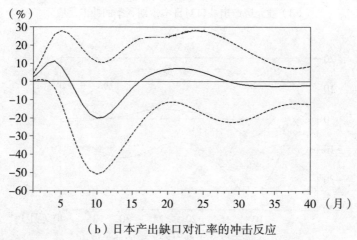

（b）日本产出缺口对汇率的冲击反应

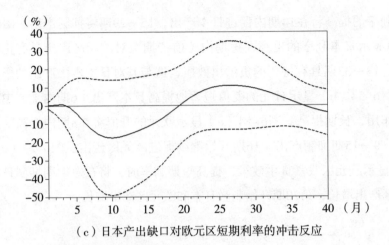

（c）日本产出缺口对欧元区短期利率的冲击反应

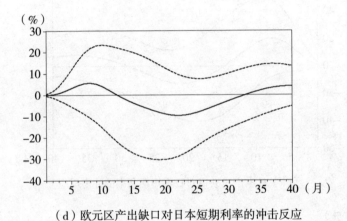

（d）欧元区产出缺口对日本短期利率的冲击反应

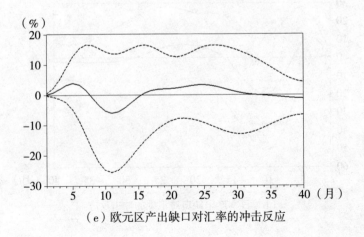

（e）欧元区产出缺口对汇率的冲击反应

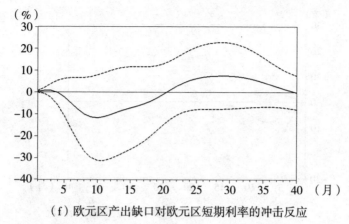

（f）欧元区产出缺口对欧元区短期利率的冲击反应

图6-54 日本、欧元区产出缺口对日本、欧元区短期利率及汇率的
广义脉冲反应（2000.1—2019.12，滞后阶数4）

图6-55通过对日本和欧元区货币供应量进行一个标准单位的正冲击后，得到对日本和欧元区产出缺口的影响。图6-55（a）显示日本增大货币供应量在3期内将短暂地促进日本产出增长，4—16期具有抑制作用，17—31期呈促进作用。与日本单国VAR和日美两国VAR相比，促进作用减弱。日本增加货币供应量在16期内将抑制欧元区的产出，17—31期呈正溢出效应。说明日本货币扩张需要一段时间才能传递到欧元区产出中，见图6-55（b）。由图6-55（c）可得，欧元区扩大货币供应量对欧元区产出缺口在前21期具有促进作用，前17期对日本产出具有促进作用，见图6-55（d）。

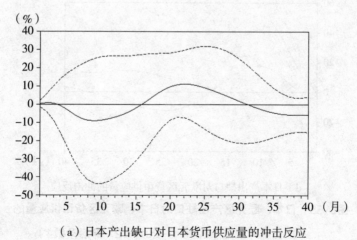

（a）日本产出缺口对日本货币供应量的冲击反应

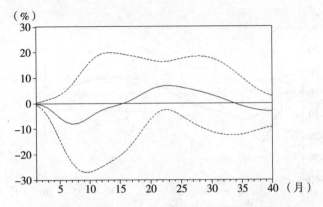

（b）欧元区产出缺口对日本货币供应量的冲击反应

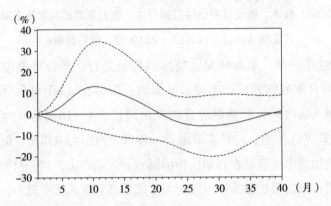

（c）欧元区产出缺口对欧元区货币供应量的冲击反应

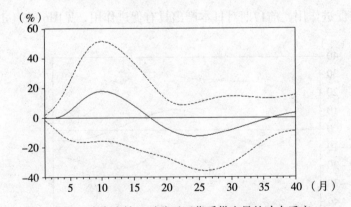

（d）日本产出缺口对欧元区货币供应量的冲击反应

图6-55　日本、欧元区产出缺口对日本、欧元区货币供应量的

广义脉冲反应（2000.1—2019.12，滞后阶数4）

　　因此，在日本和欧元区的两国VAR模型中，当日本采用扩张性货币政策刺激经济增长时，日本利率的降低和基础货币供应量的增加，在短期内均会抑制日本和欧元产出的影响。但当欧元区同样采用积极的货币政策时，降低利率和增大货币供给量均会刺激日本和欧元产出的增长。这说明在日本和欧元区两国VAR中，欧元区货币政策的影响对日本的正溢出效应更强。在欧元/日元汇率，欧元的升值日元的贬值都将在短期内刺激日本和欧元区产出的增长，中期呈负溢出效应，长期具有正向刺激作用。

　　2. 通货膨胀率的脉冲响应

　　图6-56显示了日本短期利率（i^j）、汇率（e^{ej}）和欧元区短期利率（i^e）分别受到一个标准差冲击后，对日本通货膨胀率（p^j）和欧元区通货膨胀率（p^e）的影响情况。图6-56（a）和（d）显示了日本短期利率对日本和欧元区通货膨胀的影响，图6-56（a）显示降低日本利率将不断推进日本物价的增长。图6-56（d）显示降低日本利率将在前6期提高欧元区物价，随后抑制欧元区物价的增长。说明日本利率的降低将不断推进日本物价的增长，对欧元区物价的推进影响较短。欧元区降低利率将在短期内抑制欧元区和日本物价，从第4期开始推高（欧元区19期开始抑制）和日本物价，其中对日本的推动作用较为持久，见图6-56（c）和（f）。图6-56（b）和（e）表明欧元升值日元贬值将在短期内推高日本和欧元区物价，第9期开始不断抑制日本物价的增长，4—19期抑制欧元区物价，随后不断推高欧元区物价。

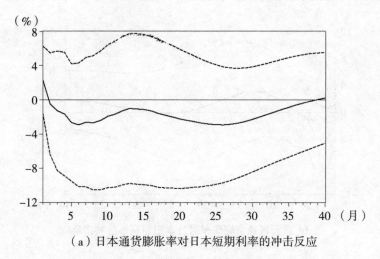

（a）日本通货膨胀率对日本短期利率的冲击反应

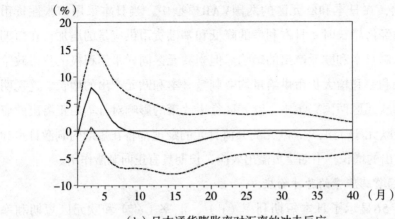

（b）日本通货膨胀率对汇率的冲击反应

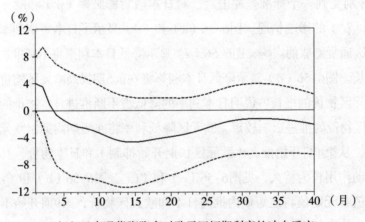

（c）日本通货膨胀率对欧元区短期利率的冲击反应

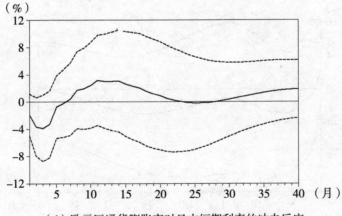

（d）欧元区通货膨胀率对日本短期利率的冲击反应

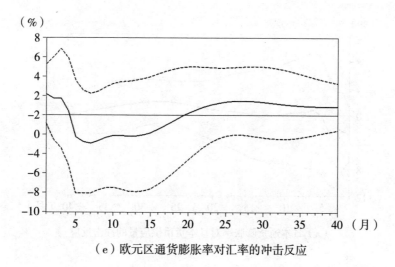

（e）欧元区通货膨胀率对汇率的冲击反应

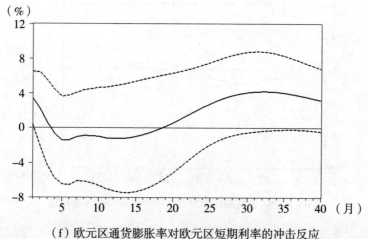

（f）欧元区通货膨胀率对欧元区短期利率的冲击反应

**图6-56 日本、欧元区通货膨胀率对日本、欧元区短期利率及汇率的
广义脉冲反应（2000.1—2019.12，滞后阶数4）**

图6-57显示了日本货币供应量（m^j）、欧元区货币供应量（m^e）分别
受到一个标准差正向冲击后，对日本通货膨胀率（p^j）和欧元区通货膨胀率
（p^e）的影响情况。图6-57（a）显示日本扩大货币供应量将在前5期降低
日本物价，此后不断推高日本物价；相反，将在5期内短暂地推高欧元区物
价，见图6-57（b）。而图6-57（c）和（d）显示欧元区扩大货币供应量将
从第3期开始不断推高欧元区物价，对日本物价总体产生抑制作用。

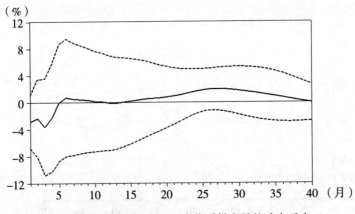

（a）日本通货膨胀率对日本货币供应量的冲击反应

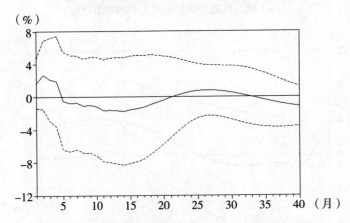

（b）欧元区通货膨胀率对日本货币供应量的冲击反应

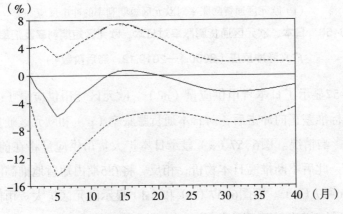

（c）日本通货膨胀率对欧元区货币供应量的冲击反应

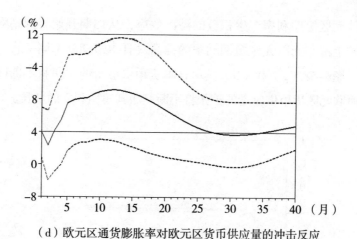

（d）欧元区通货膨胀率对欧元区货币供应量的冲击反应

图6-57　日本、欧元区通货膨胀率对日本、欧元区货币供应量的

广义脉冲反应（2000.1—2019.12，滞后阶数4）

因此，日本和欧元区短期利率的下降，均会不断推高日本物价，而对欧元区物价的推高程度和持久性均相对较小。日本扩大货币供应量，将短暂抑制日本物价上升，中长期将刺激物价增长，对欧元区物价的影响正好相反。欧元区扩大货币供应量将不断抬高本国物价，对日本物价主要起抑制作用。

3. 双边汇率、短期利率的脉冲响应

图6-58（a）至（d）显示了日本短期利率（i^j）、日本货币供应量（m^j）、欧元区短期利率（i^e）和欧元区货币供应量（m^e）分别受到一个标准差正向冲击后，对汇率（e^{ej}）的影响情况。日本短期利率的提高将导致欧元/日元的汇率下降，即，欧元贬值日元升值，第14期开始效应将趋于0，见图6-58（a）。日本货币供应量的减少短期内将提高欧元/日元的汇率，从第7期开始降低，即日元升值欧元贬值，见图6-58（b）。这符合国际金融的一般理论，货币数量的减少和利率的提高都将导致这一货币的升值。欧元区短期利率的提高和缩小货币供应量将在短期内降低欧元/日元的汇率，即欧元贬值和日元升值，见图6-58（c）和（d）。这一结论与图6-58（a）至（b）相悖，相较于货币供应量，利率对汇率变动的传递作用更为持久。图6-58（e）至（f）显示了日本短期利率和欧元区短期利率之间的关系，日本提高短期利

率将对欧元区短期利率产生积极的溢出效应，从15期开始将抑制欧元区短期利率的上涨。而欧元区短期利率的提高对日本短期利率则一直产生正溢出效应。图6-58（g）和（h）显示日本货币供应量的扩张将不断降低本国利率，而欧元区货币供应量的扩张将不断刺激其短期利率的增长。

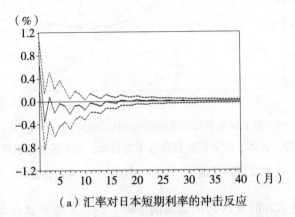

（a）汇率对日本短期利率的冲击反应

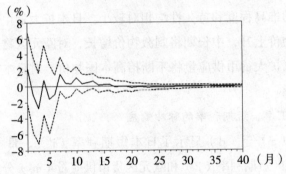

（b）汇率对日本货币供应量的冲击反映

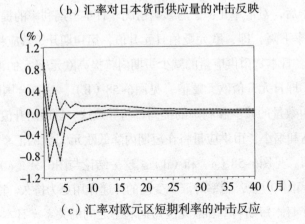

（c）汇率对欧元区短期利率的冲击反应

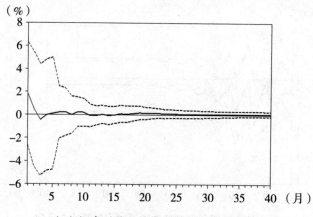

（d）汇率对欧元区货币供应量的冲击反应

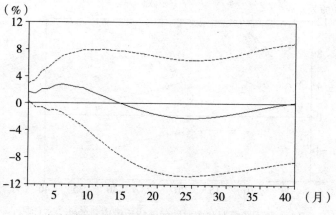

（e）欧元区短期利率对日本短期利率的冲击反应

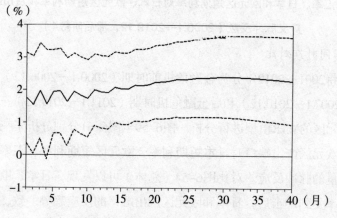

（f）日本短期利率对欧元区短期利率的冲击反应

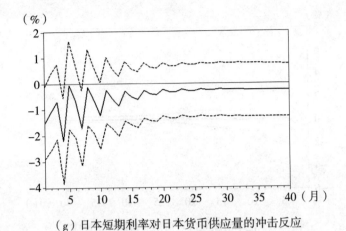

（g）日本短期利率对日本货币供应量的冲击反应

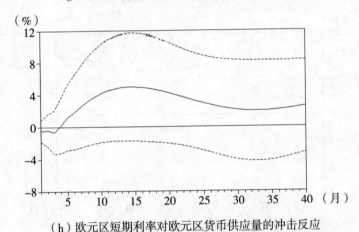

（h）欧元区短期利率对欧元区货币供应量的冲击反应

图6-58　汇率、日本和欧元区短期利率对日本、欧元区短期利率和货币供应量的
广义脉冲反应（2000.1—2019.12，滞后阶数4）

4. 不同时期对比

同样将2001—2019年分为金融危机前时期（2000.1—2006.12）、金融危机时期（2007.1—2010.12）和后金融危机时期（2011.1—2019.12）三个时期对日本和欧元区的VAR模型进行分析。图6-59至图6-61分别分析了三个不同时期日本和欧元区产出缺口对日本短期利率、欧元区短期利率、汇率以及日本货币供应量的脉冲反应。对比图6-54（总体）可以发现，日本、欧元区短期利率及汇率受到冲击后，日本和欧元区产出缺口的反应趋势一致，但对日本产出的刺激作用将大于欧元区产出。当日本降低短期利率，短期内均先对两者产出具有抑制作用（日本15期，美国12期）；欧元区降低短期利率，短期内均会先抑制两者产出再刺激。日元贬值欧元升值将短暂地刺激两国产出增长，随后抑制，长期将有一个趋于0的促进作用。对比图6-55发现，日本扩大货币供应量将在短期内（16期内）抑制日本和欧元区产出。

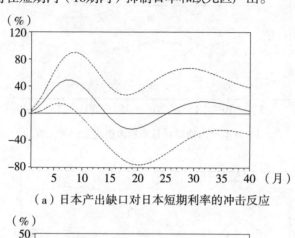

（a）日本产出缺口对日本短期利率的冲击反应

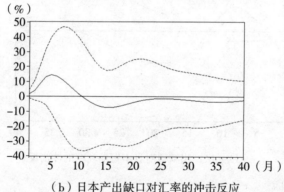

（b）日本产出缺口对汇率的冲击反应

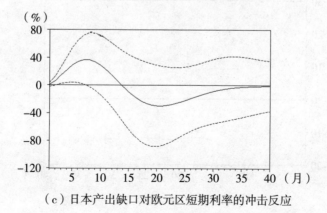

（c）日本产出缺口对欧元区短期利率的冲击反应

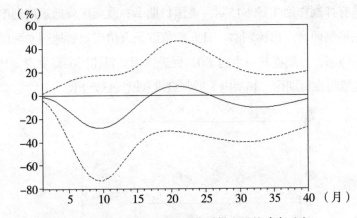

（d）日本产出缺口对日本货币供应量的冲击反应

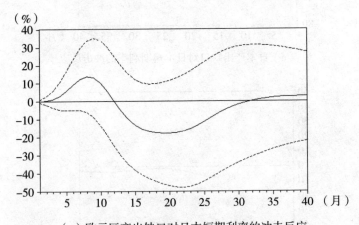

（e）欧元区产出缺口对日本短期利率的冲击反应

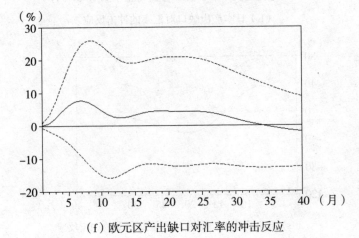

（f）欧元区产出缺口对汇率的冲击反应

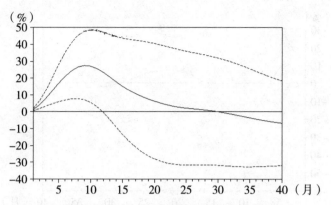

（g）欧元区产出缺口对欧元区短期利率的冲击反应

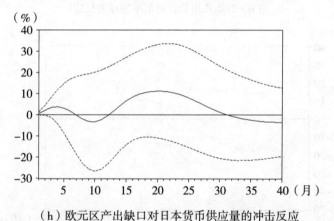

（h）欧元区产出缺口对日本货币供应量的冲击反应

图6-59 日本、欧元区产出缺口对日本、欧元区短期利率、汇率及日本货币供应量的广义脉冲反应（2000.1—2006.12，滞后阶数3）

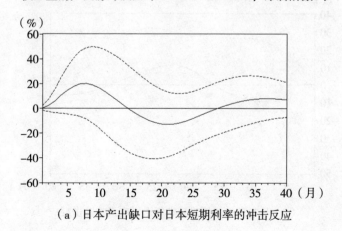

（a）日本产出缺口对日本短期利率的冲击反应

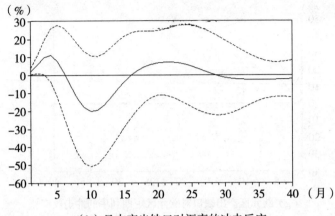

（b）日本产出缺口对汇率的冲击反应

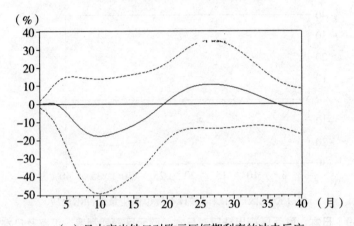

（c）日本产出缺口对欧元区短期利率的冲击反应

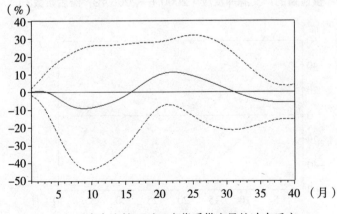

（d）日本产出缺口对日本货币供应量的冲击反应

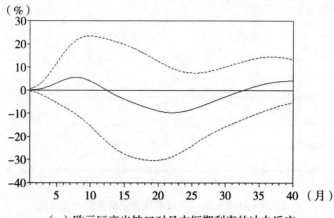

（e）欧元区产出缺口对日本短期利率的冲击反应

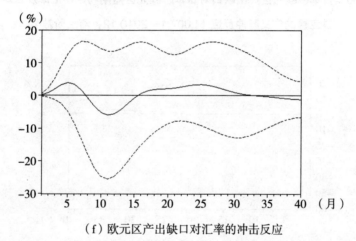

（f）欧元区产出缺口对汇率的冲击反应

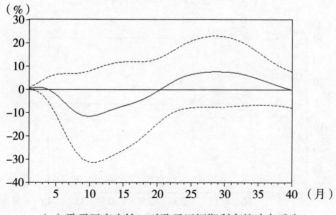

（g）欧元区产出缺口对欧元区短期利率的冲击反应

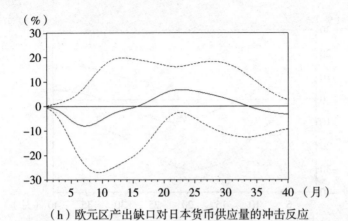

（h）欧元区产出缺口对日本货币供应量的冲击反应

图6-60　日本、欧元区产出缺口对日本、欧元区短期利率、汇率及日本货币
供应量的广义脉冲反应（2007.1—2010.12，滞后阶数4）

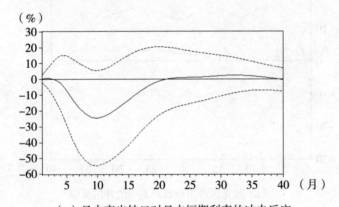

（a）日本产出缺口对日本短期利率的冲击反应

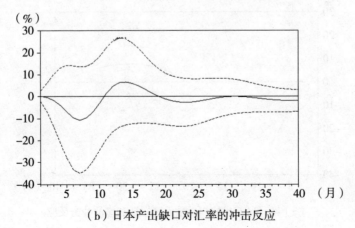

（b）日本产出缺口对汇率的冲击反应

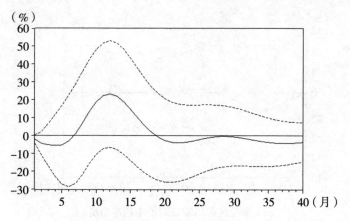

（c）日本产出缺口对欧元区短期利率的冲击反应

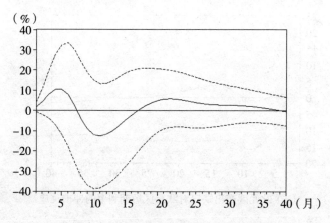

（d）日本产出缺口对日本货币供应量的冲击反应

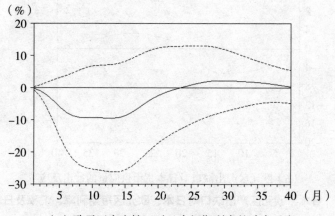

（e）欧元区产出缺口对日本短期利率的冲击反应

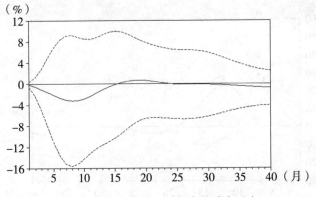

（f）欧元区产出缺口对汇率的冲击反应

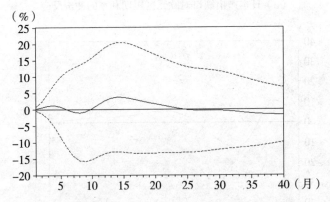

（g）欧元区产出缺口对欧元区短期利率的冲击反应

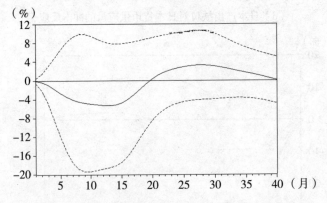

（h）欧元区产出缺口对日本货币供应量的冲击反应

图6-61　日本、欧元区产出缺口对日本、欧元区短期利率、汇率及日本货币
供应量的广义脉冲反应（2011.1—2019.12，滞后阶数4）

在金融危机前时期，如图6-59所示日本降低利率，与总体［图6-54（a）和（d）］变动趋势一致，分别需要14期和12期才会对日本产出和欧元区产出产生积极效应，积极效应将分别持续到第25期和32期，见图6-59（a）和（d）。因此，在金融危机前时期日本调低利率对日本的作用效果更强，但对欧元区的影响持久性更长。而欧元区降低利率对欧元区和日本产出的影响和总体相反，见图6-54（c）和（f），分别从第14期和第30期开始对日本和欧元区产出起正溢出效应，见图6-59（c）和（g）。说明在金融危机前时期，欧元区宽松货币的利率措施对日本产出影响较小。日元贬值（欧元升值）将立刻刺激日本和欧元区产出增长，且对欧元区产出的正溢出效应将持续到第34期。扩大日本货币供应量短期内将无法促进日本产出增长，但将在前7期和12—31期内不断促进欧元区产出增长。因此当日本采取积极的货币政策时对本国和欧元区均会产生积极效应。

在金融危机时期，如图6-60所示日本降低利率对产出的效果与总体（图6-54）一致，需要经过一段时间才能促进日本和欧元区产出增长，如图6-60（a）和（e）。日本扩大货币供应量，将在前3期刺激日本产出增长，16期后才会对欧元区产出产生正溢出效应。说明在金融危机时期，日本采用扩大货币供应量的方式对日本产出的传递路径更快。欧元区降低利率将暂时抑制日本和欧元区产出的增长，随后将持续刺激两者产出不断增长。金融危机时期日元贬值（欧元升值）同样将立刻促进日本和欧元区产出增长，但持续时间均不如金融危机前时期。

在后金融危机时期，降低日本短期利率短期内将从第3期开始促进本国产出，直至21期，与金融危机前时期和金融危机时期相比极大缩短了日本调低利率对产出正溢出效应的时间，如图6-61（a）。与此同时，降低日本短期利率将立刻提高欧元区产出，直至23期，见图6-61（e）。降低欧元区利率将在前7期刺激日本产出，将在6—10期对欧元区产出具有正溢出效应，见图6-61（c）和（g）。日元贬值欧元升值将会立刻降低日本和欧元区产出，这与金融危机前时期和金融危机时期都不同，见图6-61（b）和（f）。这可能由于日元贬值的幅度过大导致国内投资和消费的需求减弱，欧元的升值可能使得欧元区净出口的减少从而导致产出的减少。日本扩大货币供应量将立刻刺激日本产出增长，持续到第7期，但短期内无法对欧元区产出产生正向影响，见图6-61（d）和（h）。因此，日本在后金融危机时期采用宽松货币政策对本国产出的影响比金融危机前时期和金融危机时期的传递效果更好，反应时间更快持续时间更长。

图6-62至图6-64显示了金融危机前时期、金融危机时期和后金融危机时期日本短期利率和货币供应量受到冲击后，欧元区短期利率、通货膨胀率以及汇率的不同反应情况。

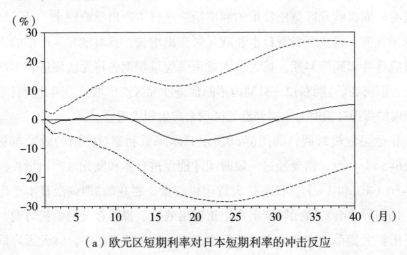

（a）欧元区短期利率对日本短期利率的冲击反应

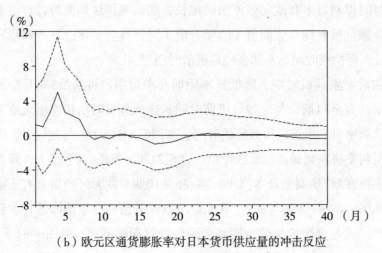

（b）欧元区通货膨胀率对日本货币供应量的冲击反应

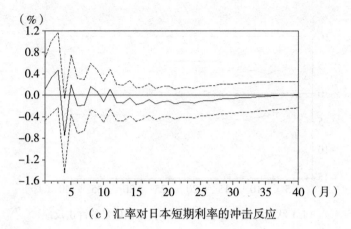

（c）汇率对日本短期利率的冲击反应

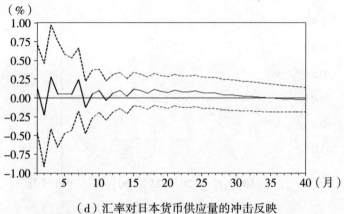

（d）汇率对日本货币供应量的冲击反映

图6-62 欧元区短期利率、通货膨胀率和汇率对日本短期利率和货币供应量的广义脉冲反应（2000.1—2006.12，滞后阶数3）

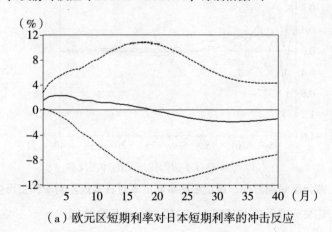

（a）欧元区短期利率对日本短期利率的冲击反应

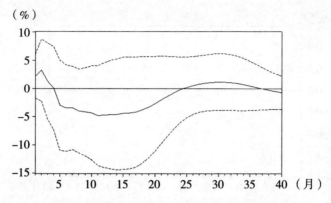

（b）欧元区通货膨胀率对日本货币供应量的冲击反应

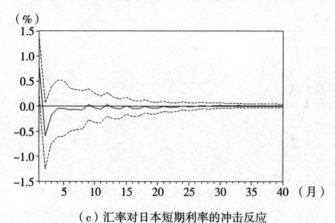

（c）汇率对日本短期利率的冲击反应

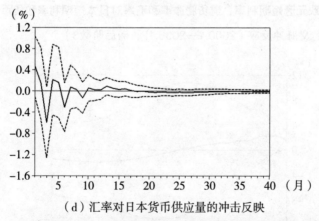

（d）汇率对日本货币供应量的冲击反映

图6-63　欧元区短期利率、通货膨胀率和汇率对日本短期利率和货币供应量的
广义脉冲反应（2007.1—2010.12，滞后阶数4）

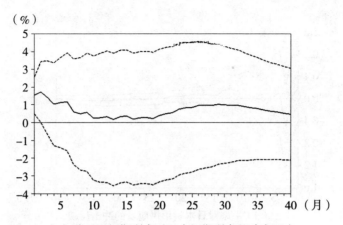

（a）欧元区短期利率对日本短期利率的冲击反应

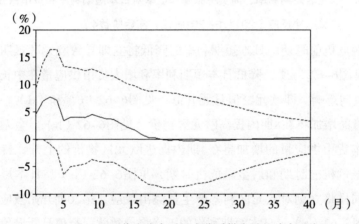

（b）欧元区通货膨胀率对日本货币供应量的冲击反应

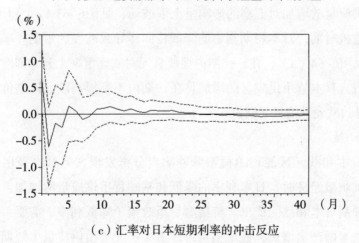

（c）汇率对日本短期利率的冲击反应

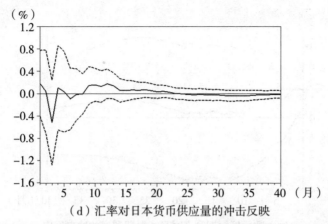

（d）汇率对日本货币供应量的冲击反映

图6-64　欧元区短期利率、通货膨胀率和汇率对日本短期利率和货币供应量的
广义脉冲反应（2011.1—2019.12，滞后阶数4）

金融危机前时期，日本短期利率的降低将立即导致欧元区短期利率的降低，见图6-62（a），降低日本短期利率和增大货币供应量在中长期对汇率均呈负向影响。即欧元贬值日元升值，见图6-62（c）和（d）。日本货币供应量的增加将在8期内提高欧元区物价，见图6-62（b）。金融危机时期，日本货币供应量的增加将在4期内促进欧元区物价的上升，持续效果弱于金融危机前时期和后金融危机时期，见图6-62（b）。日本短期利率的降低同样将立刻对欧元区利率产生负溢出效应，第20期开始效应由负转正，见图6-63（a）。日本短期利率的下降将导致欧元贬值日元升值，而日本货币供应量的增加对汇率的影响呈上下波动，见图6-63（c）和（d）。后金融危机时期，日本短期利率的降低将同样导致欧元区短期利率的不断降低，见图6-64（a），在1—5期内促使日元对欧元汇率上升，即欧元升值日元贬值。日本货币供应量的增加将在19期内不断提高欧元区物价，总体而言将导致欧元升值日元贬值。

5. 小结

对日本和欧元区的VAR模型脉冲响应分析发现，当日本采用扩张性货币政策刺激经济时，日本利率的降低和基础货币供应量的增加，在短期内均会抑制日本和欧元产出。价格型货币政策（降低利率）需要一段时间才能促进本国产出增长，数量型货币政策（扩大货币供应量）短期内立即对本国产出具有正效应，在后金融危机时期持续时间更长。日本采取紧缩型数量型货币政策时，即缩小货币供应量，将在短期内导致日本物价的上升，形成"价格之谜"。日本和欧元区短期利率的下降，均会不断推高日本物价，而对欧元区物价的推高程度和持久性均相对较小。日本利率的下调在短期内将会促使日元的贬值，这与利率平价定理不符。日元的贬值和欧元的升值将在短期内促进日本和欧元区产出的增长，中期呈负溢出效应，长期具有正向刺激作用，但在后金融危机时期均需要经过一段时间才能刺激产出增长。

四、日本货币政策对英国经济的影响

（一）变量选取、数据说明及处理

在日本的本国模型基础上，用汇率e^{kj}（日元/英镑）替代汇率e^j，再加入2000年1月至2019年12月英国产出缺口（y^k）、利率（j^k）、基础货币供应量（m^k）和通货膨胀率（p^k）四个变量，建立模型考察日本货币政策对英国经济的影响。

表6-4　英国变量选取及含义

国家	产出缺口y^k	通货膨胀率p^k	利率j^k	基础货币m^k	汇率（e）^{kj}
英国（k）	产出缺口（%）	消费价格指数增长率差分	3个月英国银行间利率（%）	M3（十亿英镑）取对数	一英镑等于多少日元的汇率差分

英国短期利率（i^k）采用3个月英国银行间利率，通货膨胀率（p^k）用差分后的消费价格指数（含所有产品）增长率表示，对英国M3取对数后作为基础货币供应量（m^k）的代理变量，将汇率差后分作为日元汇率（英镑/日元）（e^{kj}）的代理变量。英国产出缺口（y^e）定义为欧元区工业生产指数（不含建筑业，经季节调整）的真实产出与HP滤波处理后的趋势值之差。数据均来源于FRED数据库，个别缺失值采用算术平均法补齐。

采用ADF检验方法对变量进行平稳性检验，发现英国产出缺口（y^k）在5%的水平显著且稳定，利率（i^k）在10%的水平显著且稳定，直接进入模型。英国消费者价格指数增长率、汇率和M3不显著，因此对消费价格指数增长率和汇率进行差分、对M3取对数后分别作为英国通货膨胀率（p^k）、汇率（e^{kj}）和货币供应量（m^k）的代理变量进入模型。

根据AIC准则选择最优滞后阶数为3，通过AR根倒数分布检验，所有点均位于单位圆内。对两国VAR模型进行Johansen协整发现，在5%水平下，秩（迹）检验和最大特征值检验均表明模型中存在6个协整关系。

（二）脉冲响应方程

采用广义脉冲响应函数对日本和英国向量自回归模型进行研究，保留40期结果。重点分析日本和英国宏观经济变量对日本货币政策的冲击反应，反之也考察了英国货币政策对日本经济的影响。

1. 产出缺口的脉冲响应

图6-65（a）至（c）和（d）至（f）分别显示了（给定）日本短期利率（i^j）、汇率（e^{kj}）和英国短期利率（i^k）一个标准差冲击后，日本产出缺口（y^j）和英国产出缺口（y^k）的冲击反应。图6-65（a）和（d）显示日本短期利率的提高将不断促进日本和英国产出增长，这与前文所提及的日本本国模型及日本—美国、日本—欧元区模型不同。一般而言，一国货币的贬值将有利于刺激本国产出的增长。图6-65（b）显示日元的贬值将在11期内提高日本产出，中期起抑制作用，27期后开始趋于0。但图6-65（e）显示英镑的升值却将在10期内提高英国产出，30期趋于0。图6-65（c）和（f）显示英国收紧货币政策，提高短期利率时，将分别在前16期和13期内刺激日本和英国产出增长。

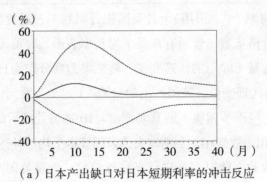

（a）日本产出缺口对日本短期利率的冲击反应

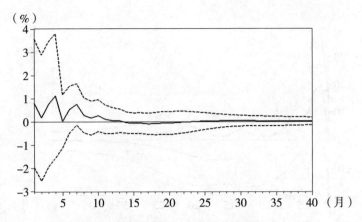

（b）英国通货膨胀率对日本货币供应量的冲击反应

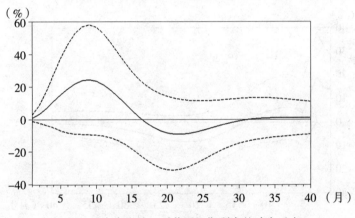

（c）日本产出缺口对英国短期利率的冲击反应

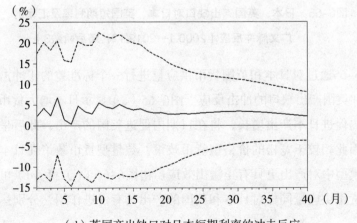

（d）英国产出缺口对日本短期利率的冲击反应

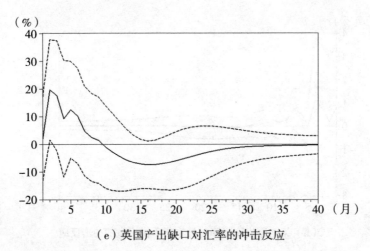

（e）英国产出缺口对汇率的冲击反应

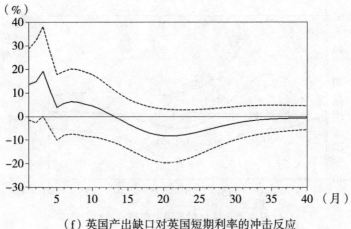

（f）英国产出缺口对英国短期利率的冲击反应

图6-65　日本、英国产出缺口对日本、英国短期利率及汇率的
广义脉冲反应（2000.1—2019.12，滞后阶数3）

图6-65通过对日本和英国货币供应量进行一个标准差的正冲击后，得到日本和英国产出缺口的冲击反应。图6-65（a）显示日本增大货币供应量在12期内促进日本产出增长，将在11期内促进英国的产出，此后呈负溢出效应。因此相较于宽松的价格型货币政策，数量型货币政策在日本—英国的两国模型中对产出更具有正溢出效应。由图6-66（c）和（d）可得，英国扩大货币供应量同样对日本和英国的产出具有促进作用，分别达28期和17期。

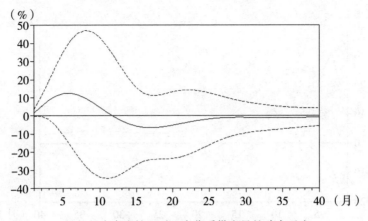

（a）日本产出缺口对日本货币供应量的冲击反应

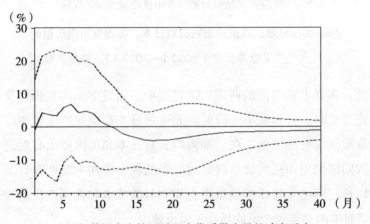

（b）英国产出缺口对日本货币供应量的冲击反应

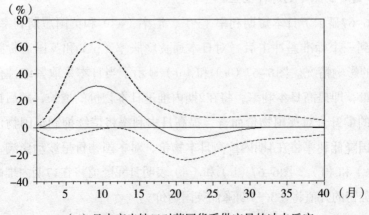

（c）日本产出缺口对英国货币供应量的冲击反应

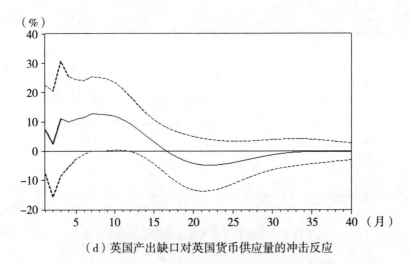

（d）英国产出缺口对英国货币供应量的冲击反应

图6-66　日本、英国产出缺口对日本、英国货币供应量的
广义脉冲反应（2000.1—2019.12，滞后阶数3）

因此，在日本和英国的两国VAR模型中，当日本采用扩张性货币政策刺激经济增长时，日本利率的降低将无法对日本和英国产生正溢出效应，而基础货币供应量的增加，在短期内均会对日本和英国产出有促进作用。但当英国同样采用积极的货币政策时，降低利率将在中期刺激日本和英国产出的增长，而增大货币供给量则立刻会刺激日本和英国产出的增长。日元的贬值对本国和英国产出均具有正溢出效应。

2. 通货膨胀率的脉冲响应

图6-67显示了日本短期利率（i^j）、汇率（e^{kj}）和英国短期利率（i^k）分别受到一个标准差冲击后，对日本通货膨胀率（p^j）和英国通货膨胀率（p^k）的影响情况。图6-67（a）和（d）显示了当日本采取紧缩性价格型货币政策，即提高日本利率，将在2期内推进日本物价的增长，随后抑制日本物价的攀升。对英国物价而言，提高日本利率将持续抑制英国物价的增长。英国降低利率将在4期内拉高日本物价，对本国物价呈波动影响，见图6-67（c）和（f）。图6-67（b）和（e）表明日元贬值将在17期内推高日本物价，英镑的升值将在3—7期降低英国物价。

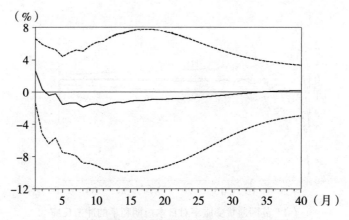

（a）日本通货膨胀率对日本短期利率的冲击反应

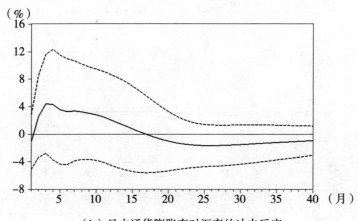

（b）日本通货膨胀率对汇率的冲击反应

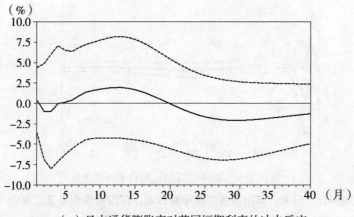

（c）日本通货膨胀率对英国短期利率的冲击反应

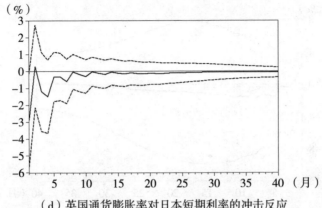

（d）英国通货膨胀率对日本短期利率的冲击反应

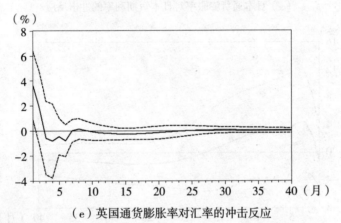

（e）英国通货膨胀率对汇率的冲击反应

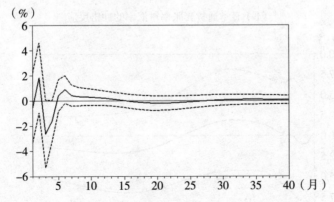

（f）英国通货膨胀率对英国短期利率的冲击反应

图6-67　日本、英国通货膨胀率对日本、英国短期利率及汇率的

广义脉冲反应（2000.1—2019.12，滞后阶数3）

　　图6-68显示了日本货币供应量（m^j）、英国货币供应量（m^k）分别
受到一个标准差正向冲击后，对日本通货膨胀率（p^j）和英国通货膨胀率
（p^k）的影响情况。图6-68（a）显示日本扩大货币供应量将在前5期降低日
本物价，此后不断推高日本物价至23期。而对英国物价而言，扩大日本货
币供应量将在13期内持续推高英国物价，见图6-68（b）。而图6-68（c）
和（d）显示英国扩大货币供应量将从第6期开始不断推高日本物价，从3—
15期对英国物价起正溢出效应。

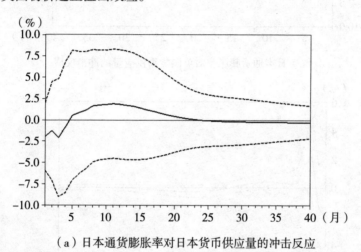

（%）

（a）日本通货膨胀率对日本货币供应量的冲击反应

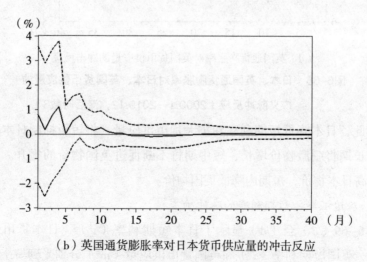

（%）

（b）英国通货膨胀率对日本货币供应量的冲击反应

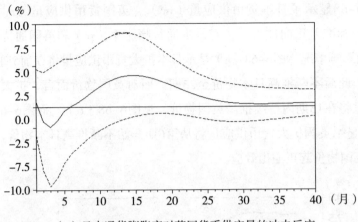

（c）日本通货膨胀率对英国货币供应量的冲击反应

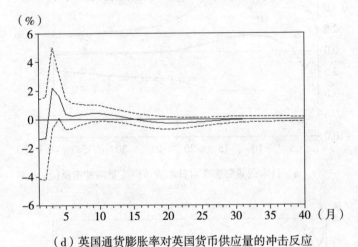

（d）英国通货膨胀率对英国货币供应量的冲击反应

图6-68　日本、英国通货膨胀率对日本、英国货币供应量的

广义脉冲反应（2000.1—2019.12，滞后阶数3）

　　因此，日本降低短期利率和扩大货币供应量，将短暂抑制日本物价上升，中长期将刺激物价增长，短中期将不断促进英国物价的提升。日元贬值将推高日本物价，短期内降低英国物价。

　　3. 双边汇率、短期利率的脉冲响应

　　图6-69（a）至（d）显示了日本短期利率（i^j）、日本货币供应量（m^j）、英国短期利率（i^k）和英国货币供应量（m^k）分别受到一个标准差正向冲击后，对汇率（e^{kj}）的影响情况。一般而言，货币数量的增多和利

率的下降都将促使一种货币的贬值。但日本短期利率和货币供应量的变化均导致日元汇率波动。其中，提高利率将导致日元汇率波动，第1期、第3期、第6期、第9期将导致日元汇率的上升，即日元贬值，见图6-69（a）。日本扩大货币供应量，将在第1期、第4期、第7期、第10期促使日元贬值，见图6-69（b）。英国提高短期利率，将在4期内提高日元汇率，即导致英镑升值日元贬值，从第5期开始将不断促使英镑贬值日元升值，而扩大货币供应量将在第2期、第3期、第5—6期促使英镑升值，见图6-69（c）和（d）。图6-69（e）至（f）显示了日本短期利率和英国短期利率之间的关系，日本提高短期利率将在6期内对英国短期利率产生积极的溢出效应，而英国短期利率的提高将对日本短期利率产生持续的正溢出效应。图6-69（g）和（h）显示日本货币供应量的扩张将不断降低本国利率，而英国货币供应量的扩张短期和长期均将抑制英国利率的增长。

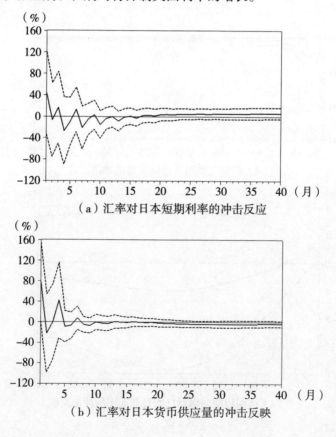

（a）汇率对日本短期利率的冲击反应

（b）汇率对日本货币供应量的冲击反映

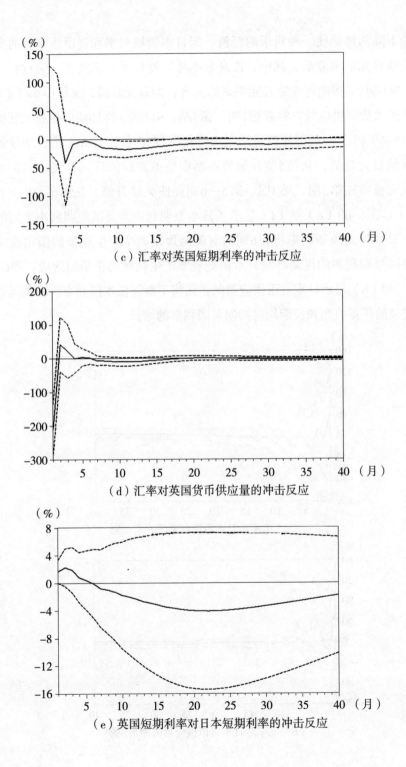

（c）汇率对英国短期利率的冲击反应

（d）汇率对英国货币供应量的冲击反应

（e）英国短期利率对日本短期利率的冲击反应

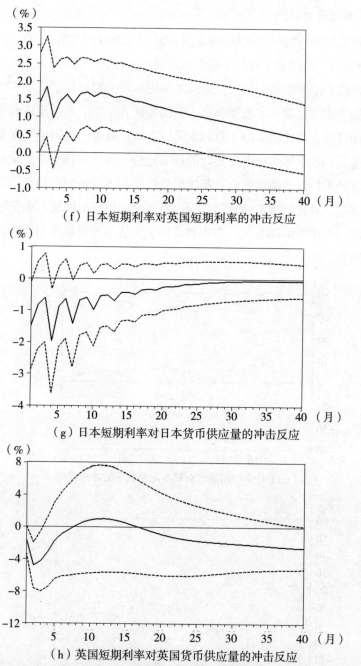

（f）日本短期利率对英国短期利率的冲击反应

（g）日本短期利率对日本货币供应量的冲击反应

（h）英国短期利率对英国货币供应量的冲击反应

图6-69　汇率、日本和英国短期利率对日本、英国短期利率和货币供应量的
　　　　广义脉冲反应（2000.1—2019.12，滞后阶数3）

4. 不同时期对比

同样将2000—2019年分为金融危机前时期（2000.1—2006.12）、金融危机时期（2007.1—2010.12）和后金融危机时期（2011.1—2019.12）三个时期对日本和英国的VAR模型进行分析。图6-70至图6-72分别分析了三个不同时期日本和英国产出缺口对日本短期利率、英国短期利率、汇率以及日本货币供应量的脉冲反应。对比图6-65（总体）可以发现，日本、英国短期利率及汇率受到冲击后，日本和英国产出缺口的反应趋势一致。当日本降低短期利率，均对两者产出持续负溢出效应；英国降低短期利率，短期内均会先抑制两者产出再刺激。日元贬值英镑升值短期内将刺激两国产出增长，中长期产出负溢出效应。对比图6-66发现，日本和英国扩大货币供应量将在短期内促进两国产出增长。

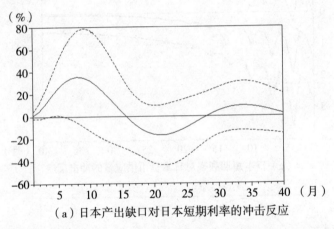

（a）日本产出缺口对日本短期利率的冲击反应

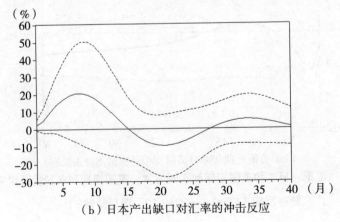

（b）日本产出缺口对汇率的冲击反应

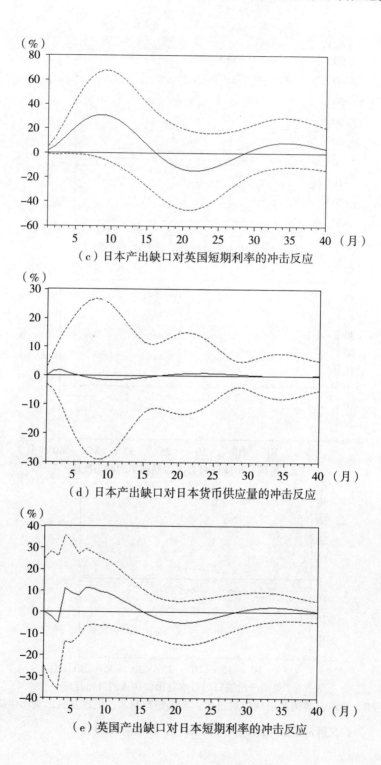

（c）日本产出缺口对英国短期利率的冲击反应

（d）日本产出缺口对日本货币供应量的冲击反应

（e）英国产出缺口对日本短期利率的冲击反应

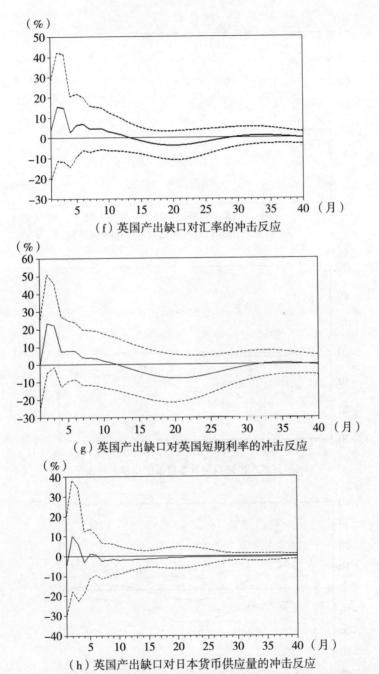

（f）英国产出缺口对汇率的冲击反应

（g）英国产出缺口对英国短期利率的冲击反应

（h）英国产出缺口对日本货币供应量的冲击反应

图6-70　日本、英国产出缺口对日本、英国短期利率、汇率及日本货币供应量的
广义脉冲反应（2000.1—2006.12，滞后阶数2）

　　金融危机前时期，如图6-70所示日本降低利率，需要16期才会对日本产出产生积极效应，只需2期就会对英国产出产生正溢出效应。而英国降低利率对英国和日本产出的影响和总体相同，分别从第12期和第16期开始对英国和日本产出有正溢出效应。日元贬值（英镑升值）将立刻刺激日本和欧元区产出增长。扩大日本货币供应量短期内将立刻促进日本产出增长，但将在2—3期和5—6期内促进英国产出增长。

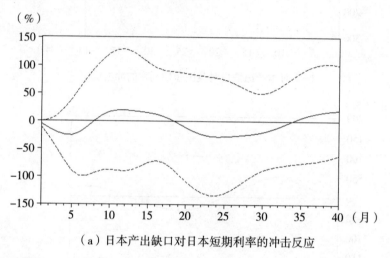

（a）日本产出缺口对日本短期利率的冲击反应

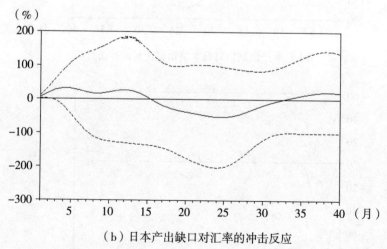

（b）日本产出缺口对汇率的冲击反应

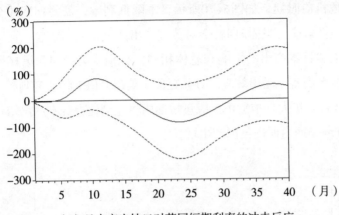

（c）日本产出缺口对英国短期利率的冲击反应

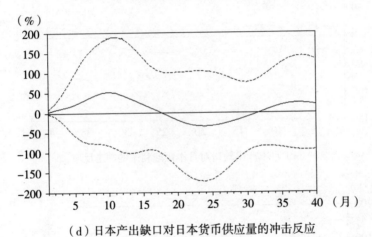

（d）日本产出缺口对日本货币供应量的冲击反应

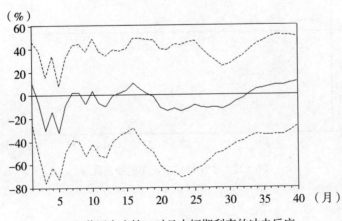

（e）英国产出缺口对日本短期利率的冲击反应

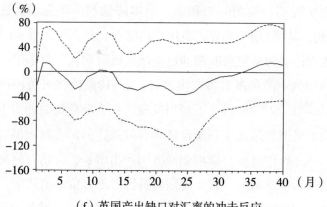

（f）英国产出缺口对汇率的冲击反应

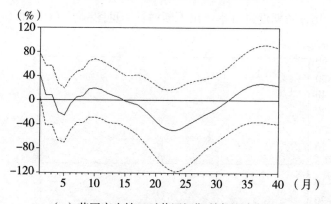

（g）英国产出缺口对英国短期利率的冲击反应

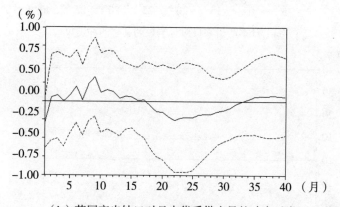

（h）英国产出缺口对日本货币供应量的冲击反应

图6-71 日本、英国产出缺口对日本、英国短期利率、汇率及日本货币供应量的
广义脉冲反应（2007.1—2010.12，滞后阶数3）

  金融危机时期，如图6-71所示，日本降低利率将立刻促进日本产出增长到第8期，从第1期开始促进英国产出增长，见图6-71（a）和（b），正向溢出效应比金融危机前时期和后金融危机时期快。日本扩大货币供应量，将在18期内不断刺激日本产出增长，2—17期内将对英国产生正溢出效应，见图6-71（d）和（h）。可以发现，在金融危机的冲击下，日本采用数量型和价格型货币政策刺激经济均有效，但扩大货币供应量的方式更加有效。日元贬值将在15期内刺激本国产出增长，英镑升值将会在2—4期出现刺激英国产出增长，其余时期对英国产出有负溢出效应，见图6-71（b）和（f）。英国降低利率将立刻刺激本国产出增长，将暂时抑制日本产出的增长，16—32期促进日本产出不断增长，见图6-71（c）和（g）。

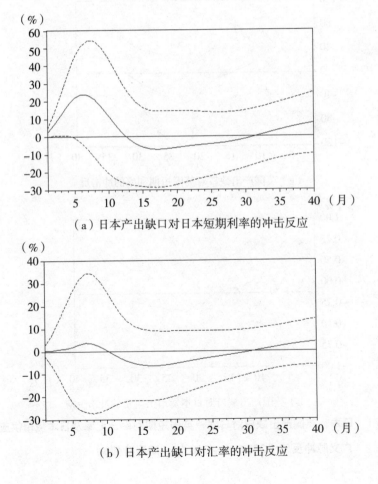

（a）日本产出缺口对日本短期利率的冲击反应

（b）日本产出缺口对汇率的冲击反应

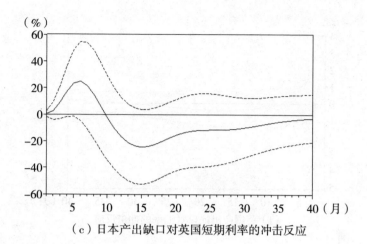

（c）日本产出缺口对英国短期利率的冲击反应

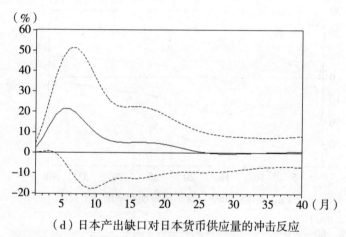

（d）日本产出缺口对日本货币供应量的冲击反应

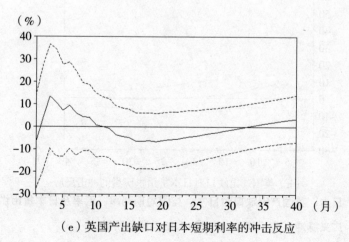

（e）英国产出缺口对日本短期利率的冲击反应

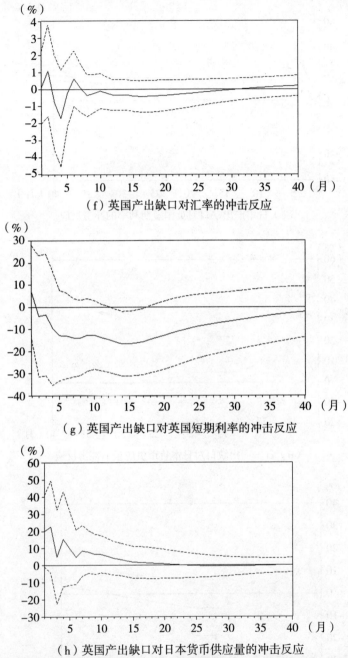

（f）英国产出缺口对汇率的冲击反应

（g）英国产出缺口对英国短期利率的冲击反应

（h）英国产出缺口对日本货币供应量的冲击反应

图6-72　日本、英国产出缺口对日本、英国短期利率、汇率及日本货币供应量的
广义脉冲反应（2011.1—2019.12，滞后阶数3）

　　后金融危机时期，如图6–72所示，降低日本短期利率短期内将抑制本国产出，见图6–72（a）。与此同时，降低日本短期利率仅能立刻提高英国产出2期，11—33期同样对英国产出起促进作用，见图6–72（e）。相较于金融危机前时期和金融危机时期，后金融危机时期日本采用扩张的价格型货币政策对英国的正溢出效应保持的时间更长。降低英国利率，需要经过10期才会促进日本产出的增长，仅在第1期对英国产出具有正溢出效应，见图6–72（c）和（g）。日元贬值英镑升值将会立刻刺激日本产出增长到第10期，仅在1—2期和6—7期对英国产出具有刺激作用，见图6–72（b）和（f），持续时间均短于金融危机前时期和金融危机时期。日本扩大货币供应量将立刻刺激日本和英国产出增长分别到第26期和第22期，见图6–72（c）和（h）。因此，日本在后金融危机时期采用宽松的数量型货币政策对本国和英国产出的正溢出效应将更加有效和持久。

　　图6–73至图6–75显示了金融危机前时期、金融危机时期和后金融危机时期日本短期利率和货币供应量受到冲击后，英国短期利率、通货膨胀率以及汇率的不同反应情况。

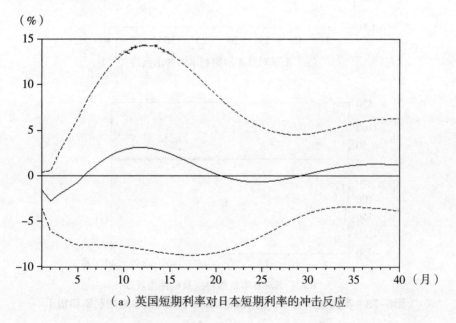

（a）英国短期利率对日本短期利率的冲击反应

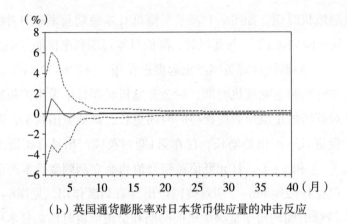

（b）英国通货膨胀率对日本货币供应量的冲击反应

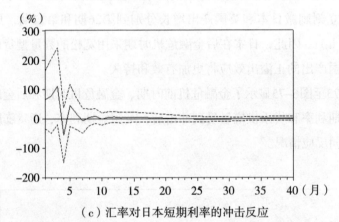

（c）汇率对日本短期利率的冲击反应

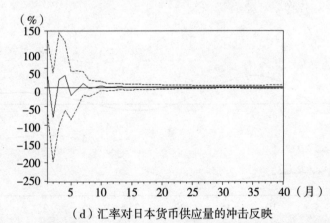

（d）汇率对日本货币供应量的冲击反映

图6-73　英国短期利率、通货膨胀率和汇率对日本短期利率和货币
供应量的广义脉冲反应（2000.1—2006.12，滞后阶数2）

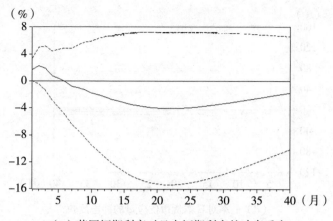

（a）英国短期利率对日本短期利率的冲击反应

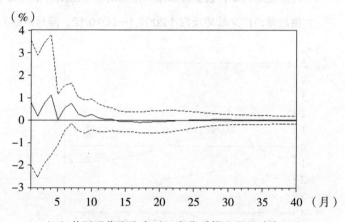

（b）英国通货膨胀率对日本货币供应量的冲击反应

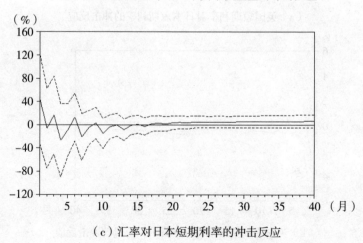

（c）汇率对日本短期利率的冲击反应

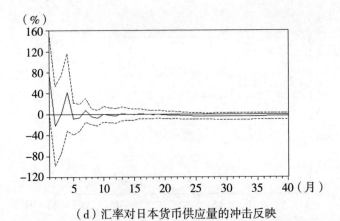

（d）汇率对日本货币供应量的冲击反映

图6-74 英国短期利率、通货膨胀率和汇率对日本短期利率和货币

供应量的广义脉冲反应（2007.1—2010.12，滞后阶数3）

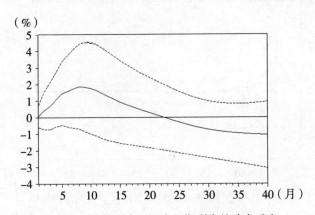

（a）英国短期利率对日本短期利率的冲击反应

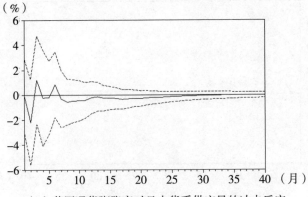

（b）英国通货膨胀率对日本货币供应量的冲击反应

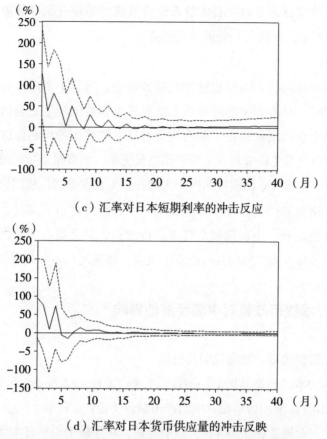

（c）汇率对日本短期利率的冲击反应

（d）汇率对日本货币供应量的冲击反映

图6-75 英国短期利率、通货膨胀率和汇率对日本短期利率和货币

供应量的广义脉冲反应（2011.1—2019.12，滞后阶数3）

金融危机前时期，如图6-73所示，日本短期利率的提高将立即导致英国短期利率的降低（6期），降低日本短期利率在短期内对日元对欧元汇率主要呈负向影响，即英镑贬值日元升值，日本货币供应量的增加将提高英国物价。金融危机时期，如图6-74所示，日本短期利率的提高将在6期内立刻拉高英国短期利率。日本货币供应量的增加持续促进英国物价的上升，持续时间长于金融危机前时期。日本货币政策对汇率的影响呈波动状态，其中日本短期利率的下降总体上将导致汇率下跌，而日本货币供应量的增加总体上会提升汇率。后金融危机时期，如图6-75所示，日本短期利率的降低将导致英国短期利率的降低，直到第22期；将不断拉高英镑/日元的汇率，即欧元升值日元贬值。日本货币供应量的增加将立刻抑制英国物价，同样将拉高汇率，导致欧元升值日元贬值。

5. 小结

在日本和英国的VAR模型脉冲响应分析中，当日本采用扩张性货币政策刺激经济时，日本利率的降低将无法对日本和英国产生正溢出效应，而基础货币供应量的增加，在短期内均会对日本和英国产出起促进作用。说明价格型货币政策（降低利率）对产出增长无效，而数量型货币政策（扩大货币供应量）短期内立即促进两国产出增长，尤其在金融危机时期和后金融危机时期作用更加凸显。日本降低短期利率和扩大货币供应量，都将短暂抑制日本物价上升，中长期推高日本物价增长，但会提高英国物价。日元的贬值对本国和英国产出均具有正溢出效应，将推高日本和英国物价。

五、日本货币政策对中国经济的影响

（一）变量选取、数据说明及处理

在日本的本国模型基础上，用日元汇率e^{cj}（日元/人民币）替代汇率e^j，再加入2002年1月至2019年12月中国产出缺口（y^c）、利率（i^c）、基础货币供应量（m^c）和通货膨胀率（p^c）四个变量，建立模型考察日本货币政策对中国经济的影响。

表6-5 中国变量选取及含义

国家	产出缺口y$^{(c)}$	通货膨胀率p$^{(c)}$	利率i$^{(c)}$	基础货币m$^{(c)}$	汇率（e）$^{(c)j}$
中国（c）	产出缺口（%）	消费价格指数增长率	全国银行间同业拆借交易利率（%）	M2（十亿人民币）取对数后差分	一人民币等于多少日元的汇率差分

中国短期利率（i^c）采用全国银行间同业拆借交易利率，由于利率数据从2002年1月开始，因此在此模型中均采用2002年1月至2019年12月数据进行分析。通货膨胀率（p^c）用消费价格指数（含所有产品）增长率表示，对中国M2取对数后差分再作为基础货币供应量（m^c）的代理变量，将汇率差分后作为日元汇率（e^{cj}）的代理变量。中国产出缺口（y^c）定义为中国工业生

产指数（不含建筑业）经季节调整的真实产出与HP滤波处理后的趋势值之差。数据均来源于中国国家统计局和FRED数据库，个别缺失值采用算术平均法补齐。

采用ADF检验方法对变量进行平稳性检验，发现中国产出缺口（y^c）、利率（i^c）和通货膨胀率（p^c）在5%的水平下显著且稳定，直接进入模型。中国汇率和M2不显著，因此对汇率进行差分、对M2取对数差分后分别作为日元汇率（e^{cj}）和货币供应量（m^c）的代理变量进入模型。根据AIC准则选择最优滞后阶数为4，通过AR根倒数分布检验，所有点均位于单位圆内。对两国VAR模型进行Johansen协整发现，在5%水平下，秩（迹）检验和最大特征值检验分别表明模型中存在5个、4个协整关系。

（二）脉冲响应方程

采用广义脉冲响应函数对日本和中国向量自回归模型进行研究，保留40期结果。重点分析日本和中国宏观经济变量对日本货币政策的冲击反应，反之也考察了中国货币政策对日本经济的影响。

1. 产出缺口的脉冲响应

图6-76（a）至（c）和（d）至（f）分别显示了日本短期利率（i^j）、日元汇率（e^{cj}）和中国短期利率（i^c）分别受到一个标准差冲击后，对日本产出缺口（y^j）和中国产出缺口（y^c）的影响情况。日本提高短期利率将立刻促进日本和中国产出增长，日本降低利率将分别在18期和13期刺激日本和中国产出增长，而中国降低短期利率将立刻促进日本和中国产出增长。汇率上升，即人民币升值日元贬值时，将立刻抑制日本和中国产出增长。

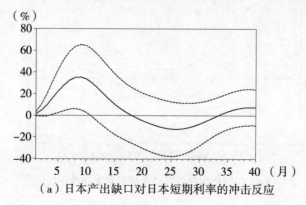

（a）日本产出缺口对日本短期利率的冲击反应

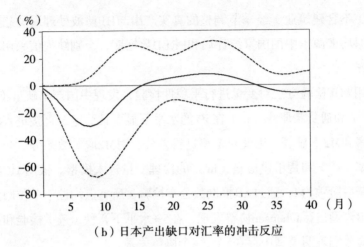

（b）日本产出缺口对汇率的冲击反应

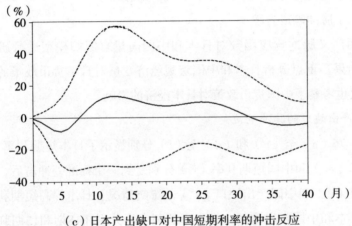

（c）日本产出缺口对中国短期利率的冲击反应

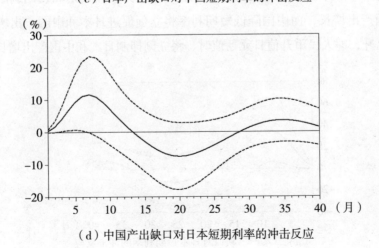

（d）中国产出缺口对日本短期利率的冲击反应

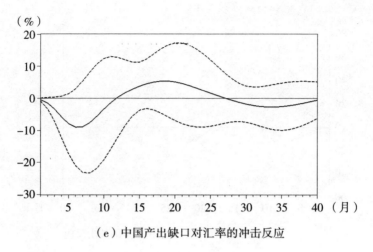

（e）中国产出缺口对汇率的冲击反应

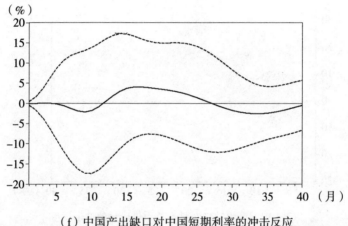

（f）中国产出缺口对中国短期利率的冲击反应

图6-76 日本、中国产出缺口对日本、中国短期利率及汇率的
广义脉冲反应（2002.1—2019.12，滞后阶数4）

图6-77通过对日本和中国货币供应量进行一个标准差的正冲击后，
得到日本和中国产出缺口的影响情况。当日本增大货币供应量时，将立刻
促进日本和中国产出增长，分别至18期和13期，见图6-77（a）和（b）。
因此当日本计划采用宽松式货币政策刺激经济增长时，增大货币供应量将
立刻对产出形成正溢出效应，而降低利率则需要经过一段时间。由图6-77
（c）和（d）可得，当中国增大货币供应量时，同样将立刻促进日本和中国
产出增长，分别至20期和15期。

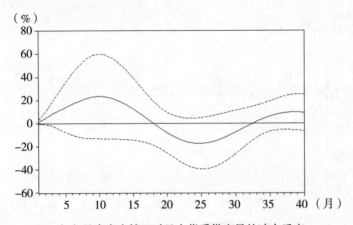

（a）日本产出缺口对日本货币供应量的冲击反应

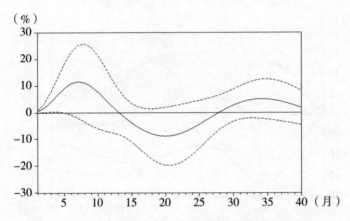

（b）中国产出缺口对日本货币供应量的冲击反应

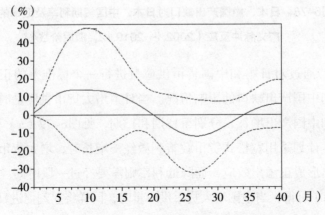

（c）日本产出缺口对中国货币供应量的冲击反应

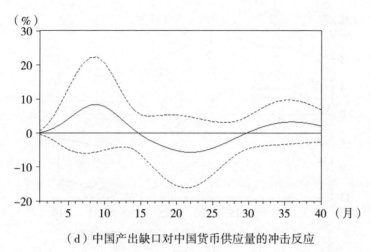

（d）中国产出缺口对中国货币供应量的冲击反应

图6-77　日本、中国产出缺口对日本、中国货币供应量的

广义脉冲反应（2002.1—2019.12，滞后阶数4）

因此，在日本和中国的两国VAR模型中，当日本采用扩张性货币政策刺激经济增长时，日本利率的降低将无法立刻对日本和中国产生正溢出效应，而基础货币供应量的增加，在短期内均会刺激日本和中国产出的增长。当中国同样采用积极的货币政策时，降低利率和增大货币供给量均会刺激日本和中国产出的增长，但后者持续时间更长。日元升值人民币贬值在短期内对本国和中国的产出均具有正溢出效应。

2. 通货膨胀率的脉冲响应

图6-78显示了日本短期利率（i^j）、汇率（e^{cj}）和中国短期利率（i^c）分别受到一个标准差冲击后，对日本通货膨胀率（p^j）和中国通货膨胀率（p^c）的影响情况。图6-78（a）和（d）显示了当日本提高短期利率时，在21期内均会不断推进日本和中国物价的增长。当中国提高利率时将不断推高日本物价，但仅在2期内推高中国物价，见图6-78（c）和（f）。日元贬值将在2—5期内推高日本物价，人民币升值将不断降低中国物价。

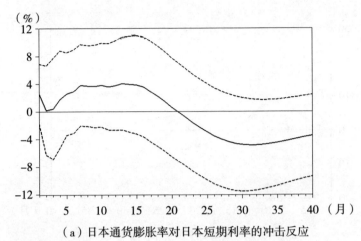

（a）日本通货膨胀率对日本短期利率的冲击反应

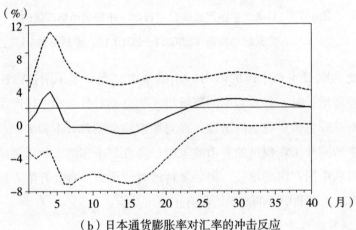

（b）日本通货膨胀率对汇率的冲击反应

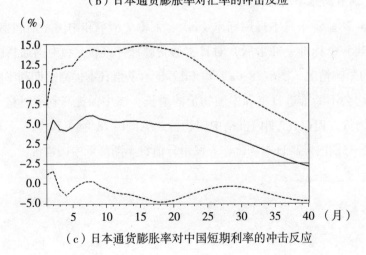

（c）日本通货膨胀率对中国短期利率的冲击反应

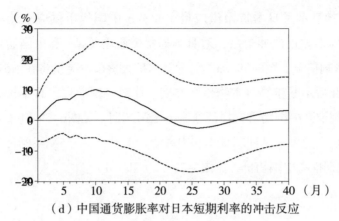

（d）中国通货膨胀率对日本短期利率的冲击反应

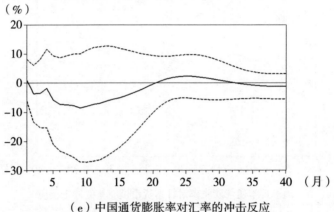

（e）中国通货膨胀率对汇率的冲击反应

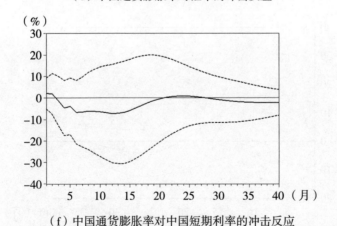

（f）中国通货膨胀率对中国短期利率的冲击反应

图6-78 日本、中国通货膨胀率对日本、中国短期利率及汇率的

广义脉冲反应（2002.1—2019.12，滞后阶数4）

图6-79显示了日本货币供应量（m^j）、中国货币供应量（m^c）分别受到一个标准差正向冲击后，对日本通货膨胀率（p^j）和中国通货膨胀率（p^c）的影响情况。图6-79（a）显示日本扩大货币供应量将在前5期降低日本物价，此后不断推高日本物价至25期。而对中国而言，日本扩大货币供应量将立刻推高中国物价，提高通胀率至第20期，见图6-79（b）。当中国扩大货币供应量将立刻抑制日本和中国物价上升，8—25期不断推高日本物价，4—22期推高中国物价，见图6-79（c）和（d）。

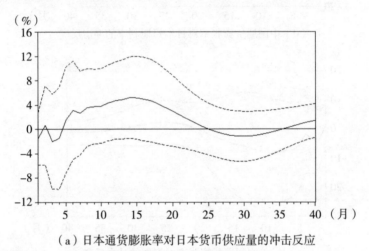

（a）日本通货膨胀率对日本货币供应量的冲击反应

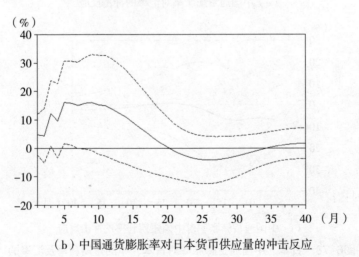

（b）中国通货膨胀率对日本货币供应量的冲击反应

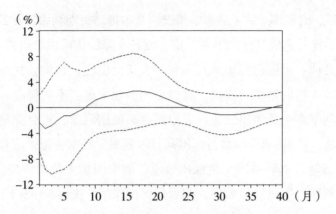

（c）日本通货膨胀率对中国货币供应量的冲击反应

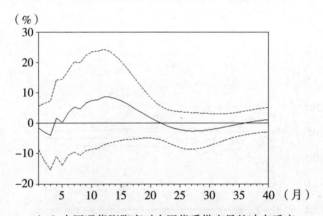

（d）中国通货膨胀率对中国货币供应量的冲击反应

图6-79 日本、中国通货膨胀率对日本、中国货币供应量的广义脉冲反应

（2002.1—2019.12，滞后阶数4）

因此，日本降低短期利率和扩大货币供应量，短期内将抑制日本物价上升，但前者持续时间更长。短期内只有日本降低短期利率对中国物价具有抑制效果，日本扩大货币供应量将导致中国物价的不断攀升。中国降低利率和扩大货币供应量，均将抑制日本物价上升。日元贬值人民币升值将降低中国物价。

3. 双边汇率、短期利率的脉冲响应

图6-80（a）至（d）显示了日本短期利率（i^j）、日本货币供应量（m^j）、中国短期利率（i^c）和中国货币供应量（m^c）分别受到一个标准差

正向冲击后，对汇率（e^{cj}）的影响情况。日本提高短期利率将在2—3期提高日元汇率，此后造成日元的不断升值，而日本降低货币供给量将在前5期导致日元的升值。中国提高短期利率和扩大货币供应量，均会立刻导致人民币贬值。日本短期利率的提高，将会立刻引起中国利率的提高，长期将对中国短期利率产生负溢出效应。而中国提高短期利率，将会立刻抑制日本利率的提高，从第8期开始将持续推高日本利率。日本货币供应量的扩大，总体而言将对日本利率产生负溢出效应。而中国扩大货币供应量，在前5期对中国利率产生负溢出效应，此后呈促进作用。图6-80（a）至（h）显示，日本短期利率向中国传递较快，而中国利率调至向日本利率的传递相对较慢。

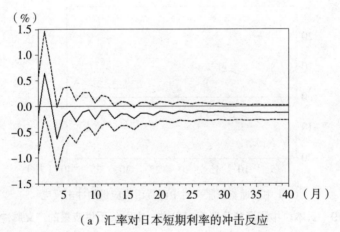

（a）汇率对日本短期利率的冲击反应

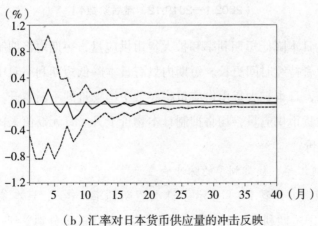

（b）汇率对日本货币供应量的冲击反映

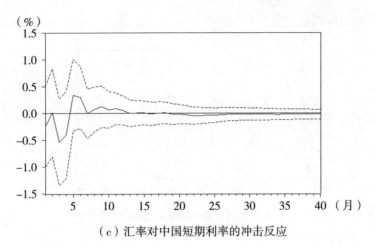

（c）汇率对中国短期利率的冲击反应

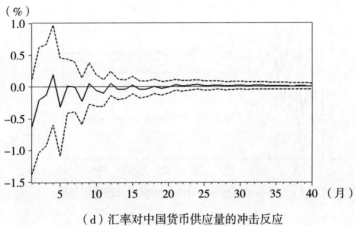

（d）汇率对中国货币供应量的冲击反应

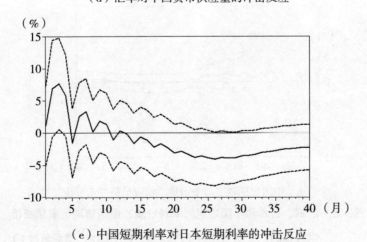

（e）中国短期利率对日本短期利率的冲击反应

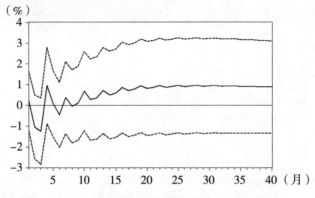

（f）日本短期利率对中国短期利率的冲击反应

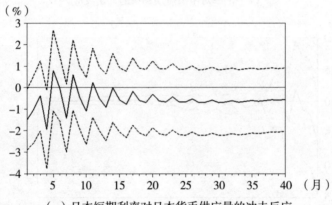

（g）日本短期利率对日本货币供应量的冲击反应

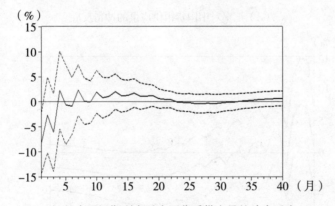

（h）中国短期利率对中国货币供应量的冲击反应

图6-80 汇率、日本和中国短期利率对日本、中国短期利率和货币

供应量的广义脉冲反应（2002.1—2019.12，滞后阶数4）

4. 不同时期对比

同样将2002—2019年分为金融危机前时期（2002.1—2006.12）、金融危机时期（2007.1—2010.12）和后金融危机时期（2011.1—2019.12）三个时期对日本和中国的VAR模型进行分析。图6-81至图6-83分别分析了三个不同时期日本和中国产出缺口对日本短期利率、中国短期利率、汇率以及日本货币供应量的脉冲反应。对比图6-76（总体）可以发现，日本、中国短期利率及汇率受到冲击后，日本和中国产出缺口的反应趋势一致。当日本降低短期利率，均对两者产出持续的负溢出效应。中国降低短期利率，短期内均会先刺激两者，随后产生负溢出效应。日元贬值人民币升值短期内将抑制两国产出增长，中长期产出有正溢出效应。对比图6-77发现，日本和中国扩大货币供应量将在短期内促进两国产出增长。

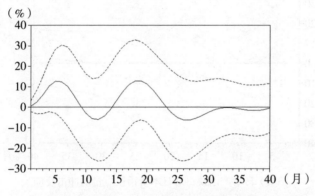

（a）日本产出缺口对日本短期利率的冲击反应

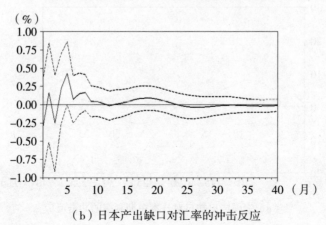

（b）日本产出缺口对汇率的冲击反应

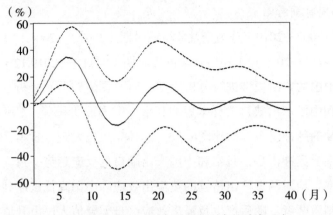

（c）日本产出缺口对中国短期利率的冲击反应

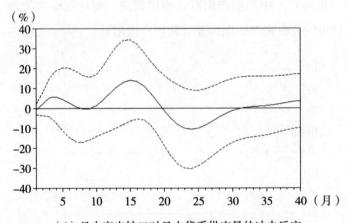

（d）日本产出缺口对日本货币供应量的冲击反应

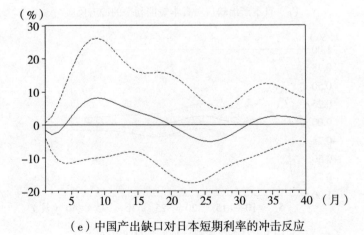

（e）中国产出缺口对日本短期利率的冲击反应

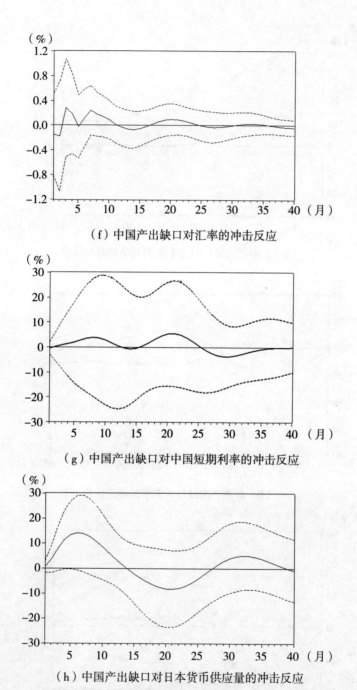

（f）中国产出缺口对汇率的冲击反应

（g）中国产出缺口对中国短期利率的冲击反应

（h）中国产出缺口对日本货币供应量的冲击反应

图6-81　日本、中国产出缺口对日本、中国短期利率、汇率及日本货币
供应量的广义脉冲反应（2002.1—2006.12，滞后阶数2）

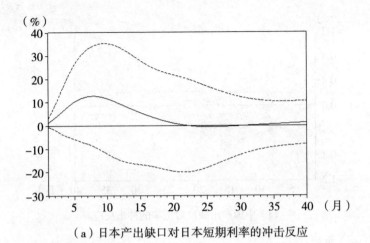

（a）日本产出缺口对日本短期利率的冲击反应

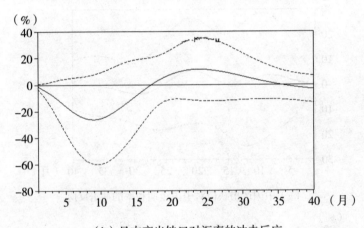

（b）日本产出缺口对汇率的冲击反应

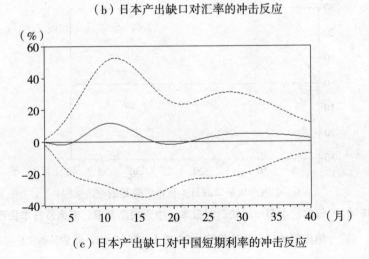

（c）日本产出缺口对中国短期利率的冲击反应

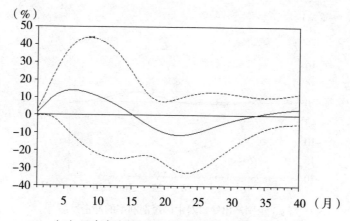

（d）日本产出缺口对日本货币供应量的冲击反应

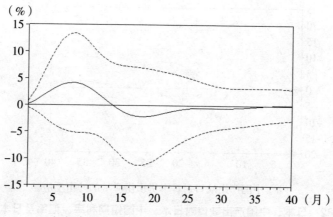

（e）中国产出缺口对日本短期利率的冲击反应

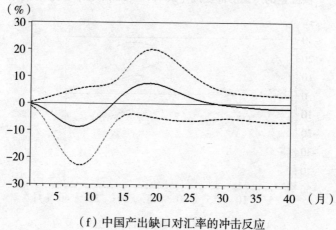

（f）中国产出缺口对汇率的冲击反应

317

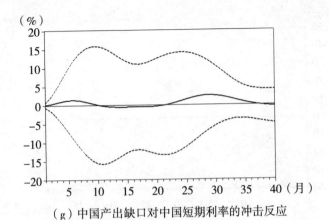

（g）中国产出缺口对中国短期利率的冲击反应

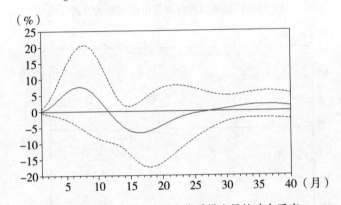

（h）中国产出缺口对日本货币供应量的冲击反应

图6-82　日本、中国产出缺口对日本、中国短期利率、汇率及日本货币
供应量的广义脉冲反应（2007.1—2010.12，滞后阶数2）

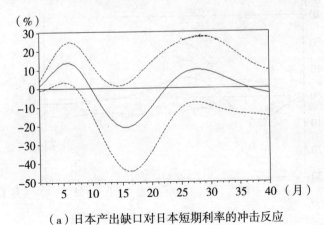

（a）日本产出缺口对日本短期利率的冲击反应

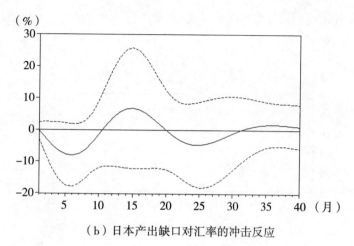

（b）日本产出缺口对汇率的冲击反应

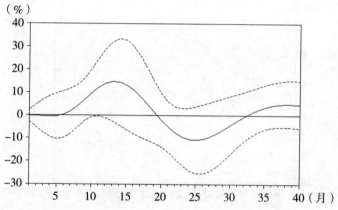

（c）日本产出缺口对中国短期利率的冲击反应

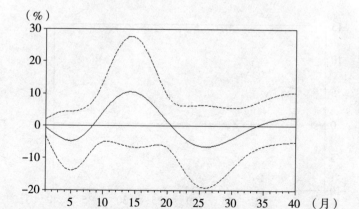

（d）日本产出缺口对日本货币供应量的冲击反应

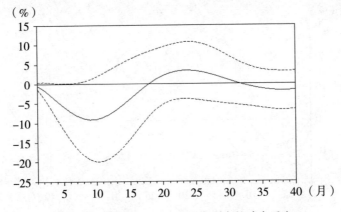

（e）中国产出缺口对日本短期利率的冲击反应

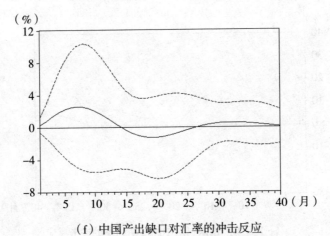

（f）中国产出缺口对汇率的冲击反应

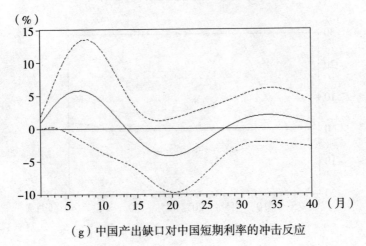

（g）中国产出缺口对中国短期利率的冲击反应

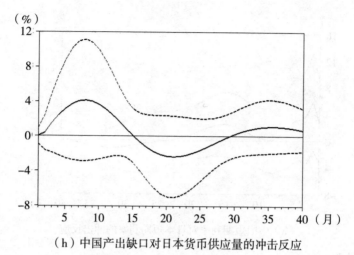

（h）中国产出缺口对日本货币供应量的冲击反应

图6-83　日本、中国产出缺口对日本、中国短期利率、汇率及日本货币
供应量的广义脉冲反应（2011.1—2019.12，滞后阶数2）

在金融危机前时期，如图6-81所示，日本降低利率，将在9—14期对日本产出具有积极效应，但立刻会对中国产出产生正溢出效应。中国降低利率对英国和日本产出的影响和总体不同，均将立刻刺激两国产出增长。扩大日本货币供应量同样立刻促进日本和中国产出增长。在金融危机时期，如图6-82所示，日本降低利率和扩大货币供应量均将立刻促进日本和中国产出增长。日元贬值将立刻抑制本国和中国产出增长，中国降低利率将立刻抑制本国产出增长，将短暂促进日本产出的增长。在后金融危机时期，如图6-83所示，日本降低短期利率和扩大货币供应量短期内均将抑制本国产出，立刻促进中国产出增长。中国降低利率，短期内对两国产出均呈抑制作用。日元贬值将立刻抑制本国产出，人民币升值将促进中国产出增长。

图6-84至图6-86显示了金融危机前时期、金融危机时期和后金融危机时期日本短期利率和货币供应量受到冲击后，中国短期利率、通货膨胀率以及汇率的不同反应情况。

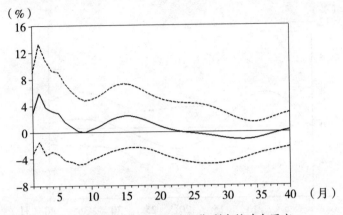

（a）中国短期利率对日本短期利率的冲击反应

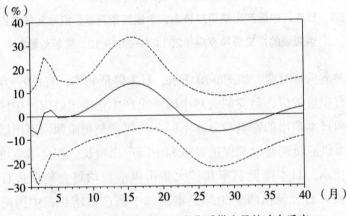

（b）中国通货膨胀率对日本货币供应量的冲击反应

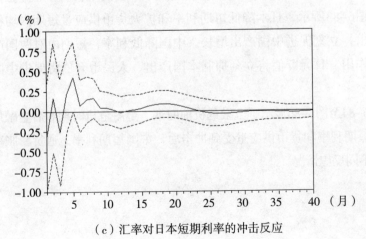

（c）汇率对日本短期利率的冲击反应

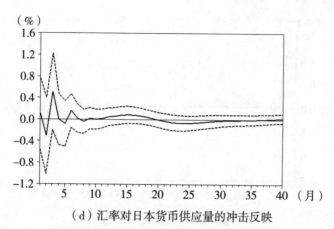

（d）汇率对日本货币供应量的冲击反映

图6-84　中国短期利率、通货膨胀率和汇率对日本短期利率和货币
供应量的广义脉冲反应（2002.1—2006.12，滞后阶数2）

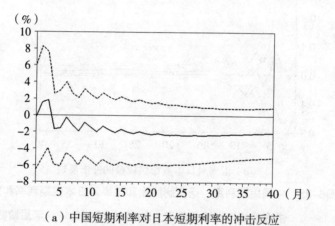

（a）中国短期利率对日本短期利率的冲击反应

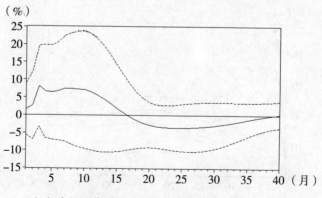

（b）中国通货膨胀率对日本货币供应量的冲击反应

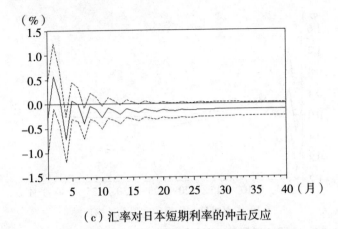

（c）汇率对日本短期利率的冲击反应

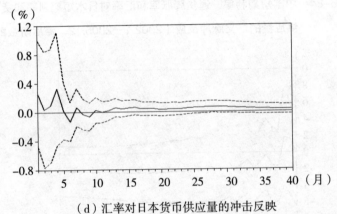

（d）汇率对日本货币供应量的冲击反映

图6-85　中国短期利率、通货膨胀率和汇率对日本短期利率和货币
供应量的广义脉冲反应（2007.1—2010.12，滞后阶数2）

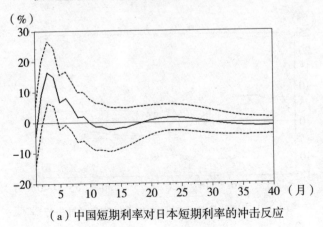

（a）中国短期利率对日本短期利率的冲击反应

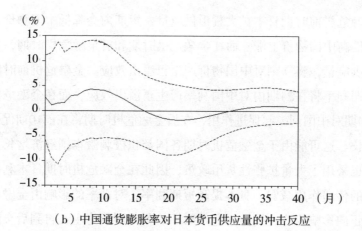

（b）中国通货膨胀率对日本货币供应量的冲击反应

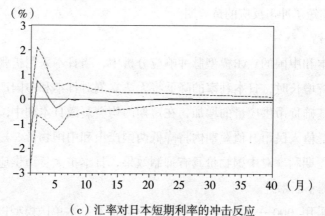

（c）汇率对日本短期利率的冲击反应

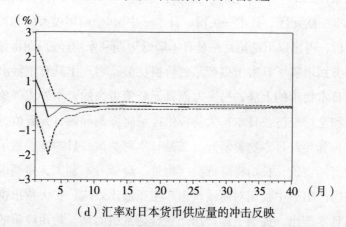

（d）汇率对日本货币供应量的冲击反映

图6-86　中国短期利率、通货膨胀率和汇率对日本短期利率和货币

供应量的广义脉冲反应（2011.1—2019.12，滞后阶数2）

金融危机前时期日本扩大货币供应量，短期内会降低中国物价，中期将不断推高中国物价上涨。而在金融危机时期和后金融危机时期，日本扩大货币供应量，将立刻对中国物价产生正溢出效应。金融危机前时期日本提高短期利率将在24期内对中国利率产生正溢出效应，而在金融危机时期仅在前4期对中国利率起促进作用，在后金融危机时期将在前10期促进中国利率增长。这可能由于金融危机时期各国都积极刺激本国经济增长，尤其是中国也采用了大量扩张性货币政策，因此在金融危机时期日本利率对中国利率的传递作用减弱。日本提高短期利率，对汇率的影响由金融危机前时期以正向影响为主，到金融危机时期的负向影响为主，再到后金融危机时期极大缩短了冲击反应的持续期。

5. 小结

在日本和中国的VAR模型脉冲响应分析中，当日本采用扩张性货币政策刺激经济增长时，日本利率的降低将无法立刻对日本和中国产生正溢出效应，而基础货币供应量的增加，在短期内均会刺激日本和中国产出的增长。日元贬值人民币升值短期内将降低两国产出和中国物价。短期内只有日本降低短期利率对中国物价具有抑制效果，日本扩大货币供应量将导致中国物价的不断攀升。

研究采用2000—2019年国家宏观月度数据对日本单国模型以及日本—美国、日本—欧元区、日本—英国、日本—中国4个两国模型的脉冲响应结果进行分析，得出以下结论：一是日本降低短期利率均经过3期将导致日元贬值，一方面增强了日本出口产品的价格优势，对产出具有正溢出效应，从而促使日本物价的上涨；另一方面日元贬值带来的资本外流现象同样将影响日本和全球经济。日本扩大货币供应量将立刻导致日元贬值，促进日本产出增长和导致日本物价攀升。二是日本对美国，日本宽松货币，短期内将刺激美国物价，长期将降低美国物价。降低日本利率，短期内将抑制日本和美国产出，中长期对两国产出产生正溢出效应；扩大货币供应量短期内提高日本产出，抑制美国产出。在金融危机时期，货币政策的效果通常要优于金融危机前时期和后金融危机时期。三是日本对欧元区，日本采用价格型货币政策（降低利率）数量型货币政策（扩大货币供应量）均需要一段时间才能促进本国和欧元区产出增长。日本利率的下调在短期内将会促使日元的贬值。日本和欧元区短期利率的下降，均会不断推高日本物价，而对欧元区物价的推高程度和持久性均相对较小。四是日本对英国，采用价格型货币政策（降低利率）对两国产出增长无效，而数量型货币政策（扩大货币供应量）短期内立即促进两国产出增长，尤其在金融危机时期和后金融危机时期作用更加凸显。日元的贬值对本国和英国产出均具有正溢出效应。日本降低短期利率和扩大货币供应量，都将短暂抑制日本物价上升，提高英国物价。五是日本对中国，采用价格型货币政策（降低利率）需要一段时间才能促进两国产出增长，而采用数量型货币政策（扩大货币供应量）短期内立即促进两国产出增长。日元贬值短期内将降低两国产出和中国物价，短期内日本降低短期利率对中国物价具有抑制效果，日本扩大货币供应量将导致中国物价的不断攀升。

第三节　中国货币政策的溢出效应

一、中国货币政策的向量自回归模型

（一）变量选取、数据说明及处理

利用2002—2019年中国宏观经济变量与货币政策变量的月度数据，构建并估计中国向量自回归模型，模型包括变量（y^c, p^c, i^c, m^c, e^{uc}），考察中国货币政策对国内经济的影响效应，作为国际分析的基础。根据AIC准则选择2阶滞后。金融危机前时期中国货币政策主要以数量型工具为主进行宏观调控。2012年以来，中国逐步形成了利率走廊利率政策操作框架，对于价格型货币政策规则的使用日益频繁，但数量型货币政策工具仍是中国人民银行日常货币政策操作的重要工具，因此，选择中国货币供应量（m^c）和短期利率（i^c）作为中国货币政策的主要表征变量。中国产出缺口（y^c）、通货膨胀率（p^c）、短期利率（i^c）、货币供应量（m^c）、人民币对美元汇率（e^{uc}）等变量说明与中美两国模型相同（略）。

（二）脉冲响应方程

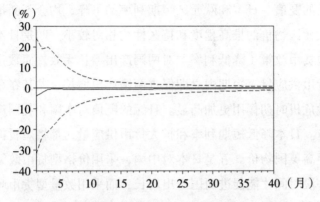

（a）中国产出缺口对中国短期利率的冲击反应

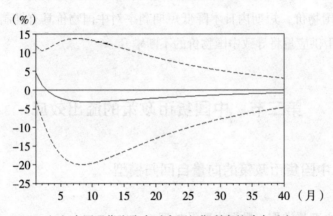

（b）中国通货膨胀率对中国短期利率的冲击反应

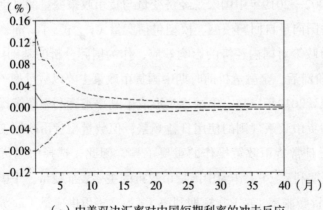

（c）中美双边汇率对中国短期利率的冲击反应

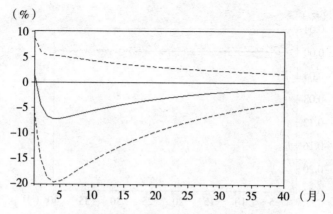

（d）中国通货膨胀率对中美双边汇率的冲击反应

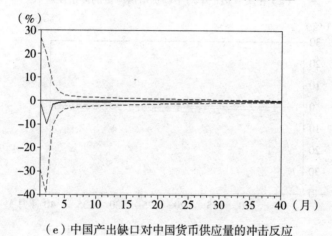

（e）中国产出缺口对中国货币供应量的冲击反应

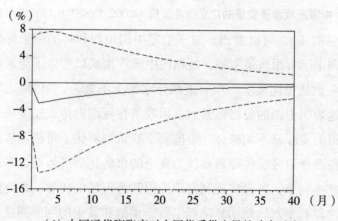

（f）中国通货膨胀率对中国货币供应量的冲击反应

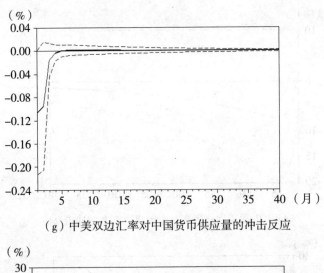

（g）中美双边汇率对中国货币供应量的冲击反应

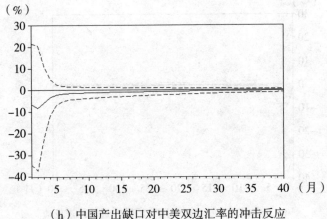

（h）中国产出缺口对中美双边汇率的冲击反应

图6-87　中国宏观经济变量的广义脉冲反应（2002.1—2019.12，滞后阶数2）

从图6-87（a）可以看出，对于给定中国短期利率的一个标准差的正向冲击，即中国货币政策紧缩，短期内中国产出缺口产生了与宏观经济理论预期相一致的负向反应，但一般统计水平上不显著，第3期之后反应趋于消失。这表明中国的价格型紧缩货币政策在短期内传递速度快。这与中国利率政策的实际基本相符合。中国利率双轨制弱化了价格型政策工具的效果，价格型货币政策传导需要较为完全的市场化经济体制，即中国人民银行调整基准利率，进而实现利率跨期限和跨市场的传导，最终影响收入水平。现阶段利率双轨制明显降低了资金供给和需求的利率弹性，进而也在一定程度上降低了价格型政策效果。根据图6-87（b），通货膨胀率对中国提高短期利率的冲击在第1—3期呈现出正向反应，之后转负。中国提高利率经历3期传导后，对通货膨胀有抑制作用。由图6-87（c）可知，2005年以前，中国盯住美元的固定汇率制度；2008年7月至2010年6月为应对危机实施的汇率固定制度等，导致中国紧缩货币对双边汇率影响微弱。

从图6-87（e）和（f）可以看出，中国增加货币供应量，中国产出与通货膨胀均出现了负向反应。而图6-87（g）更是显示出中国增发货币显著降低了人民币对美元汇率，短期内人民币对美元快速升值，增加了人民币"外升内贬"潜在压力。图6-87（d）和（h）表明，美元升值、人民币贬值，对中国通货膨胀率与产出有较弱的负向影响。

总体上，21世纪初以来，中国正处于货币政策由数量型向价格型转变的改革时期，加上中国货币政策要反制美元增发、滥发给中国造成的负面溢出效应，一定程度上弱化了中国货币政策调控经济的效果。随着中国综合国力增强与在世界经济中的地位提升，美国对世界经济影响弱化，中国货币政策操作框架的完善，双支柱调控框架的健全，中国货币政策对经济的调控效率会显著提升。

二、中国货币政策对英国经济的溢出效应

（一）变量选取、数据说明及处理

扩展中国基准模型，利用2002—2019年中国与英国宏观经济变量的月度数据，构建并估计涵盖美国与中国变量的向量自回归模型，考察中国货币政策对英国经济的影响效应。模型包括变量（y^k, p^k, i^k, e^{ck}, y^c, p^c, i^c, m^c），其中，有"c""k"上标的变量分别为中国与英国变量，e^{ck}表示中英双边汇率（人民币/英镑），用取自然对数并差分处理后的人民币对英镑汇率表示，其他中国、英国变量与前面一致。

（二）脉冲响应方程

中国、英国两经济体向量自回归模型动态分析采用广义脉冲响应函数实现。重点考察了英国经济变量对中国货币政策变量短期利率（i^c）、货币供应量（m^c），以及中英双边汇率（e^{ck}）（人民币/英镑）的冲击反应，估

计结果见图6-88、图6-89。

1. 产出的脉冲响应

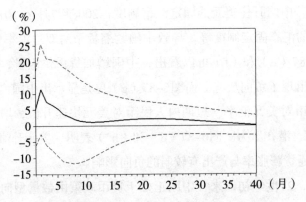

（a）英国产出缺口对中国短期利率的冲击反应

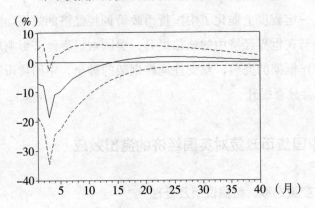

（b）英国产出缺口对中英短期利率的冲击反应

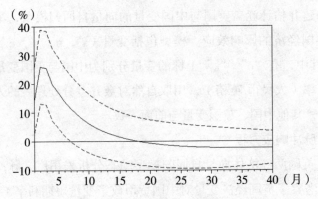

（c）英国产出缺口对英国短期利率的冲击反应

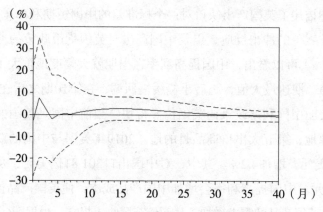

（d）中国产出缺口对中国短期利率的冲击反应

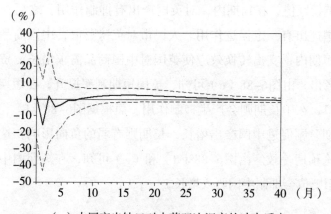

（e）中国产出缺口对中英双边汇率的冲击反应

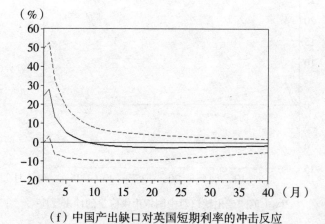

（f）中国产出缺口对英国短期利率的冲击反应

图6-88 中国、英国产出缺口的广义脉冲反应（2002.1—2019.12，滞后阶数2）

　　图6-88描述了英国产出缺口对一个标准差的中国短期利率（i^c）与中英双边汇率（e^{ck}）的冲击反应，以及中国产出对英国货币政策的冲击反应。从图6-88（a）可以看出，中国提高利率在当期就大幅度地扩大了英国产出缺口，在第二期达最大值，之后小幅缓慢回调，在第10期之后在1%的低位稳定。这表明中国利率政策向英国传导得快。当前中国是英国的第三大进口商品来源地，第五大出口商品目的地。2019年英国与中国的双边贸易额为956.8亿美元，增加4.2%。其中，对中国出口301.81亿美元，从中国进口约655亿美元。中国提高利率会增加中国产品成本，使英国产品价格相对降低，中国对英国产品的需求增加，从而使英国收入提高。根据图6-88（b），人民币对英镑贬值，在14期内，对英国产出有抑制作用，之后，转正，在长期对英国产出有一定促进作用。人民币对英镑贬值，中国商品价格相对下降，中短期内，支出转换效应使英国对中国商品需求增长，贸易余额恶化，抑制产出。由图6-88（c）可知，英国短期利率提升，在短期会扩大英国产出缺口，在中长期则会产生抑制作用。而根据图6-88（f），英国提高利率在短期急剧促进中国产出增长，长期则有弱的负向影响，这与传统国际金融理论预期一致。由图6-88（d）和（e）可知，在短期内中国利率提升与人民币贬值会抑制中国收入增长。

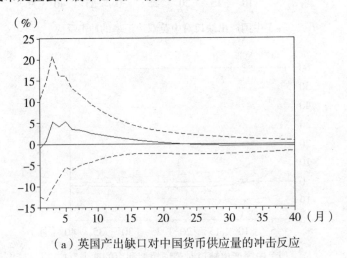

（a）英国产出缺口对中国货币供应量的冲击反应

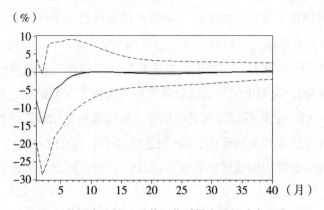

（b）英国产出缺口对英国货币供应量的冲击反应

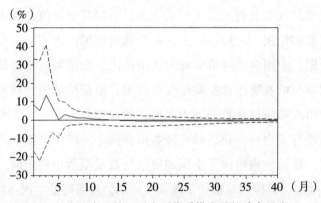

（c）中国产出缺口对中国货币供应量的冲击反应

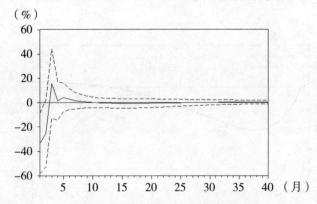

（d）中国产出缺口对英国货币供应量的冲击反应

图6-89　中国、英国产出缺口对供货币供应量广义脉冲反应

（2002.1—2019.12，滞后阶数2）

图6-89描述了英国产出缺口、中国产出缺口对一个标准差的中国货币供应量、英国货币供应量的冲击反应。从图6-89（a）可以看出，对于中国宽松货币的一个标准差正向冲击，在中短期对英国产出有刺激作用，第20期之后衰减为0，说明中国货币供应量增加对英国有短期效应，没有长期效应。图6-89（b）表明英国增加货币供应，实施宽松货币政策，在第1—8期对英国产出有显著的负面作用，第8期之后趋于0。由图6-89（c）和（d）表明，中国产出对中国货币增长有正向反应，而英国增发货币短期内会抑制中国产出增长。

总之，在中英两国模型中，英国产出缺口对中国利率降低短期内有负向反应，而增发货币会刺激英国产出。人民币对英镑贬值，在中短期内对英国产出有抑制作用，之后，转正，在长期对英国产出有一定促进作用。为什么在短期，中国利率降低会抑制英国产出，而增发货币会促进产出？因为降低利率与增发货币都是宽松货币政策，根据传统的开放宏观经济理论，宽松货币政策应该是提升国内产出，而抑制外国产出。主要是由于中国资本市场没有完全自由化，研究样本内有两个阶段中国采取了盯住美元的汇率制度，在短期内模糊了中国的价格与数量型货币政策向人民币对英镑汇率传导效应。英国的宽松货币政策在短期会显著降低中国产出。

2. 通货膨胀率的脉冲响应

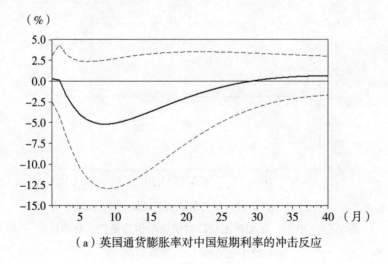

（a）英国通货膨胀率对中国短期利率的冲击反应

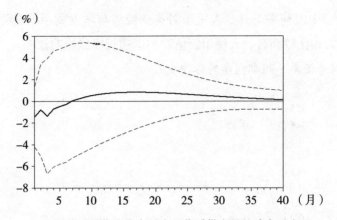

（b）英国通货膨胀率对中国货币供应量的冲击反应

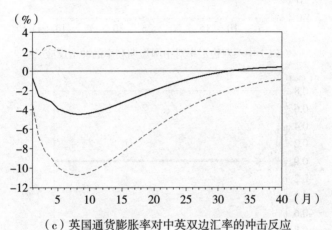

（c）英国通货膨胀率对中英双边汇率的冲击反应

图6-90 英国通货膨胀率对一个标准差广义脉冲反应

（2002.1—2019.12，滞后阶数2）

图6-90描述英国通货膨胀率对中国货币政策变量短期利率、货币供应量与中英双边汇率的冲击反应。从图6-90（a）可以看出，对于给定中国短期利率一个标准差正向冲击，在第2—28期，降低了英国通货膨胀率，在第8期有最大降幅。中国提升利率对英国物价有平抑作用。图6-90（b）表明，中国货币增发，短期内会平抑英国通货膨胀，在长期对物价水平有弱的推升作用。由图6-90（c）可知，人民币贬值，与中国加息效应相同，持久地降低英国通货膨胀率。当前中国是英国的第三大进口商品来源地，人民币对英镑贬值，降低了英国从中国进口商品价格，抑制了英国通货膨胀

率。总之，中国利率上升、人民币对英镑贬值与增发货币均会降低英国通货膨胀率。相比较而言，人民币贬值对英国通货膨胀影响较弱。

3. 双边汇率、短期利率的脉冲响应

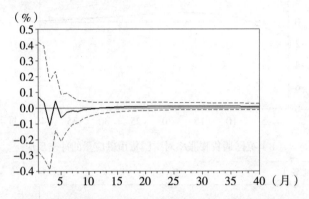

（a）中英双边汇率对中国短期利率的冲击反应

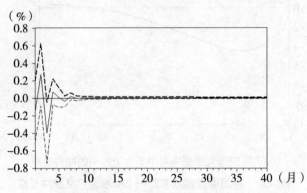

（b）中英双边汇率对中国货币供应量的冲击反应

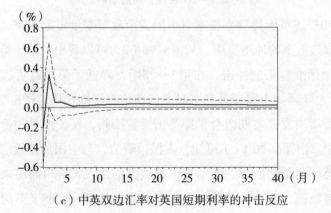

（c）中英双边汇率对英国短期利率的冲击反应

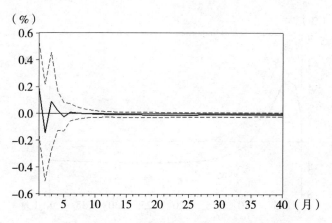

（d）中英双边汇率对英国货币供应量的冲击反应

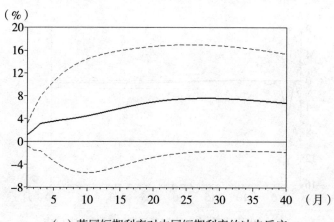

（e）英国短期利率对中国短期利率的冲击反应

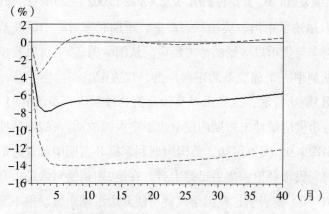

（f）英国短期利率对英国货币供应量的冲击反应

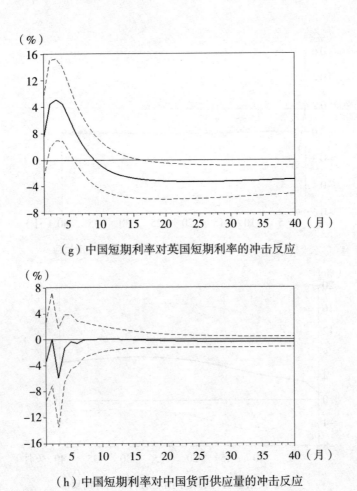

（g）中国短期利率对英国短期利率的冲击反应

（h）中国短期利率对中国货币供应量的冲击反应

图6-91　中英双边汇率、短期利率的广义脉冲反应（2002.1—2019.12，滞后阶数2）

图6-91描述了中国、英国双边汇率、短期利率对一个标准差的中国、英国短期利率与货币供应量的冲击反应。从图6-91（a）可以看出，对于给定中国短期利率一个标准差的正向冲击，双边汇率在当期上升，之后急剧下降，在第3期达谷底，人民币对英镑升值达最大值。而图6-91（b）则表明，中国货币供应量冲击短期内使双边汇率大幅波动，在7期后冲击效应趋于消失。由图6-91（c）可知，英国短期利率提升当期中英双边汇率小幅下降，英镑对人民币贬值，之后迅速上升，在第2期英镑对人民币升值达最大值。图6-91（d）则表明，英国增发货币使双边汇率小波动但不显著。比较图6-91（e）和（g）可得，中国短期利率调整向英国短期利率传递速度快、

程度高，英国利率政策与中国利率政策的同向联动程度高，而英国短期利率提升，短期会显著提升中国利率，中长期则降低中国利率。由图6-91（f）和（h）可知，英国货币增发会显著降低国内利率水平，而中国增发货币在短期内会降低本国利率水平，但不显著。

总而言之，中国提升短期利率对双边汇率影响不显著，英国提升利率则在短期会显著提升双边汇率，使英镑对人民币快速升值。两国政策利率在两国间的双向传递速度快，但传递程度不具对称性。中国利率政策变动向英国传递程度高，有持久性，而英国利率政策调整对中国短期利率的影响在短期有同向效应，在中长期则产生反映效应。

4. 不同时期对比

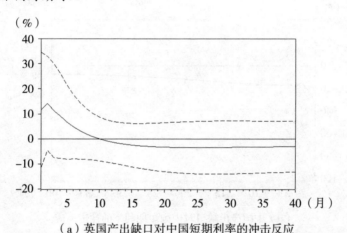

（a）英国产出缺口对中国短期利率的冲击反应

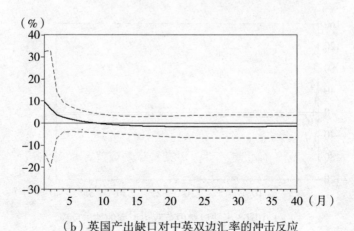

（b）英国产出缺口对中英双边汇率的冲击反应

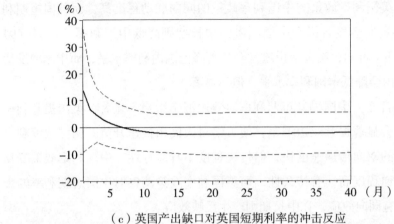

（c）英国产出缺口对英国短期利率的冲击反应

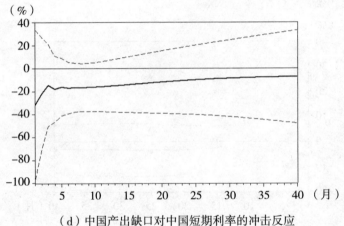

（d）中国产出缺口对中国短期利率的冲击反应

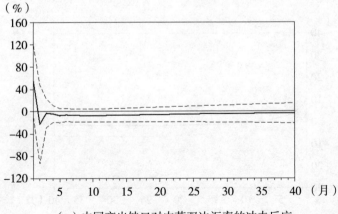

（e）中国产出缺口对中英双边汇率的冲击反应

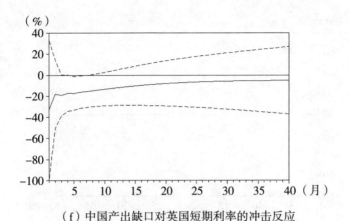

（f）中国产出缺口对英国短期利率的冲击反应

图6-92 中国、英国产出缺口的广义脉冲反应（2002.1—2006.12，滞后阶数1）

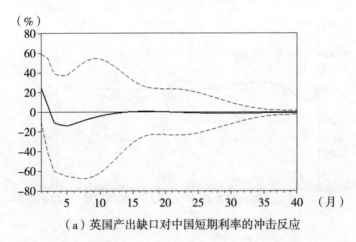

（a）英国产出缺口对中国短期利率的冲击反应

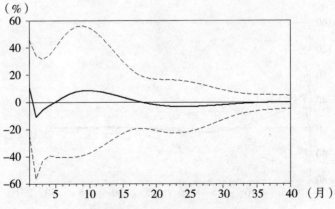

（b）英国短期利率对中英双边汇率的冲击反应

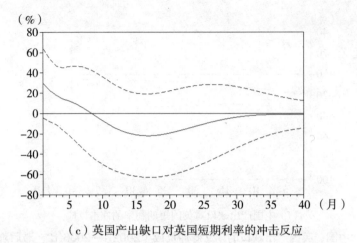

（c）英国产出缺口对英国短期利率的冲击反应

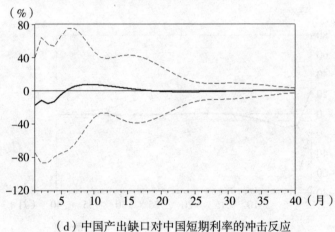

（d）中国产出缺口对中国短期利率的冲击反应

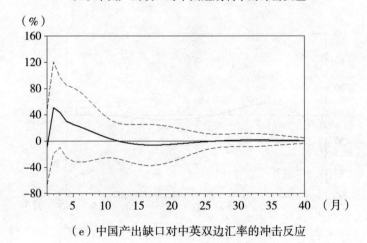

（e）中国产出缺口对中英双边汇率的冲击反应

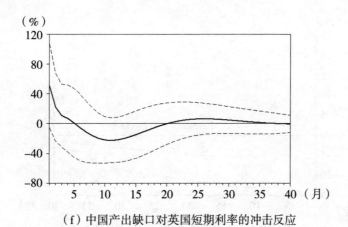

（f）中国产出缺口对英国短期利率的冲击反应

图6-93　中国、英国产出缺口的广义脉冲反应（2007.1—2010.12，滞后阶数1）

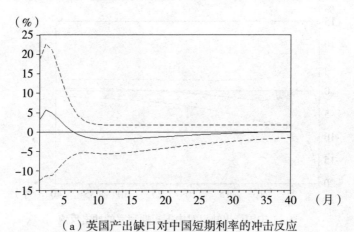

（a）英国产出缺口对中国短期利率的冲击反应

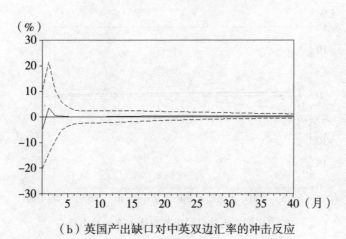

（b）英国产出缺口对中英双边汇率的冲击反应

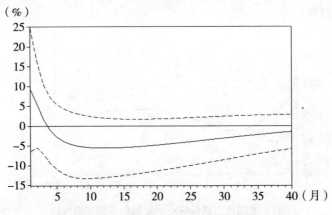

（c）英国产出缺口对英国短期利率的冲击反应

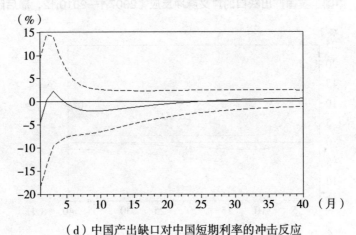

（d）中国产出缺口对中国短期利率的冲击反应

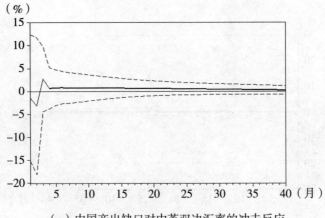

（e）中国产出缺口对中英双边汇率的冲击反应

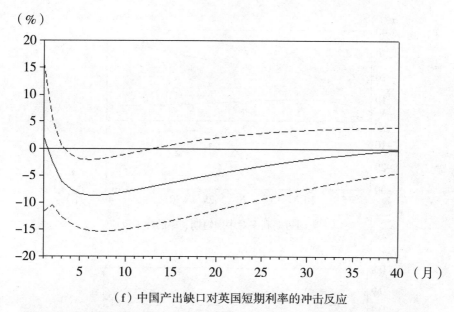

（f）中国产出缺口对英国短期利率的冲击反应

图6-94　中国、英国产出缺口的广义脉冲反应（2011.1—2019.12，滞后阶数1）

　　图6-92、图6-93、图6-94给出的金融危机前时期（2002—2006）、金融危机时期（2007—2010）、后金融危机时期（2011—2019）的中国与英国产出缺口对两大经济体短期利率以及双边汇率的冲击反应曲线。

　　对比图6-92、图6-93、图6-94与整个样本期图6-88反应曲线可知，在分期样本与整体样本中，中国政策利率提高在短期对英国产出缺口有扩大作用，但金融危机前时期中国政策利率对英国产出溢出效应较后两期作用时间长。人民币对英镑贬值对英国产出缺口影响不显著。后金融危机时期英国提升利率在中长期显著对本国产出有抑制作用。在金融危机前时期中国提升利率对中国产出的抑制作用明显强于金融危机时期和后金融危机时期，金融危机时期人民币贬值对本国经济的刺激作用强于其他两期。英国加息在金融危机前时期与后金融危机时期，对中国产出产生了显著的负面效应，这与整个样本期的正面溢出效应有显著不同。

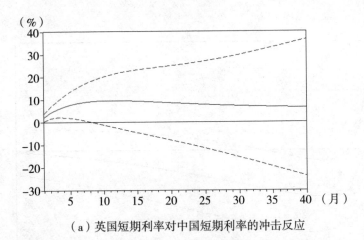

（a）英国短期利率对中国短期利率的冲击反应

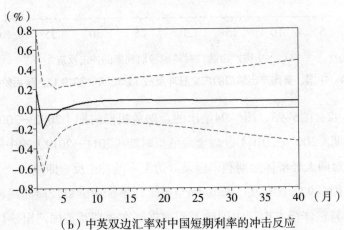

（b）中英双边汇率对中国短期利率的冲击反应

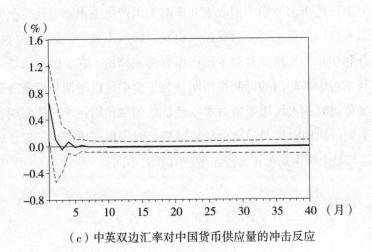

（c）中英双边汇率对中国货币供应量的冲击反应

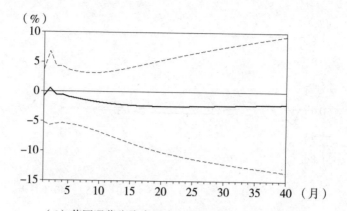

（d）英国通货膨胀率对中国货币供应量的冲击反应

图6-95 英国短期利率与中英双边汇率的广义脉冲反应

（2002.1—2006.12，滞后阶数1）

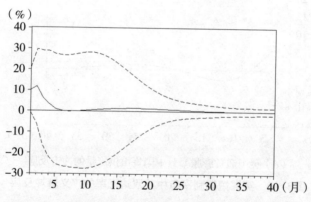

（a）英国短期利率对中国短期利率的冲击反应

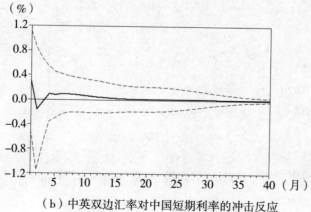

（b）中英双边汇率对中国短期利率的冲击反应

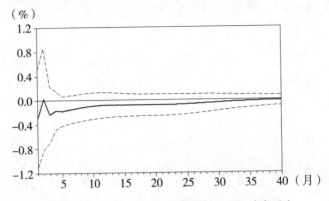

（c）中英双边汇率对中国货币供应量的冲击反应

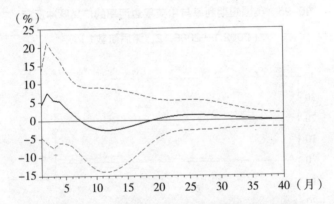

（d）英国通货膨胀率对中国货币供应量的冲击反应

图6-96　英国短期利率与中英双边汇率的广义脉冲反应

（2007.1—2010.12，滞后阶数1）

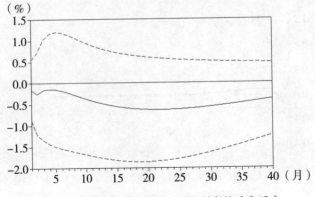

（a）英国短期利率对中国短期利率的冲击反应

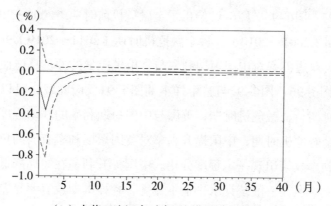

（b）中英双边汇率对中国短期利率的冲击反应

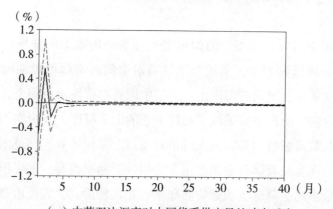

（c）中英双边汇率对中国货币供应量的冲击反应

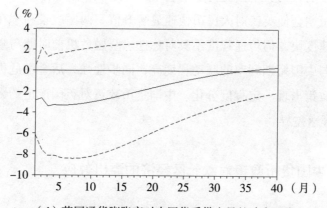

（d）英国通货膨胀率对中国货币供应量的冲击反应

图6-97 英国短期利率与中英双边汇率的广义脉冲反应

（2011.1—2019.12，滞后阶数1）

图6-95、图6-96、图6-97给出了金融危机前时期（2002—2006）、金融危机时期（2007—2010）、后金融危机时期（2011—2019）的英国短期利率与中英双边汇率对中国短期利率与货币供应量的冲击反应曲线。对比图6-95、图6-96、图6-97与整个样本期图6-91反应曲线，可以看出，金融危机前时期与金融危机时期，英国与中国短期利率的联动程度高，同步性强；后金融危机时期，中国提升利率对英国短期利率有弱的负向影响，中英两国利率政策出现一定程度分化。中国提升利率在短期降低了人民币对英镑汇率，但在一般统计水平上不显著，各样本期没有明显差异。中国货币增发会引起人民币对英镑汇率短期波动。

5. 小结

从前面中国单一模型、两国模型和分期两国模型的分析得出，总体上，在中英两国模型中，英国产出缺口对中国利率降低短期内有负向反应，而增发货币会刺激英国产出。由于中国资本市场没有完全自由化，研究样本内有两个阶段中国采取了盯住美元的汇率制度，在短期内模糊了中国的价格与数量型货币政策向人民币对英镑汇率传导效应。英国的宽松货币政策在短期会显著降低中国产出。中国政策利率提高、人民币对英镑贬值与增发货币均会降低英国通货膨胀率。相比较而言，人民币贬值对英国通货膨胀影响较弱。中国提升短期利率对双边汇率影响不显著，英国提升利率则在短期会使英镑对人民币快速显著升值。两国政策利率在两国间的双向传递速度快，但传递程度不具对称性。金融危机前时期与金融危机时期，英国与中国短期利率的联动程度高，同步性强；后金融危机时期中英两国利率政策出现一定程度分化。中国货币政策对英国产出的影响各分样本期没有显著差异。

三、中国货币政策对欧元区经济的溢出效应

（一）变量选取、数据说明及处理

扩展中国基准模型，利用2002—2019年中国与欧元区宏观经济变量的月度数据，构建并估计涵盖欧元区与中国变量的向量自回归模型，考察中

国货币政策对欧元区经济的影响效应。模型包括变量（y^e，p^e，i^e，e^{ce}，y^c，p^c，i^c，m^c），其中，有"c""e"上标的变量分别为中国与英国变量。e^{ce}表示中欧双边汇率（人民币/欧元），中国、欧元区其他变量与前面一致。

（二）脉冲响应方程

中国、欧元区两经济体向量自回归模型动态分析采用广义脉冲响应函数实现。重点考察了欧元区经济变量对中国货币政策变量短期利率（i^c）、货币供应量（m^c），以及中欧双边汇率（e^{ce}）（人民币/欧元）的冲击反应，估计结果见图6-98和图6-99。

1. 产出的脉冲响应

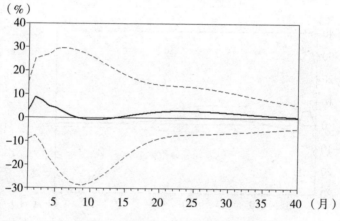

（a）欧元区产出缺口对中国短期利率的冲击反应

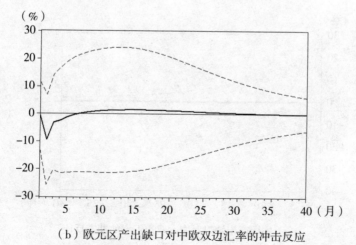

（b）欧元区产出缺口对中欧双边汇率的冲击反应

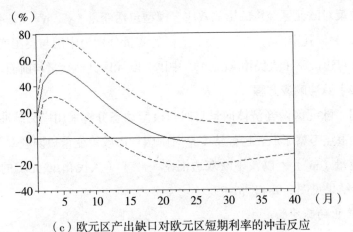

（c）欧元区产出缺口对欧元区短期利率的冲击反应

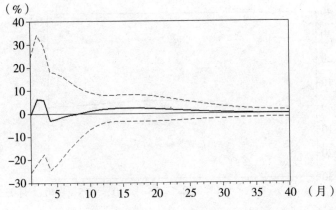

（d）中国产出缺口对中国短期利率的冲击反应

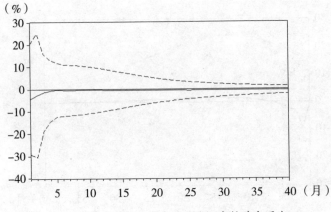

（e）中国产出缺口对中欧双边汇率的冲击反应

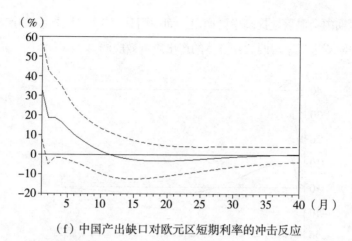

（f）中国产出缺口对欧元区短期利率的冲击反应

图6-98　中国、欧元区产出缺口的广义脉冲反应（2002.1—2019.12，滞后阶数2）

图6-98描述了欧元区产出缺口对一个标准差的中国短期利率（i^c）与中欧双边汇率（e^{ce}）的冲击反应，以及中国产出对欧元区货币政策的冲击反应。从图6-98（a）可以看出，中国提高利率在当期就扩大了欧元区产出缺口，在第2期达最大值，之后小幅缓慢回调，在第10期之后逐渐消失。这表明中国利率政策向欧元区传导得快，但没有长期效应。这是因为中国与欧元区紧密的经济与贸易联系。在2019年之前，欧盟是中国的第一大贸易伙伴。2019年中国与欧盟的进出口额达4.86万亿元，而2020年前7个月，欧盟27个成员国与中国进出口总额为3287亿欧元，中国首次成为欧盟第一大贸易伙伴。欧元区国家又属于欧盟国家。中国提高利率会增加中国产品成本，使欧元产品价格相对降低，中国对欧元区商品的需求增加，从而提升欧元区收入。根据图6-98（b），人民币对欧元贬值，短期内对欧元区产出有抑制作用。人民币对欧元贬值，中国商品价格相对下降，短期内，支出转换效应使欧元区对中国商品需求增长，贸易余额恶化，欧元区产出受到抑制，但不显著。由图6-98（c）可知，欧元区利率提升，在短期会扩大欧元区产出缺口，在长期则会产生弱的抑制作用。而根据图6-98（f），欧元区提高利率在中短期急剧显著地提高了中国产出，但没有产生效应。这与传统国际金融理论预期一致。欧元区利率提升，使欧元区商品价格相对昂贵，支出转换效应占主导，欧元区与中国对欧元区商品需求减少，而对中国商品需求增加，抑制了欧元产出。由图6-98（d）和（e）可知，在短期内中国利率提升与人民币贬值会对中国收入有弱的抑制作用。总体上，欧元区利

率提高短期内会显著地提高中国产出，而中国利率提高对欧元区的产出刺激作用弱。中欧双边汇率对两大经济体的产出影响效应弱。

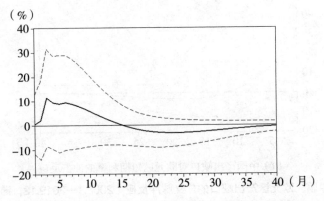

（a）欧元区产出缺口对中国货币供应量的冲击反应

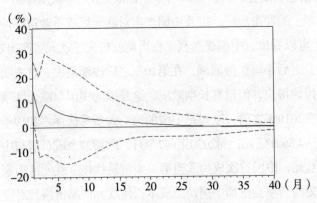

（b）欧元区产出缺口对欧元区货币供应量的冲击反应

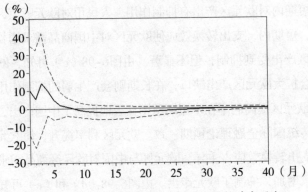

（c）中国产出缺口对中国货币供应量的冲击反应

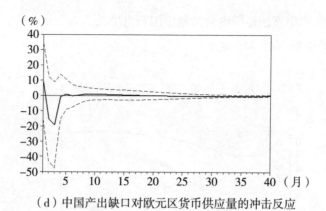

（d）中国产出缺口对欧元区货币供应量的冲击反应

图6-99　中国、欧元区产出缺口对货币供应量的广义脉冲反应

（2002.1—2019.12，滞后阶数2）

　　图6-99描述了欧元区产出缺口、中国产出缺口对一个标准差的中国货币供应量、欧元区货币供应量的冲击反应。从图6-99（a）可以看出，对于中国宽松货币的一个标准差正向冲击，欧元区产出缺口在当期即产生正向反应，此后这种正向反应急剧上升，在第3期达到最大值，在第15期之后反应转负。说明中国货币供应量增加对欧元区产出在中短期有刺激作用，但没有长期效应。至少在短期，欧元区产出对中国货币增发的效应与传统国际金融理论的预期不一致。图6-99（b）表明欧元区增加货币供应，实施宽松货币政策，在当期使本经济体产出急剧提升，之后缓慢衰减，并在第20期后逐步消失。由图6-99（c）和（d）表明，中国产出对中国货币增长有正向反应，而欧元区货币宽松短期内会抑制中国产出增长。

　　总之，在中欧两国模型中，欧元区产出缺口对中国利率提升与货币增发在短期内均有正向反应。人民币对欧元贬值，在短期内会抑制欧元区产出。为什么在短期，中国利率降低会抑制欧元区产出，而增发货币会促进产出？因为降低利率与增发货币都是宽松货币政策，根据传统的开放宏观经济理论，宽松货币政策应该是提升国内产出，而抑制外国产出。这可用中国的人民币汇率形成机制与汇率制度进行解释。由于中国资本市场没有完全自由化，2005年汇率改革以来，实行的是有管理的浮动汇率制度，加上研究样本期内中国两次采取重新盯住美元的汇率制度，在短期内模糊了中国的价格与数量型货币政策对欧元汇率传导效应。中国产出对中国货币增长有正向反应，而欧元区货币宽松短期内会抑制中国产出增长。

2. 通货膨胀率的脉冲响应

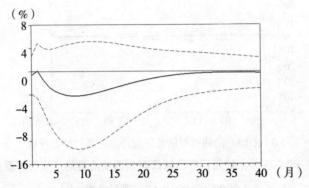

（a）欧元区通货膨胀率对中国短期利率的冲击反应

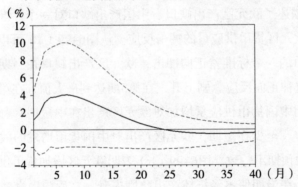

（b）欧元区通货膨胀率对中国货币供应量的冲击反应

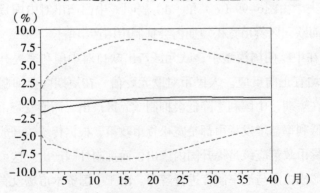

（c）欧元区通货膨胀率对中欧双边汇率的冲击反应

图6-100　欧元区通货膨胀率对一个标准差广义脉冲反应

（2002.1—2019.12，滞后阶数2）

　　图6-100描述欧元区通货膨胀率对中国货币政策变量短期利率、货币供应量与中欧双边汇率的冲击反应。从图6-100（a）可以看出，对于给定中国短期利率一个标准差正向冲击，在中短期会降低欧元区通货膨胀率，在第8期达到最大降幅，此后，缓慢回调，第32期后趋近于0。中国提升利率对欧元区物价有平抑作用。图6-100（b）表明，中国货币增发，中短期内会推高欧元区通货膨胀率，在长期对物价水平有弱的平抑作用。由图6-100（c）可知，人民币贬值，欧元升值，在短期对欧元区通货膨胀率有弱的抑制作用，而长期则相反。总之，中国利率上升与人民币对欧元贬值会降低欧元区通货膨胀率，而中国增加货币中短期内会向欧元区输入通货膨胀。

　　3. 双边汇率、短期利率的脉冲响应

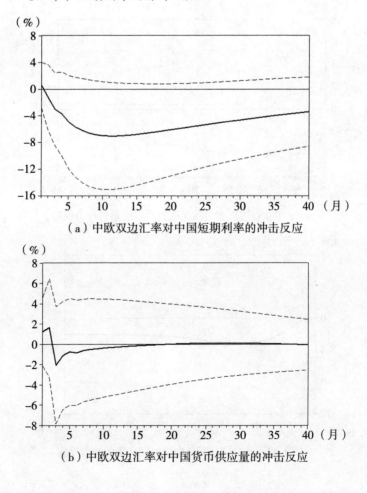

（a）中欧双边汇率对中国短期利率的冲击反应

（b）中欧双边汇率对中国货币供应量的冲击反应

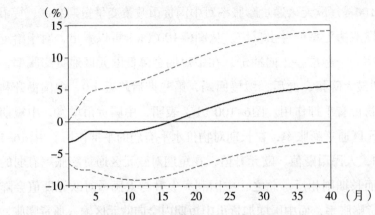

（c）中欧双边汇率对欧元区短期利率的冲击反应

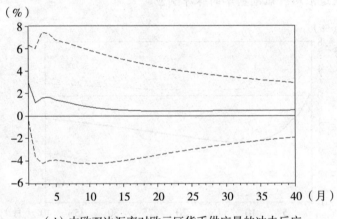

（d）中欧双边汇率对欧元区货币供应量的冲击反应

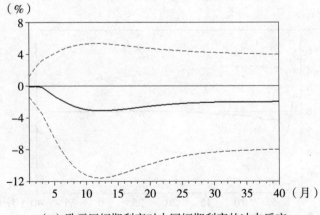

（e）欧元区短期利率对中国短期利率的冲击反应

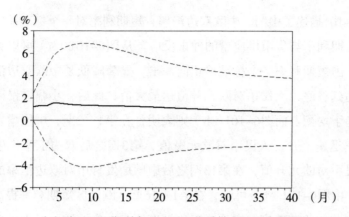

（f）欧元区短期利率对欧元区货币供应量的冲击反应

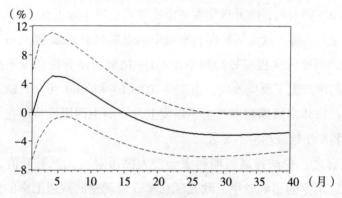

（g）中国短期利率对欧元区短期利率的冲击反应

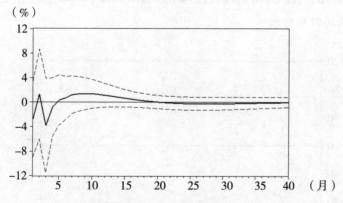

（h）中国短期利率对中国货币供应量的冲击反应

图6-101　中欧双边汇率、短期利率对一个标准差广义脉冲反应

（2002.1—2019.12，滞后阶数2）

图6-101描述了中国、中欧双边汇率、短期利率对一个标准差的中国、欧元区短期利率与货币供应量的冲击反应。从图6-101（a）可以看出，对于给定中国短期利率一个标准差正向冲击，显著降低了中欧双边汇率，在第10期达到谷底，人民币对欧元升值达最大值，此后，小幅缓慢回调在35期之后趋于均衡。而图6-101（b）则表明，在第1—2期，中国增发货币使双边汇率迅速上升，人民币对欧元贬值，第3期之后双边汇率产生负向反应，人民币对欧元升值，在第13期之后中国增发货币对双边汇率的影响效应消失。由图6-101（c）可知，在第1—16期，欧元区短期利率提高，双边汇率产生弱的负向效应，之后，双边汇率逐步上升，欧元对人民币升值。图6-101（d）则表明，欧元区增发货币使双边汇率小幅上升。比较图6-101（e）和（g）可得，欧元区短期利率对中国短期利率在第3期之后产生了弱负向反应，而欧元区提高短期利率在第1—15期会显著提高中国利率，之后，中国利率产生了反应效应。由图6-101（f）和（h）可知，欧元区货币增发引起经济体内短期利率产生小幅度上升，而中国增发货币在短期内使本国短期利率小幅波动但不显著。

总而言之，中国提高短期利率会使人民币对欧元显著升值，而增发货币对双边汇率的影响较小。欧元区利率政策调整向双边汇率的传递速度慢，在中长期会使欧元对人民升值。中国与欧元区利率政策联动性不强。

4. 不同时期对比

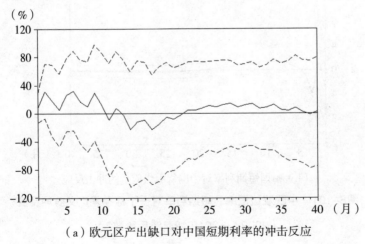

（a）欧元区产出缺口对中国短期利率的冲击反应

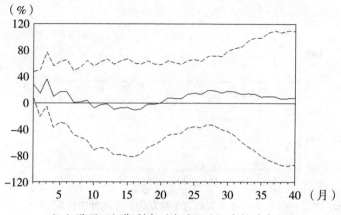

（b）欧元区短期利率对中欧双边汇率的冲击反应

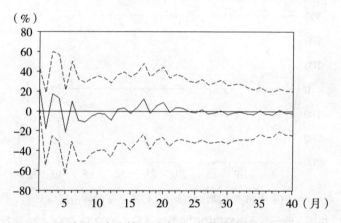

（c）欧元区产出缺口对欧元区短期利率的冲击反应

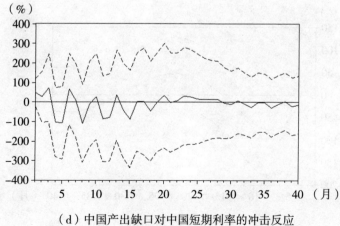

（d）中国产出缺口对中国短期利率的冲击反应

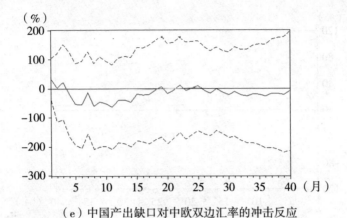

（e）中国产出缺口对中欧双边汇率的冲击反应

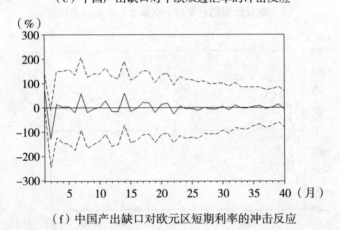

（f）中国产出缺口对欧元区短期利率的冲击反应

图6-102　中国、欧元区产出缺口的广义脉冲反应（2002.1—2006.12，滞后阶数4）

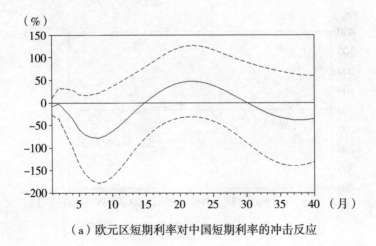

（a）欧元区短期利率对中国短期利率的冲击反应

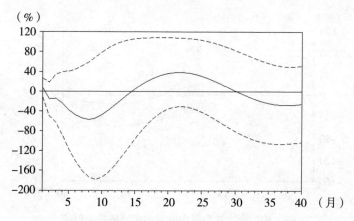

（b）欧元区短期利率对中欧双边汇率的冲击反应

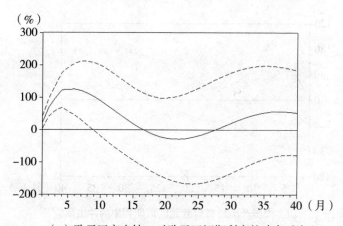

（c）欧元区产出缺口对欧元区短期利率的冲击反应

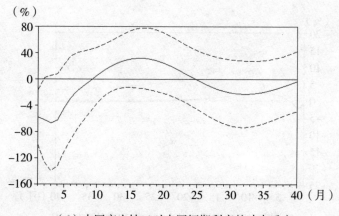

（d）中国产出缺口对中国短期利率的冲击反应

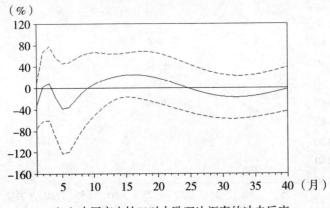

（e）中国产出缺口对中欧双边汇率的冲击反应

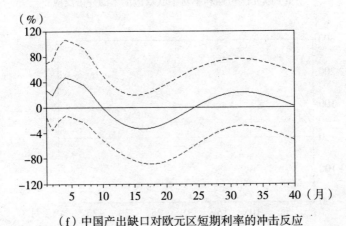

（f）中国产出缺口对欧元区短期利率的冲击反应

图6-103　中国、欧元区产出缺口的广义脉冲反应（2007.1—2010.12，滞后阶数2）

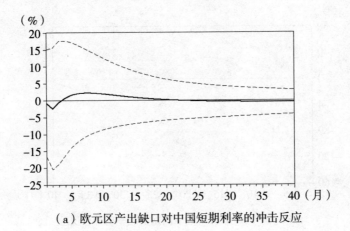

（a）欧元区产出缺口对中国短期利率的冲击反应

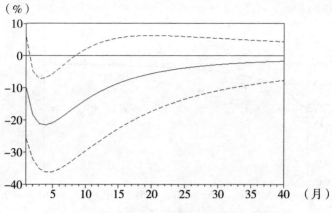

（b）欧元区短期利率对中欧双边汇率的冲击反应

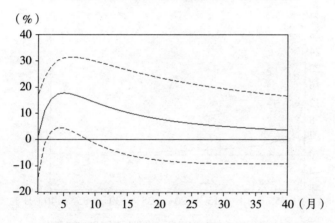

（c）欧元区产出缺口对欧元区短期利率的冲击反应

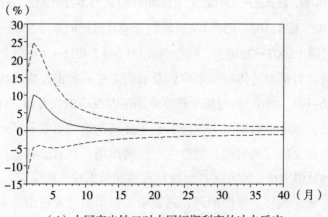

（d）中国产出缺口对中国短期利率的冲击反应

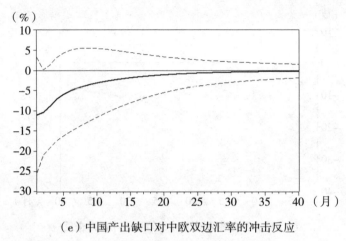

（e）中国产出缺口对中欧双边汇率的冲击反应

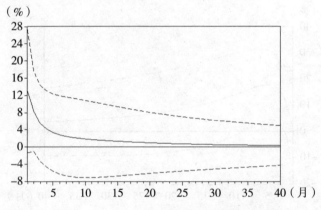

（f）中国产出缺口对欧元区短期利率的冲击反应

图6-104　中国、欧元区产出缺口的广义脉冲反应（2011.1—2019.12，滞后阶数1）

　　图6-102、图6-103、图6-104给出的金融危机前时期（2002—2006）、金融危机时期（2007—2010）、后金融危机时期（2011—2019）的中国与欧元区产出缺口对两经济体短期利率以及双边汇率的冲击反应曲线。对比图6-102、图6-103、图6-104与整个样本期图6-98反应曲线可知，在金融危机前时期与后金融危机时期，中国政策利率提高在短期对欧元区产出缺口有扩大作用，而金融危机时期，则产生了负向作用。在后金融危机时期，人民币对欧元贬值危机，欧元区产出缺口在当期即出现负向反应，在第4期产出下降至谷底，此后，缓慢回调，这说明人民币对欧元贬值，对欧元区产出缺口有显著且持久的抑制作用。金融危机时期与后金融危机时期欧元区

提升利率在短期内对本国产出有显著的刺激作用，这与金融危机前时期的抑制作用有显著区别。

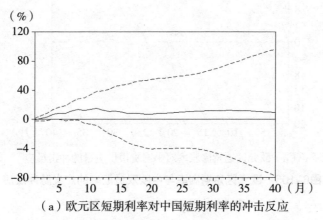

（a）欧元区短期利率对中国短期利率的冲击反应

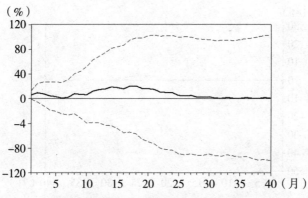

（b）中欧双边汇率对中国短期利率的冲击反应

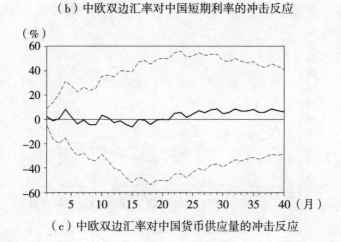

（c）中欧双边汇率对中国货币供应量的冲击反应

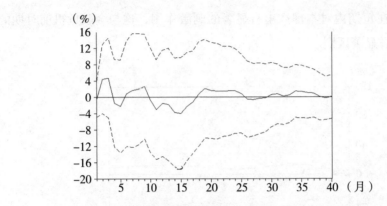

（d）欧元区通货膨胀率对中国货币供应量的冲击反应

图6-105 欧元区短期利率与中欧双边汇率的广义脉冲反应

（2002.1—2006.12，滞后阶数4）

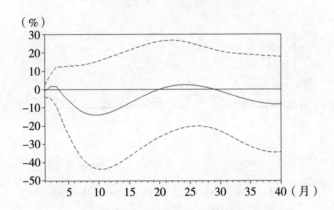

（a）欧元区短期利率对中国短期利率的冲击反应

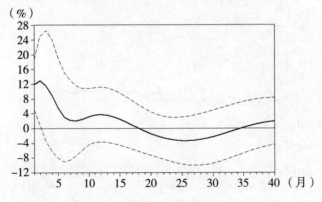

（b）中欧双边汇率对中国短期利率的冲击反应

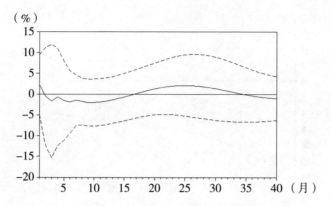

（c）中欧双边汇率对中国货币供应量的冲击反应

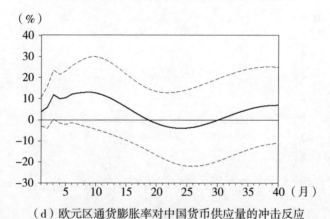

（d）欧元区通货膨胀率对中国货币供应量的冲击反应

图6-106　欧元区短期利率与中欧双边汇率的广义脉冲反应

（2007.1—2010.12，滞后阶数2）

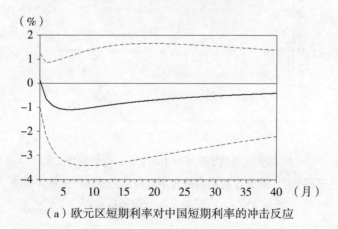

（a）欧元区短期利率对中国短期利率的冲击反应

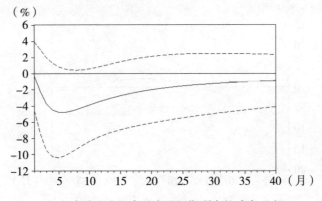

（b）中欧双边汇率对中国短期利率的冲击反应

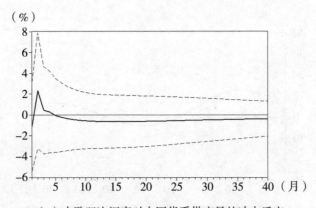

（c）中欧双边汇率对中国货币供应量的冲击反应

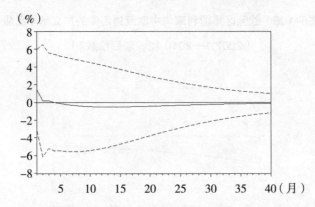

（d）欧元区通货膨胀率对中国货币供应量的冲击反应

图6-107　欧元区短期利率与中欧双边汇率的广义脉冲反应

（2011.1—2019.12，滞后阶数1）

图6-105、图6-106、图6-107给出了金融危机前时期（2002—2006）、金融危机时期（2007—2010）、后金融危机时期（2011—2019）的欧元区短期利率与中欧双边汇率对中国短期利率与货币供应量的冲击反应曲线。对比图6-105、图6-106、图6-107与整个样本期图6-101反应曲线，可以看出，金融危机前时期，欧元区与中国短期利率的联动程度高，同步性强，中国提升短期利率对欧元区短期利率有正向效应，而金融危机时期和后金融危机时期，中国提升利率对欧元区短期利率产生了负向影响，欧元区利率政策与中国利率政策出现一定程度分化。后金融危机时期中国提高短期利率对人民币对欧元汇率的升值作用显著增强。在金融危机时期，中国增发货币显著推高了欧元区物价水平，而其他两期相对较弱。

5. 小结

对中国单一模型、两国模型和分期两国模型的分析表明，总体上，欧元区产出缺口对中国利率提升与货币增发在短期内均有正向反应。人民币对欧元贬值，在短期内会抑制欧元区产出。中国利率降低会抑制欧元区产出，而增发货币会促进产出。中国产出对中国货币增长有正向反应，而欧元区货币宽松短期内会抑制中国产出增长。中国利率上升与人民币对欧元贬值会降低欧元区通货膨胀率，而中国增发货币中短期内会向欧元区输入通货膨胀。在金融危机前时期与后金融危机时期，中国政策利率提高在短期对欧元区产出缺口有扩大作用，而金融危机时期，则产生了负向作用。在后金融危机时期，人民币对欧元贬值危机，对欧元区产出缺口有显著且持久的抑制作用。金融危机前时期，欧元区与中国短期利率的联动程度高，同步性强，而后两期，欧元区利率政策与中国利率政策出现一定程度分化。后金融危机时期中国利率政策调整向人民币对欧元汇率的传递效应显著增强。在金融危机时期，中国增发货币显著推高了欧元区物价水平，而其他两期相对较弱。

第七章　美国货币政策正常化的国际溢出效应

当前，中国对外开放程度加速扩大，中国经济已深度融入世界经济。全球经济、金融一体化紧密了世界各经济体间的依存关系，中国与美国等发达经济体间的相互影响不断增强。作为全球最大的和最有影响力的经济体，2015年以来，美国以加息、缩表为代表的货币政策正常化过程，收紧美元，在调节国内经济的同时，产生的经济冲击会向全球经济传导，产生国际溢出效应，最终直接或间接地影响中国经济发展。2014年10月，美国结束资产购买计划，终结了美国长达6年之久的量化宽松政策。美联储分别于2015年12月和2017年10月开启加息进程与缩表计划。到2018年年末，美联储已加息9次，将联邦基金目标利率上限从0.25%提高到2.50%，其资产负债表总资产规模由2014年10月的最大值4.5万亿美元缩减到4.05万亿美元，具体见图7-1和图7-2。那么，美国货币政策的加息与缩表调整产生的经济冲击，如何向全球经济传导？对中国经济发展的影响效应如何？是否对中国经济产生了显著的负面影响？本文建立包含全球主要经济体宏观经济变量的全球向量自回归模型，通过经验实证，对上述问题进行探讨。系统分析美国货币政策正常化进程对中国经济发展的影响，对提高中国货币政策调控经济的有效性，促进经济高质量发展有参考意义。

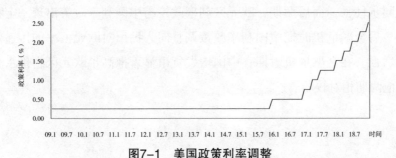

图7-1　美国政策利率调整

数据来源：美国经济局网站。

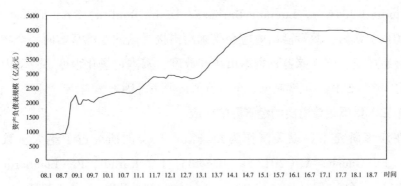

图7-2 美国联邦储备委员会资产负债表总资产规模

数据来源：美国经济局网站。

一、理论演进

货币政策溢出效应研究可追溯至18世纪休谟（Hume，1752）的物价—硬币—流动机制理论。利率平价理论、蒙代尔–弗莱明–多恩布什模型、开放经济政策的"三元悖论"等是货币政策溢出的理论基础。从20世纪70年代布雷顿森林体系崩溃以来，货币政策溢出效应一直是国际金融学研究的热点，2008年全球金融危机引发越来越多的研究者关注这一问题。

国外相关研究主要有：

（一）货币政策溢出效应存在性与本质

研究者一般认为货币政策溢出效应源于国际经济相互依存，国际多边性是其本质。库珀（1968）首次提出国际经济相互依存理论，论证了经济政策溢出效应的存在性，以及国际经济政策协调的必要性。Hamada（1974）开启系统研究货币政策溢出效应的先河，利用瓦尔拉斯的一般均衡理论阐述了货币政策溢出效应国际多边性本质，并指出货币政策溢出根源是国家之间相互依存关系，并认为一国货币政策决策要考虑溢出效应。

（二）货币政策溢出机制

Canova，F.（2005）Miniane，J.，Rogers，J.（2007），Eduardo A.Cavallo，Jeffrey A.Frankel（2008）等认为货币政策溢出的渠道有四种：贸易，产出，利率和汇率，资本流动。Soyoung Kim（2001），Georgios

Georgiadis（2016），Luciana Barbosa，Diana Bonfim，Sónia Costa et al.（2018）认为，政策溢出效应会受到溢出接受国的经济基本面、经济规模、贸易规模、国际储备、资本市场开放度、资本市场化程度、劳动力市场结构、产业结构、汇率制度、全球价值链分工等因素影响。

（三）货币政策溢出的经济影响效应

在众多研究中，以美国作为经济波动来源的研究占了绝大多数。Ostry，J.，Ghosh，A.（2013），Dedola，L.，Karadi，P.，Lombardo，G.（2013），Stijn Claessens，Livio Stracca，Francis E.Warnock（2016）等认为，2008年金融金融危机前时期发达经济体央行采取以价格稳定为目标规则导向的货币政策，产生的溢出效应小。后金融危机时期，美国等发达经济体的货币政策对新兴经济体产生了溢出效应。

（四）GVAR模型成为溢出效应经验实证的重要工具

Alexander Chudik，Marcel Fratzscher（2011）建立GVAR模型并比较了金融金融危机时期间流动性收缩对全球危机传导的影响。GVAR 模型能反映货币政策国际溢出的多国依存性本质。

国内研究者较多关注美国货币政策对中国经济发展的影响。研究者们认为，美国非常规货币政策对中国产出与通货膨胀水平产生影响，美国货币政策向中国传递的途径主要有汇率、贸易、利率等。白玥明、王自锋与陈钰（2015）构建VEC模型和EGARCH模型，实证分析了美国非常规货币政策通过影响中国投资者预期对中国产出产生溢出影响。毕玉江（2015）采用GAVA模型分析了美国量化政策对中国经济的冲击效应，并认为，美国量化宽松政策通过贸易渠道提升了中国产出水平。高小红，董思远与王萌（2015）认为，美国量化政策通过汇率渠道引起中国的通胀水平波动。易晓溦等（2015）认为，美国非常规货币政策会影响中国金融市场利率期限结构。此外，谭小芬与李兴申（2018），陈华与于晓城（2018）定性地分析了美联储货币政策正常化对中国经济的影响，并认为美国货币政策正常化不仅对中国产生显著的溢出效应，对中国跨境资本流动、人民币汇率波动、货币政策等造成冲击，而李德水（2018）认为，美国加息不会对中国利率、流动性产生显著影响。值得关注的是谷源洋（2017）在《求是》发表的文章认为，美国在金融危机时期和后金融危机时期，美国的货币政策根据美国国内经济发展状况进行调整，会给全球金融市场带来一定程度震荡与冲击，但无须过分担忧。

由上可知，国际金融学的开放经济政策的"三元悖论"等是货币政策溢出的理论基础。美国货币政策调整会对中国产出、利率、汇率、物价水平、股价指数、货币供应量等宏观经济变量产生影响，并且还会通过大宗商品价格如国际石油价格，冲击中国经济。美国利率政策与量化政策与中国产出、利率、汇率、物价水平、资产价格、货币供应量等宏观经济变量有较强的相关性。这些成果为研究提供了理论参考与思想来源。但是，相关研究多是利用2013年前样本对美国量化宽松政策的经验实证，且对2015年以来，加息缩表溢出效应的分析多是定性的推理。研究模型多为两国VAR模型，不能反映货币政策溢出效应的国际多边性本质与国际相互依存基础，也不能反映全球共同因素如国际石油价格的影响，缺乏利用包括2016年以来美国加息缩表在内的数据样本的考察分析。在美联储加息缩表背景下，加息与缩表会相互作用，其溢出效应与对中国经济发展的影响，会呈现不同的传导特征。因此，在已有研究的基础上，在反映货币政策国际溢出效应多国相互依存本质的GVAR统一框架下，对美国加息缩表对中国经济发展的影响系统评估。主要贡献在于：一是构建能反映多国相互依存本质的GVAR模型作为分析框架；二是选取包括14个经济体作为研究样本，利用2008—2017年的月度数据，经验实证美国以加息缩表为主要特征的货币政策正常化对中国经济发展的影响。

二、 GVAR模型构建与变量选择

（一）GVAR模型

GVAR模型是Garratt（2006）在向量自回归模型的基础上，利用权重矩阵联结各个经济体VARX*模型而构成，与传统VAR模型相比，GVAR模型考虑了不同经济体的内生联系，解决了待估参数规模过大的问题。利用该模型进行脉冲响应分析，既可以研究特定经济体内生变量受到来自特定经济体外部冲击的反应方式与程度，也可以研究来自影响世界各经济体的共同冲击时的反应方式与程度。因此，基于GVAR模型进行脉冲响应分析，可以经验实证美国货币政策冲击在包含多个经济体的全球体系中的传导过程、货币政策国际溢出机制和对中国经济发展的影响，以及全球共同因素（如石油价格）对各经济体的冲击影响。

（二）经济体与变量选择

GVAR模型经济体选择需要较大覆盖面，以体现全球经济相互依存关系。根据数据可得性和经济体全球影响重要性，研究选择全球14个国家，涵盖了发达经济体、发展中经济体与新兴经济体，具体见表7-1。这14个国家2017年经济总量占全球经济总量68%，贸易总量占全球贸易额的57%。

表7-1　GVAR模型包含的14个经济体

主要经济体	欧元区经济体	其他经济体
中国、美国、英国、日本	德国、法国、意大利、荷兰、西班牙	澳大利亚、韩国、墨西哥、沙特阿拉伯、加拿大

研究选取欧元区的德国、法国、意大利、西班牙、荷兰等国家作为整体进入模型，最终GVAR模型由9个VARX*模型所构成。按照贸易流量计算时变权重矩阵联结各个经济体的VARX*模型。

根据文献梳理可知，美国货币政策调整会对中国产出、利率、汇率、物价水平、股价指数、货币供应量等宏观经济变量产生影响，并且还会通过大宗商品价格如国际石油价格，影响中国经济。且这些变量与美国政策利率及美联储资产负债表总资产有大的相关性。2008年以来，中国经济发展实际状况与美国经济走势有一定程度的同步性。因此，根据利率平价理论、蒙代尔-弗莱明-多恩布什模型、开放经济政策的"三元悖论"等理论，选取各经济体GVAR*模型的变量如下：内生变量包括实际GDP、价格水平、股价指数、名义汇率、名义短期利率、央行资产负债表总资产（中国样本采用M2）6个内生变量，分别用y、p、q、e、r和m表示，用以反映各经济体产出、价格水平、资产价格、货币币值变动、利率与流动性。因为在GVAR模型中，各经济体对外贸易状况已在模型的权重矩阵中反映，因此，没有选择贸易变量。考虑到美元作为主要储备货币，在美国模型中内生变量不包含汇率。2008年金融危机以来，执行量化政策的主要是美国、欧元区、日本等，因此，只在此三个经济体模型中包含央行资产负债表总资产变量。考虑到研究重点是美国货币政策调整对中国的影响，因此中国模型中包含货币供应量M2。对应的国外变量同样包括实际GDP、价格水平、股价指数、名义汇率、名义短期利率、央行资产负债表总资产（中国样本采用M2）6个内生变量，分别用y^*、p^*、q^*、e^*、r^*和m^*表示；而全球共同变量国际石油价格，用op表示。相关数据主要来自IMF的金融统计数据库、美国经济研究局网站以及各国统计局网站。采用Eviews9.0数据转换工具将季度GDP值转换为月度值，对缺少的数据进行插值法处理；国际石油价格指数为布伦特原油价格指数。2008年金融危机以来，美国货币政策经历了低利率、量化宽松的扩张政策阶段到2015年以来的正常化过程，因此，样本时间长度设定为2008年1月至2017年12月，以反映美国货币政策调整对中国经济影响的整体特征。以上序列均作对自然对数化处理，利用GVAR Toolbox 2.0工具进行估计。

（三）统计检验

1. 变量平稳性检验和模型稳定性检验

采用ADF和WS平稳性检验方法进行变量平稳性检验。综合趋势项假设和ADF和WS检验指标，分析表明所有的经济体内变量和经济体外变量是I（1）序列，为了不损失变量水平序列包含的经济信息，以各变量水平值建立单个经济体的VARX*模型。VARX*模型单位根检验表明特征根都在单位圆内或圆上，符合稳定性条件。

2. VARX*模型协整关系检验与协整模型经济体外变量的弱外生性检验

进一步对各单个经济体VARX*模型中可能存在的协整关系检验，表明单个经济体VARX*均至少存在1个以上、最多4个协整关系。

为保证系统中经济体外变量对经济体内变量具有长期影响，而经济体内变量没有经济体外的反作用，需对存在协整关系的VARX*模型中的相关变量进行弱外生性检验。根据AIC和SBC指标确定经济体内变量和经济体外变量的滞后阶数均为1，检验结果见表7-2。从表7-2可以看出，在5%的显著性水平上，94.7%经济体VARX*模型中的国外变量都通过了弱外生性检验，只有加拿大、南非两个经济体VARX*模型中的个别国外变量拒绝了弱外生性检验。但加拿大、南非两个经济体的经济体量较小，且加拿大对国际金融体系影响不大，不会对国际产出变量、国际流动性产生显著影响。因此，总体上协整模型国外变量符合弱外生性条件要求，表明该变量对模型中其他变量会产生长期影响，反之，则不然。

表7-2　协整模型国外变量的弱外生性检验

经济体名称	f检验	标准值（P=0.05）	y*	p*	q*	r*	m*
澳大利亚	f（1，103）	3.93	1.12	0.22	0.01	0.11	0.22
加拿大	f（3，101）	2.69	2.70*	2.23	2.46	2.81*	0.78
中国	f（3，100）	2.70	2.18	2.43	1.84	0.97	0.65
欧元区	f（2，101）	3.09	0.13	0.36	2.01	0.19	0.35
日本	f（1，102）	3.93	1.73	1.19	0.55	0.29	3.57
韩国	f（4，100）	2.46	0.62	1.60	0.54	0.12	0.72
墨西哥	f（4，100）	2.46	1.07	1.80	2.28	0.96	1.32
南非	f（3，101）	2.69	3.36*	1.86	1.33	0.25	1.12
英国	f（2，102）	3.09	0.98	2.14	0.40	2.34	1.42
美国	f（3，104）	2.69	1.35	0.57			1.48

注：加*数字表示该变量在5%的显著性水平上拒绝弱外生性检验。

三、美国货币政策正常化对中国经济发展的影响

采用结构化的广义脉冲响应函数（Structural Generalized Impulse Response Function）计量分析美国加息缩表对中国以及欧元区与日本经济发展的影响，并比较中国、欧元区、日本的冲击响应，揭示美国货币政策溢出效应的经济体差异。因为主要为了分析美国加息缩表对中国经济发展的影响，因此，向美国联邦基金利率施加一个标准差的正向冲击，给美联储资产负债表总资产施加一个负向冲击，估计结果见图7-3与图7-4，图中虚线表示Bootstrap模拟下90%水平置信区间。

（一）美国加息脉冲响应分析

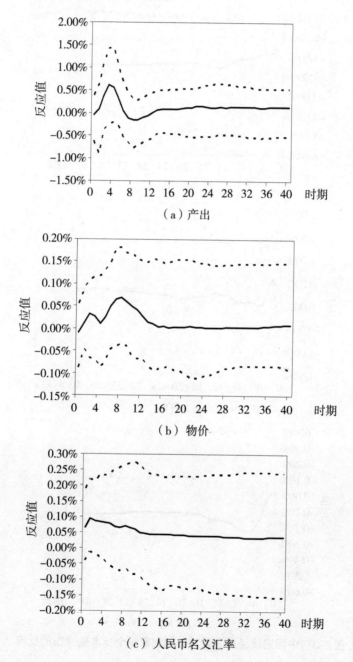

（a）产出

（b）物价

（c）人民币名义汇率

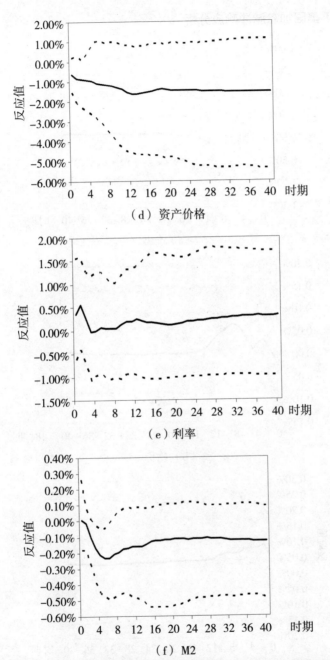

（d）资产价格

（e）利率

（f）M2

图7-3　中国宏观经济变量对美国利率一个标准差冲击的反应

从图7-3（a）可知，给定美国联邦基金利率一个标准差的正向冲击，中国产出在即期产生小幅下行反应后，迅速回升，在第3期对美国利率的冲击反应达到正向最大值（0.62%），此后，正向反应先缓慢后急剧减弱至第7期的0，进而产生负向反应，并在第8期触底（-0.16%），之后中国产出负面反应逐步衰减，并在第12期转向正面，最终稳定在正值（0.13%）均衡水平上。总体上，美国加息对中国产出的影响是正面的，但不具有持久性，与传统开放宏观经济理论的预期一致。美国加息的货币紧缩操作，短期内，有利于中国对美国的出口，一定程度提升中国的产出水平，但是美国货币紧缩导致的产出下降效应，经历6期国际传导，对中国产出产生微弱的持续时间较短的负面作用。理论上，美国加息的货币紧缩，一方面，使人民币贬值，提升中国产出。另一方面，使美元走强，吸引中国资本流向美国，减少中国投资，加上美国长期货币紧缩会降低美国产出，经过国际传导，最终减少对中国商品的总需求，从而使中国产出面临下行压力。目前，中国人民币仍没有实现完全自由兑换，实行的是有管理的汇率制度，人民币贬值幅度不大。2008年金融危机以来，美国在低利率水平上加息，美元币值对利率不敏感，美元升值幅度小。特别地，美国于2017年12月加息，美元指数不升反降，资本从中国外流规模也不大。此外，考虑到全球经济增长缓慢，贸易保护主义抬头等因素叠加，美国加息对中国产出短期有正面作用，会一定程度提升中国产出水平，但人民币贬值对中国出口的促进作用有限，持久影响不明显。

由图7-3（b）可知，中国价格总水平对美国利率的正向冲击，在即期价格小幅下行后，快速上行，经过短期小幅度波动后，在第8期冲击反应达到正向最大值（0.07%），此后，先历经8期缓慢下行，在第16期衰减至0而趋于均衡。该图说明，美国加息在当期对中国CPI造成负向冲击，此后推高了中国的通胀水平，但幅度较小，且不具有持久性。这是因为，2017年以前，美国、中国等主要经济体消费价格多处相对低位，美国价格水平对利率不敏感，且利率调整在美国国内的传导时间较长，除加息当期对中国价格有下行影响外，在短期的美国加息对中国物价产生了较弱的推升作用。随着美国加息效应的积累，要警惕中国潜在的通货紧缩风险。

由图7-3（c）可知，给定美国联邦基金利率一个标准差的正向冲击，人民币名义汇率（直接标价法）在即期就产生正向反应，在第1期达最大值（0.09%），此后，正向反应缓慢衰减，而稳定在第17期的（0.04%）的正值均衡水平上。与传统国际金融理论预期一致，美国加息使人民币汇率（直接标价法）上升，人民币贬值，但影响强度小，作用时间短。这与当前全球外汇市场流动性越来越多样化有关，除美元外，还有相对宽松的欧元等，所以美元加息给人民币带来的贬值冲击强度小，且作用时间短。随着美国持续加息，人民币汇率对美国利率敏感性将会快速提升，即使美国2019年加息两次，人民币仍存在贬值压力。

由图7-3（d）可知，给定美国联邦基金利率一个标准差的正向冲击，在当期即对中国资产价格产生显著的负面影响，其影响强度持续增强至第12期触底（-1.61%），此后，经过短期调整，稳定在（-1.5%）的均衡水平。说明美联储加息对中国股市短期造成较大的负向冲击，中长期影响小。美国加息，扩大中美利差，出现套利机会，资本流出，直接和间接地对中国资产价格产生负面影响，且影响持久。进入2019年，美国加息步伐预期放慢，会减轻中国资产价格下行压力。此外，由图7-3（e）与（f）可知，美国加息对中国利率与M2均产生了负向影响，但对后者影响强度大，且这种作用相冲突，会增加中国货币政策操作难度。

总的来说，美国加息，一定程度上使美元升值，人民币贬值，一方面短期内增加中国对美国的出口，从而提升中国的产出，进而使中国通胀压力上升，另一方面，增大资本流出压力，对中国资产价格带来负面作用。

（二）美国缩表脉冲响应分析

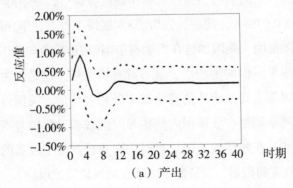

（a）产出

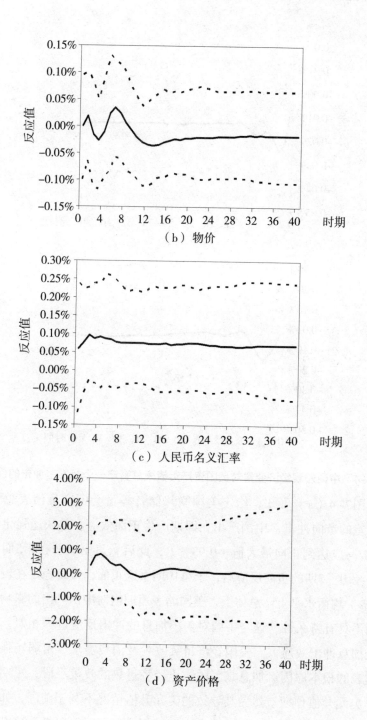

（b）物价

（c）人民币名义汇率

（d）资产价格

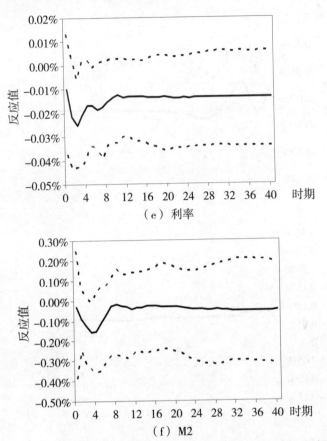

图7-4　中国宏观经济变量对美国资产负债表总资产一个标准差冲击的反应

从图7-4（a）可知，给定美国联邦储备委员会资产负债表总资产一个标准差的负向冲击，中国产出在即期产生正面效应，并快速强化，在第2期冲击反应达到正向最大值（0.93%），此后，急剧减弱在第5期由正转负，在经历了5期的负向反应后，于第10期重返正面，最终稳定在较弱正值（0.15%）均衡水平上。总体上，美国缩表短期内对中国产出的影响是正面的，且不具有持久性，这与中国对美国加息的冲击反应过程相似，但反应强度较加息冲击效应大。美国经济持续改善及消费需求"由弱转强"，是美国缩表的根本原因。加息是美国防止经济过热的政策手段，短期内缩表强化了美元升值预期，然后其导致的美元升值情况不利于美国，如农产品等大宗商品的出口承压，但经济基本面转好或较好时可以抵消这部分负面影响。美元走强，短期内有利于中国对美出口。长期看来，美元升值带来的资本回流，会造成人民币贬值压力，进而影响中国产出。此外，美联储缩表是在美联储实施三轮量化宽松后，其资产负债表规模达到4.48万亿美元难以为继，且美国经济回暖的情况下实施的，而加息是在联邦基金利率从0—0.25%的低利率基础上进行的，投资者对缩表引起的美元升值的预期更强，从而美元币值对缩表的敏感性要大于加息，人民币贬值压力相应也大，因此，对中国产出的影响相对较大。

由图7-4（b）可知，给定美联储资产负债表总资产一个标准差的负向冲击，在初期引起中国价格水平小幅下行后，产生了短期的正向影响，在第8期又转回负面，在第13期冲击反应达到负向最大值（-0.04%），此后，逐步减弱并稳定-0.02%而趋于均衡。总体上，美国缩表对中国物价产生了较低的负面影响，与对加息反应相反。这是因为，美联储在资产负债表规模高位时开始缩表，强化了通货紧缩预期，全球通胀水平对美国缩表的敏感性大于加息，致使全球大宗商品如石油等价格下行，全球通货紧缩输入中国，使国内通货膨胀率降低。

由图7-4（c）可知，给定美联储资产负债表总资产一个标准差的负向冲击，人民币名义汇率（直接标价法）在即期就产生正向反应，在第1期达最大值（0.1%），此后，正向反应缓慢小幅衰减而稳定在第13期（0.07%）的正值均衡水平上。与加息反应相一致，美国缩表使人民币汇率（直接标价法）上升，人民币贬值，但其影响强度大于加息，且具有长期效应。

由图7-4（d）可知，给定美联储资产负债表总资产一个标准差的负向冲击，短期内对中国资产价格产生正面影响，在第2期冲击反应达到正向最大值（0.8%），此后，经过短波动，缓慢衰减为0。总体上，美联储缩表对中国股市的影响在短期内是正向的，相比较而言，美国加息对中国资产价格影响更直接，影响程度更大。这是因为，中国市场流动性相对较高，美元储备量大。人民币资本项下还没实现完全自由兑换，中国有足够多的手段防止资本盲目外流，中国一定程度上能阻隔缩表引起的美元紧缩对中国股市的冲击。而美国加息则强化投资者对全球流动性收紧预期，致使资产价格对加息承压更大。此外，由图7-4（e）与（f）可知，与加息影响相类似，美国缩表引起中国利率与M2一定程度下降，且这两种作用相互冲突。与加息反应不同的是美联储缩表对中国利率影响强度大。

总的来说，美国缩表，一定程度上使美元升值，人民币贬值，短期内对中国产出的影响是正面的，且影响程度大于加息冲击效应。美国缩表加大资本从中国流出压力，对中国资产价格带来负面作用，但相比加息的影响强度小。

（三）美国加息缩表对美国、欧元区与日本经济影响的脉冲响应比较

为了比较美国加息缩表对中国经济影响与对美国、欧元区与日本产出影响差异，本文还分析了，美国加息缩表对美国、欧元区与日本产出的影响。总体上，美国加息对美国产出负面影响，对欧元区与日本在短期有正面效应，而长期影响是负面的，但强度小于美国国内产出的反应。美国加息对以上三个经济体的资产价格短期有一定的正面作用，在中长期会产生负面效应。美国缩表对美国与日本产出在短期内产生较大负面影响，中长期则会减弱，而对欧元区在短期有正面，在长期则产生较弱的负面效应。美国缩表对美国与欧元区有负面效应，对日本则有小强度的正面作用。美国加息缩表对美国国内经济起到了防止过热的作用，说明美国货币政策调控经济有效性较高，但是对欧元区与日本经济则产生了负面影响。对中国经济而言，美国加息缩表对中国经济短期效应是正面的，但强度小。中国经济发展有自身逻辑，有一定韧性，应对外部冲击的能力在走强，美国"打喷嚏"，中国"感冒"的日子已渐远。

四、小结

研究在GVAR模型框架下，利用2008—2017年全球14个国家的宏观经济月度数据，建立包含9个经济体VARX*模型的GVAR一般框架，采用结构化的广义脉冲响应函数，分析了美国加息缩表对中国经济发展的冲击作用。结果表明，美国加息，一定程度上使美元升值，人民币贬值，一方面短期内增加中国对美国的出口，从而提升中国的产出，进而使中国通胀压力上升，另一方面，增大资本流出压力，对中国资产价格带来负面作用；与加

息效应相类似，美国缩表，一定程度上使美元升值，人民币贬值，短期内对中国产出的影响是正面的，且影响程度大于加息冲击效应。美国缩表加大资本从中国流出的压力，但对中国资产价格带来的负面作用小于加息影响。相比较而言，美国加息缩表对中国经济的负面影响小于其对美国经济本身，以及对欧元区、日本经济的影响。据此，提出如下建议：

第一，深化供给侧结构性改革，增强经济发展稳定性。美国加息缩表在短期内虽然对人民币产生的贬值压力较小，且对中国经济发展有一定正面作用，但随着美国持续加息缩表，要警惕资本流出中国与输入性通缩给中国经济可能造成的负面影响。短期来看，美国货币政策正常化给人民币汇率带来的贬值压力依然存在，但在长期，中国经济基本面才是决定人民币汇率走势的最根本因素。要深入推进供给侧结构性改革，降低民营企业和小微企业融资成本，提高实体经济竞争力，加大开放力度，加快推进出口市场多元化，稳妥应对中美经贸摩擦，增强中国经济平稳发展能力，提升国内外投资者信心，进而实现人民币汇率稳定，从而阻隔美国紧缩货币可能对中国经济的不利影响。

第二，加强跨境资本流动监控，维护金融市场稳定。美国加息对中国投资者信心与预期影响大，会显著影响中国资本市场稳定。首先，完善风险预警机制与对跨境资本流动的宏观审慎政策，重点监控美国加息对资本跨境流动的影响，提升资本市场风险预警应对能力。其次，要完善金融基础设施，吸引更多中长期资金入市，增强资本市场韧性。

第三，强化市场预期管理。当前，美元仍是全球最主要的储备货币与计价货币，人们自然会高度关注美国加息缩表对全球流动性与对中国经济产生的影响。但是，如今的全球市场，全球流动性除了美元，还有人民币、欧元等。美联储加息收紧美元，人们还可以选择相对宽松人民币、欧元，此外，中国有全球最大规模的储备货币，中国有能力管理好人民币的流动性。因此，要提高人们对全球流动性与中国流动性变动趋势的认识，管理好市场预期，减少人们对美元收紧可能会导致的中国负面影响的担忧，减缓外汇市场过度波动。

第八章　国际货币政策溢出效应
监测与应对机制

当前，世界经济受欧美政治和经济形势的影响，"逆全球化"潮流不断涌现，贸易保护主义抬头，但世界经济一体化、全球化的总趋势没有变。经济全球化加强了国内外经济贸易联系，世界各国经济的高度关联性日趋明显、复杂性程度越发增强，美国等发达经济体的货币政策会产生国际溢出效应，对中国国内经济与货币政策产生一定程度冲击。国际货币政策调整将会对中国经济发展与货币政策的制定与实施产生溢出效应。研究如何构建国际货币政策溢出效应的监测预警体系，对国际货币政策溢出对中国的经济发展影响进行动态监测，并在此基础上建立相应的反应机制，具有重要意义。本章在前面国际货币政策传递与溢出机制的基础上，构建国际货币政策效应的预警与反应机制，加强跨境资本流动监测，及时发现风险隐患，以期为央行及时采取更加前瞻性、针对性的政策与措施，防范国际货币政策溢出对中国经济的冲击与负面效应，规避由此可能产生的风险，助推双循环发展格局的加快形成，以促进经济健康平稳的增长。本章所建立的国际货币政策溢出效应预警机制主要由三个相互联系相互作用的子系统组成：一是监测子系统；二是预警子系统；三是应对预案子系统。监测子系统是整个系统的基础。预警子系统，是指对国际货币政策传递机制的识别。它主要包括两个要素：一是预警变量空间的建立；二是预警模型的设计。应对预案子系统即是根据预警监测体系监测到的可能的国际货币政策溢出的冲击信息，建立中国央行应对国际货币政策溢出效应的政策预案，从而为中国人民银行引导预期，加强跨境资本流动宏观审慎管理，加强国际货币政策协调，提高参与国际金融治理能力，提供参考。

第一节　构建监测应对机制的重要性与可行性

一、监测重要性

近年来，随着中国资本与金融账户的开放程度提高，利率与汇率市场化改革的深入，中国经济与金融融入国际经济与市场的程度也在加深。这些因素将导致中国经济发展与货币政策制定与实施受国际货币政策溢出影响加大，进而影响中国央行货币政策的独立性，同时，中国经济发展与货币政策实施对外部经济体的溢出效应显现。如何有效地监测国际货币政策对中国经济发展的影响，并对可能产生的风险进行预警，从而防范其负面效应，引导其正面效应的发挥，用好中国货币政策的溢出效应，促进双循环新格局下中国经济稳定发展，成为中国央行要面对的重要问题。从前面的分析可知，国际货币政策向中国的传递是自发的，并受一定条件的限制。这一传递的完全性主要受经济规模、跨境资本流动的自由程度、中国外汇储备规模、汇率预期以及中国货币政策框架等因素影响。

当前，境内外疫情变化和外部环境的不确定性，使国际经济贸易形势变得严峻复杂。而中国经济运行稳定恢复，内生动能逐步增强，2020年经济总量突破100万亿元。中国是2020年全球少数实施正常货币政策的主要经济体之一，货币政策的独立自主性增强。中国实施正常货币政策对世界各经济体货币政策正常化有促进作用。中国人民银行《2020年第四季度中国货币政策执行报告》指出，为应对疫情，美、欧、日等主要经济体央行出台大规模货币刺激措施，中国要关注外部经济宽松货币政策的溢出效应。虽然中国货币政策自主性在增强，但从长期来看，随着疫情得到控制、经济复苏态势明确，主要经济体央行宽松货币政策将可能退出，届时资本流动方向也可能出现变化，对中国经济将产生正面与负面的溢出效应，要利用好正面效应并防范相关风险。因此，中国要进一步完善跨境金融风险监测评估机制，健全跨境资金流动监测预警体系，以此来识别预警可能存在

的风险。通过事前对国际货币政策新变化可能对中国经济产生的冲击进行
预警，提出应对预案，防范国际货币溢出对中国产生的负面效应，强化国
际货币政策沟通协调，规避国际利率变化对中国经济运行产生的风险，从
而提高中国央行调控市场利率水平与货币政策的自主性，促进国内经济稳
定发展，以创新驱动、高质量供给引领和创造新需求，加快形成以国内大
循环为主体、国内国际双循环相互促进的新发展格局。

二、监测可行性

货物政策的国际传递有很强的可预测性。首先，国际货币政策溢出效
应与跨境资本流动性以及国际经济宏观与金融变量高度相关，因此，如果
用一系列国际宏观经济与金融变量，构建一个有效的国际货币政策溢出效
应监测预警系统，就能对国际货币政策的溢出效应进行预测。其次，国际
货币政策的国际传递有一定的过程，如果能及时预测，则央行可根据预测
结果及预警信息前瞻性、有针对性地制定应对措施，及时对国内宏观经济
变量进行调整，从而防范国际货币政策的负面效应，并利用好国际货币政
策对中国经济可能产生的正面效应。

第二节　监测应对机制的任务描述与概念框架

一、任务描述

货币政策是重要的宏观调控工具，其实质是国家对货币的供应根据
不同时期的经济发展情况而采取"紧""松"或"适度"等不同的政策趋
向。中国货币政策调控框架基本实现了从数量型向价格型调控的转变，形
成了以公开市场操作利率为短期政策利率和以中期借贷便利利率为中期政
策利率的中央银行政策利率体系，初步建成了利率走廊机制，形成了以利
率为操作目标的调控机制。利率成为中国货币政策的核心调控变量。利率

作为宏观与微观经济的重要变量，发挥着一国经济运行状态的"指示器"作用。一国货币政策的独立自主性很大程度上最终要体现在国家央行对本国市场利率的调控水平上。中国利率、汇率基本实现了市场化，中国央行对市场利率的调控效率与水平将成为央行利用货币政策进行有效宏观调控所面对的重要问题之一。而中国经济发展与货币政策一定程度上受到外部经济体货币政策溢出影响，而影响经济稳定与货币政策的独立性。这就要求央行要及时地、前瞻性地预警外部经济体货币政策溢出效应对中国经济发展的影响，进而及时采取措施加以应对。

近年来，中国人民银行产出缺口测算质量不断得以提高，为潜在GDP增长率的估算提供了重要依据，从而奠定了中国货币政策制定的重要基础，进而也增强了中国货币政策的前瞻性。在金融开放持续深入的新形势下，制定货币政策除了要考虑国内经济因素，还要关注国际经济形势的影响。中国人民银行副行长陈雨露在2016年中美央行高端对话闭幕致辞中表示，货币政策的溢出效应是客观存在、不容轻视的，有关政策出台前应加强前瞻性研究。因此，中国货币政策制定要在关注潜在GDP增长率的指标的同时，前瞻性地谋划和设计进一步提高调控水平的调控策略和方法。

然而，中国市场利率的变化受众多国内与国际经济因素的综合作用，且这个决定过程是极其复杂的非线性关系，再加上国际经济因素的不确定性，仅依赖传统的统计分析与经验估计将不能有效预测这种变化，以至于影响到央行对国内货币政策的调控效率。相比较而言，人工神经网络在这方面有明显的优越性。人工神经网络是一种数据驱动型的预测工具，具有通过学习逼近任意非线性映射与很强的模式识别能力。这就决定了它在预警国际货币政策溢出效应问题上的有效性。

二、BP网络

在人工神经网络中应用最广泛的网络形式是BP网络。因此，本文选择BP神经网络研究国际货币政策溢出效应预警问题。BP网络是一种前馈神经网络，其网络权重值的调整规则采用后向传播的训练算法。BP网络是单向传播的多层前向网络，包括输入、中间与输出层。当一对训练样本输入网络后，神经元的激活值在网络中传播的基本过程由正向传播与误差逆向传播两个过程组成。正向传播时，神经元激活值从输入层，经隐含层传递到输出层，从而输出层神经元获得输入响应。之后，进入误差逆向传递阶段，若输出层实际输出与期望输出有差异，则以减少误差为目标从输出层经中间层逐层修正连接权重值，最终回到输入层。激活神经元正向传播与误差逆向传播这两个过程不断循环进行，误差得以不断修正，直到输出误差达到所设定的标准。这种网络权重值的不断修正过程即网络训练。为了提高网络的正确性，还要对经过训练的网络进行测试。网络测试即是将测试样本输入网络，检验其分类的正确性。[①]

三、概念框架

国际货币政策溢出效应预警机制根据监测—预警—应对的逻辑关系，应该包含监测、预警与应对等三个子系统。其中，监测系统的功能是完成与国际货币政策溢出效应原相关数据的收集、统计与处理，为国际货币政策溢出效应预警机制提供基本信息资料与工作基础。预警系统的功能是对监测系统提供的基础数据信息进行处理、预测，以发现国际货币政策溢出效应可能对国内经济产生的正面与负面溢出效应，并对央行需要调整政策予以应对的冲击进行判断识别，发出预警信号，以使央行能前瞻性地、有针对性地采取政策措施，以应对国际货币政策溢出对中国经济将产生正面与负面的溢出效应，利用好可能产生的正面影响，并防范正面影响可能带来的相关风险。应对预案是针对预警系统发出的可能预警信号结合国内外经济运行态势通过综合分析，准确估计货币政策操作对物价水平和经济增长产生影响的时滞，把分析测算的数据作为货币政策决策的参考依据，进而做出决策，并有效地进行预调和微调，前瞻性地调整国内宏观经济变量，以稳定国内经济增长。具体框架见图8-1。

---

① 飞思科技产品研究发展中心. 神经网络理论与MATLAB7实现[M]. 北京：电子工业出版社，2005：257—297.

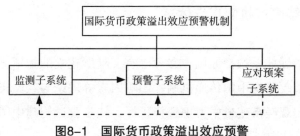

图8-1　国际货币政策溢出效应预警

第三节　国际货币政策溢出效应监测应对系统指标体系

一、变量选择原则

1. 科学性与可操作性原则

科学性是指国际货币政策溢出效应预警指标要有严密的科学性。正确测量国际货币政策溢出机制，有助于建预测模型，提高模型对国际货币政策对中国经济的影响的预测能力，为货币政策决定提供一定的参考依据。可操作性是指各项变量要实现可量化，方便经济地得到可靠真实完整的数据，在时间上具有连续性，以便相关部门实时监测和度量。

2. 主导性与灵敏性原则

所选择变量要充分反映国际货币政策溢出对中国经济影响基本态势，综合反映国际货币政策溢出对中国经济发展的实际影响程度与变化趋势。这些指标的微小变动能反映国际资本市场及国际经济的经济态势，反映国际货币政策溢出对中国经济发展的影响变化。

3. 综合性与动态性原则

外部经济体货币政策向中国的传递会因不同的因素作用而出现不同的传递趋势，要能够反映国际货币政策向中国溢出的机制。所选指标要能够及时获取并做出分析，以便准确判断国际货币政策溢出对中国经济发展的影响程度与方向。同时，各指标要灵活可变，要能够对中国与国际金融市场的体制变化和经济运行态势的变化等做出相应调整。

二、预警应对机制指标体系

依上述指标体系选择原则，参考已有文献所建立的指标体系，并根据前面国际货币政策向中国传递机制、影响因素等理论与经验实证结果，从国内与国际宏观经济变量中考虑选择指标，初步尝试构建中国国际货币政策溢出效应预警指标体系。具体见表8-1。

表8-1　国际货币政策溢出效应预警指标体系

	类别	输入变量	输出变量
国际货币政策溢出效应预警指标体系	宏观经济指标	中国工业增加值增长率（（g）1）	中国央行货币政策目标利率（R）
		美国、欧元区、英国、日本工业增加值长率（（g）2、（g）3、（g）4、（g）5）	
		中国物价水平（（c）1）	
		美国、欧元区、英国、日本物价水平（（c）2、（c）3、（c）4、（c）5）	
		中国净出口额（X）	
		中国制造业PMI（P）	
	货币政策指标	中国货币供应量M2增长率（（c）M）	
		美国货币供应量M2增长率（UM）	
		人民币兑美元、欧元、英镑、日元汇率（（e）1、（e）2、（e）3、（e）4）（直接标价）	
		美元实际有效汇率（（e））	
		美国、欧元区、英国、日本央行目标利率（R1、R2、R3、R4）	
		中国、美国、欧元区、英国、日本央行资产负债表规模（（a）1、（a）2、（a）3、（a）4、（a）5）	
	金融外汇指标	中国外汇储备增长率（S）	
		中国、美国、欧元区、英国、日本的货币市场利率水平（RM1、RM2、RM3、RM4、RM5）	
		中国资本项目资本流入增长率（K1）	
		中国资本项目流出资本增长率（K2）	
		中国金融项目资本流入增长率（K3）	
		中国金融项目资本流出增长率（K4）	

类别	输入变量	输出变量
国际大宗商品价格	布伦特油价（O）	

三、统计监测系统

中国货币政策委员会作为货币政策的咨询机构，其职责是以宏观经济形势综合分析为基础，讨论货币政策的制定和调整等重大事项，并提出建议。[①]因此，货币政策委员会要根据国内金融与经济运行特征及经济分析的需要不断改进监测指标体系，增加新的指标。比如中国制造业PMI指标。人民银行非常重视货币政策前瞻性的研究与探索，并且取得了有价值的成果。随着中国资本项目的进一步开放以及利率汇率市场化程度的提高，要不断完善货币政策的统计监测预警系统，逐步增加国际货币政策溢出效应指标，提高预警质量，为央行货币政策决策提供先导性的指示，以增强货币政策决策的科学性与前瞻性，从而提升货币政策的针对性、准确性和有效性。

四、大数据辅助决策

《中共中央国务院关于新时代加快完善社会主义市场经济体制的意见》（2020年5月11日）明确指出，要充分利用大数据、人工智能等新技术，强化经济监测预测预警能力。大数据以其丰富的信息价值，能够生动显示出宏观经济现象的微观联系，为国际货币政策溢出效应监测、预警、预测提供了重要技术保障。

要充分利用并结合大数据、人工智能等新一代信息技术，加强监测预测预警能力，大数据可以为国际货币政策溢出效应监测数据的定点提取、定量分析和定向挖掘等提供技术基础与条件，从而辅助中国人民银行货币

---

① 国务院. 中国人民银行货币政策委员会条例（1997年4月5日）.

政策决策。一要利用大数据监测中国经济增长速度、货币供应量、物价水平、对外贸易额等总量性指标，以及汇率、利率的变化，揭示中国经济周期性涨落变化、金融市场阶段性收缩或扩张等与汇率、利率的关系。二要用大数据预测中国宏观经济需求侧、供给侧的结构性变化，及时管好预期，提前预警。比如，当国际大宗商品与外部经济体通货膨胀率上升时，国内网民会搜索国内商品价格走势，这就提供了公众价格预期和预测通胀水平的信息来源，为中国人民银行提供了前导指标，为中国央行提供了货币政策决策的时间窗口期。再比如可采用大数据技术挖掘市场主体在互联网平台上的信息，中国人民银行能够预测货币市场、股票市场和外汇市场等金融市场的行情变化走势，为中国央行调控货币总量提供重要参考。三要利用大数据监测外部经济环境变化，以及外部经济体货币政策操作与调控效果。新时期，中国对外开放的大门越开越大，中国经济与世界经济早已融为一体。利用大数据强化对外部经济体，特别是美国等世界主要发达经济体经济发展态势、金融市场与外汇市场变化动态，以及货币政策操作等领域的监测，提前预警、预测不断变化的国际环境，以及国际货币政策溢出对中国正面、负面影响，从而为货币政策决策提供前导指标，进而有效地捕捉机遇和规避风险，提高决策准确性、针对性，助力中国参与国际竞争与合作，加快形成双循环新发展格局。

第四节　国际货币政策溢出效应应对机制

对国际货币政策溢出效应监测与预警的分析，为中国央行前瞻性地识别与应对外部经济体货币政策对中国经济可能产生的溢出效应，以及为中国央行制定与执行货币政策决策提供重要参考。但是，这并不是说只要监测与预测系统发出信号，央行就要机械地采取政策措施加以应对。那么，基于监测与预测系统可能发出的信号，如何利用并采取哪些措施，进行科学的利率政策决策，以提高货币政策的调控水平。众所周知，外部经济体货币政策向中国国内传递受到多种因素影响，传递的渠道也较多，而且国内的经济运行态势与国际经济环境也决定了中国央行货币政策的决策空间。在当前经济金融全球化的环境下，中国作为大国，货币政策也会对外部经济体，特别是新兴经济体产生溢出效应，从而影响相关国家的经济发展与货币政策操作。因此，中国货币政策决策时，不但要综合考虑对国内的经济政治社会因素的影响，政策制定者也要认识到中国货币政策操作对世界经济特别是其他经济体经济的溢出效应。这就要求中国央行要在参考预警信号的基础上，不但要考虑国内经济金融的运行态势，也要考虑国际经济运行状况，要考虑到新兴市场的承受能力，把握好政策节奏，以及政策操作的幅度与频率，高瞻远瞩地进行决策方案优化，做出合理的政策决策。在调控机制上，要加快从直接调控向间接调控的方式转变。在具体调控方式上，要通过前瞻性的科学分析和理性判断，注重正常经济运行环境中的微调与经济异动条件下的逆周期调控相配合，以及跨周期与逆周期的配合，以提高货币政策操作对市场利率引导与调整的精准性、针对性与前瞻性。目前，中国人民银行的目标利率实际上有两种，即存贷款基准利率和同业拆借利率。中国的现实情况决定了货币政策实行的是以通胀为主的多目标制，这也增加了货币政策决策的难度。在决策的前提方面，由于货币政策以金融机构与市场为传导中介，金融机构与金融市场的健康性决定了货币政策传导的有效性。货币政策决策要以金融稳定为前提，要加强货币政策与宏观审慎政策的协调配合。

一、操作目标利率水平决策要以国内经济运行质量为基础

中国是超大经济体量的大国，货币政策制定和实施必须以我为主，以国内经济运行质量为主要根据，维持高的自主性与独立性。在此基础上，要把握好内外部均衡的平衡。货币政策既要关注总量、结构，也要重视对重点领域、薄弱环节的定向支持。同时，警惕外部金融风险，为深化金融改革开放营造适宜的环境，总之，货币政策决策要立足国内大循环，并且要有助于推动国内国际两大循环优势互补、相互促进，要在支持经济增长与防范风险之间寻求平衡。因此，货币政策决策将不再是单方面决定问

题，需要综合考虑国内与国际经济态势，这两方面都不可偏废。综合衡量的原则应是以本国经济运行状况为基础，兼顾国际经济发展态势，有助于双循环发展格局加快形成。这是因为，货币政策是对本国宏观经济中通货膨胀与经济增长的一种权衡方式，最根本的目的是要解决本国国内经济运行中存在或潜在的问题。之所以要考虑国际经济特别是外国货币政策操作的影响，是由于经济金融全球化的深化，中国已融入国际市场，忽视国际经济与政策的影响，将会影响到货币政策的宏观调控效果。因此，对于可能的国际货币政策溢出效应监测预警信号，既要积极关注，又要科学分析，始终要以本国经济运行状况为基础，充分利用国际货币政策溢出的正面效应，防范负面效应，并且发挥中国货币政策的溢出效应，采取有效措施加以应对。

外部经济体货币政策与一国国内货币政策的操作目标的关系有三种：协调、冲突相互独立。经济全球化下，世界主要经济体货币政策通过国际传递，溢入国内，国内货币政策与外部货币政策会产生相互影响，从而对国内货币政策产生溢出效应。一般地，在本国国内宏观经济运行处在正常发展态势、通货膨胀水平宽松时，国内央行根据国际货币政策溢出效应预警信号给出的操作预测，采取与外部经济体特别是美国等发达经济体同向的操作方向是合意的选择，这既有利于国际货币政策沟通与协调，避免发生国与国之间货币政策冲突，在稳定国内经济的同时，促进了外部经济以及世界经济的稳定发展。不然，将会使两国的经济稳定性受到一定程度破坏，从而降低央行货币政策调控国内利率与经济的效率。相反，如果本国与他国经济所处周期不一致，且国内经济运行处于异动态势，如通货膨胀严重，受到巨大的外力冲击时，才不得已采取与他国相冲突的利率调整政策。必要时也可通过国际协调机制进行国际协调，最大限度地减少货币政策的国际冲突。

政策的外溢效应凸显了国际协调的重要性，货币政策目标决策要重视国际货币政策沟通、协调。一国货币政策在保持防御性、自主性的同时，要完善国内货币政策，以提高政策的弹性和效率。中国货币政策持续深化市场化改革，调控机制和方式明显提升，形成了利率走廊操作框架。同时，重视货币政策的国际沟通与协调，并将国际协调的理念融入货币政策实践，如2018年第一季度，中国央行公开市场7天期逆回购操作利率在美联储加息后上行5个基点，其他操作品种利率相应上行。因此，当中国人民银行根据相关监测预警指标做出合理决策的过程中，中国人民银行在以国内经济和金融市场发展为主要依据决策政策目标利率的同时，要考虑到外溢效应。加强与主要发达经济体以及经贸关系紧密的发展中经济体的政策沟通，将利益攸关经济体经济和金融市场发展纳入决策参考因素，利用国际合作沟通机制，考虑国内外因素相机抉择，力争实现各经济体间货币政策目标决策与操作的协调一致性，提高调控效果，增强货币政策促进内外均衡的能力。

二、操作目标的调整时机

国际货币政策溢出效应预警中操作目标调整时期的选择主要考虑国内经济运行态势。在注重通货膨胀率目标的同时，一国央行会进一步提升保持金融稳定的权重，以消费价格指数（CPI）为指示器，进行评判，这样不容易出现货币政策多目标情况下的目标间的冲突。如以经济增长与通货膨胀率为货币政策目标，二者常发生冲突，当增加需求促进经济增长时，也导致了价格水平的上涨，而价格稳定目标不会导致紧缩。通货膨胀率目标优先在工业化国家已积累了许多成功经验。如美联储以2%的通货膨胀率为目标利率水平的决定准则；英国央行在调整目标利率水平时，以2.5%左右的通货膨胀率为准则。因此，要把借鉴工业化国家的国际经验与立足国情有机结合，形成一个综合消费价格指数生产价格指数（PPI）和GDP平减指数（GDP Deflator）的整体价格水平，作为货币政策的目标。如果国内通胀严重，一国央行要及时做出目标利率调整决定。这在当前，主要是通过公开市场业务，提升债券回购利率（DR007），引导市场利率变化，以抑制通货膨胀率。同时，配合以跨境资本流动的引导维持汇率基本稳定。而在正常宽松的时期，一国央行要稳定目标利率而不使市场受到干扰，并加强市场沟通，明确目标利率的未来走向，管理好市场预期。同时通过跨境资本流动的引导等，改变市场升值预期以保持目标利率与市场利率的协调，从而保持本国利率政策的相对独立。因此，中国央行在决定目标利率调整时机时，要立足国内经济运行态势，盯住通货膨胀水平，密切监控国际经济与政策变动趋势，同时，要更加关注国际经济形势与利率政策动态，及时预警并准确研判，从而选择最佳的调整时机，适时相对独立地调整本国的目标利率，同时注重国际利率协调，尽量避免国内利率政策与主要经济体利率政策的冲突。

三、操作利率调整方向

对于国际货币政策溢出效应监测预警系统可能发出的调整信号：升与降，货币当局要分两种情况对目标利率调整方向加以研判。一是预警信号的指示方向与当前目标利率调整的趋势同向。也就是说，监测信号显示的目标利率调整方向与当前目标利率调整所处的上升或下降的区间相同。这时，只要国内经济运行总体态势没有发生逆转或者仍沿着前期的趋势运行，中国人民银行可以保持货币政策的连续性，通过公开市场业务微调债券回购利率以应对，从而稳定汇率与平衡跨境资本流动，进而维持经济的内外平衡。二是预警信号的指示方向与当前目标利率调整趋势反向。一般情况下，是国际经济形势发生了逆转，而国内经济趋势未改变。这时，中国人民银行要特别关注货币政策操作的前瞻性，必须以通货膨胀率目标为主，同时，预测国内经济周期变化趋势，协调好逆周期与跨周期调控，及时调整货币政策加以应对。中国人民银行要努力寻求利率、汇率、跨境资本流动以及外汇储备之间的平衡，在充分考虑政策的时滞性因素后，准确掌握货币政策目标转向的临界点，并通过适当的方式给市场以明确的预期，通过微调债券回购利率加以应对。这样，中国人民银行通过政策工具的逐步、连续地同方向的调整，就有充分的空间，对政策进行修正，以减少经济波动。尽量避免到国内经济形势真正出现逆转时才采取"头痛医头，脚痛医脚"的短期应对政策措施现象，以减小"急转向"对经济产生的负面影响。

四、操作利率调整空间

坚持操作利率水平正常期微调与经济异动期大幅度调整的原则。利率政策微调原则强调小幅多调。针对国际货币政策溢出效应预警系统可能发出的调整信号，在国内经济运行正常情况下，要采取小幅度的调整方式，以顺应经济的发展需求；相反，在经济运行异动的情况下，要采用大幅度调整的操作方式调整操作利率，同时，要做好调整幅度适当协调。美国等工业化国家正常时期普遍将利率调整幅度控制在50个基点以内，主要采用25个基点的调整幅度，而在经济异动时期则会采用较大幅度的调整，这时主要采用75、100、150个基点的调整幅度。中国央行在正常期主要采用25—27个基点的调整幅度，而在经济异动时期则采用较大的幅度50、100个基点的调整。这些具体调控量的选择在经济正常期有利于降低央行判断风险，及时修正政策调整的负向作用，有利于形成稳定的政策预期。确保中国央行货币政策的持续性以推动社会公众预期的形成。而在经济异动期则有利于及时有效地进行逆向操作熨平经济的异常波动。此外，与操作利率调整幅度相关的还有一个调整频率的问题。一般而言，利率政策的时滞为2-6个月。由于这种政策时滞的存在，中国央行在应对国际货币政策预警系统发出的信号时，还要综合考虑两次目标利率调整的时间间隔，保持适当的调整频率，以便中国央行能充分观察前期调控的政策效果，从而避免由于两次调控间隔时间短而造成调控效果的累积。当出现国际货币政策溢出对国内经济发展与货币政策产生影响，而需要调整货币政策操作目标时，应以现有的国内货币政策反应函数等货币政策决策模型为基础，以国际货币政策溢出效应监测预警信号为辅助参考，进行综合分析，从而做出决策。一般情况下，中国央行在经济正常期应采用以25个基点的小幅度微调的目标利率操作模式，而在经济异动时，采用50、100个基点的大幅度逆周期调整模式。

第九章　应对国际货币政策
溢出效应的制度思考

　　经济全球化与金融一体化的深度演进，紧密了全球主要经济体的相互依存性，各主要经济体货币政策相互影响。党的十九届五中全会指出，中国要加强国际宏观经济政策协调。自2008年世界金融危机以来，世界主要发达经济体央行实施了包括零利率或负利率与量化宽松等非常规货币政策，其国际溢出效应加大，特别是对货币政策正常化经济体产生的溢出效应更大。全球货币政策持续宽松，中国货币政策操作将面临更多的外部冲击，非传统货币政策会影响中国货币政策的独立性，增加货币政策的调控难度，中国货币政策的独立性与有效性面临诸多新挑战。同时，作为大国经济，中国货币政策产生了一定的溢出效应。因此，有必要加快健全现代货币政策框架，加强国际宏观经济政策协调，在制度层面与政策制定与实施等层面进行相应的制度配套与完善，充分利用外部经济体的正面溢出效应，防范负面溢出效应，用好中国自身的溢出效应，增强中国货币政策的相对独立与有效性，促进中国经济稳健发展。

一、加快构建货币政策和宏观审慎政策"双支柱"调控框架

　　党的十九大报告明确提出要健全货币政策和宏观审慎政策"双支柱"调控框架。货币政策和宏观审慎政策都属于逆周期调节工具，均有稳定经济作用。货币政策重在解决整体经济和总需求问题，主要通过操作货币政策工具，调整基准利率，引导金融市场收益率曲线的变化，从而把政策意图传导至债券市场、货币基金、银行同业业务和存贷款业务等，进而控制物价稳定、促进经济增长；而宏观审慎政策主要通过资本要求、杠杆水

平、首付比（LTV）等差别准备金动态调整机制、跨境资本流动管理，通过资产价格渠道传导，控制金融业杠杆，防范金融系统性风险，维护金融稳定。因为宏观变量之间保持着较高同步性，货币政策和宏观审慎的目标是一致的。货币政策引入宏观审慎政策，为央行提供了通过逆周期调节杠杆影响资产价格进而维护金融稳定的能力。近年来，中国货币政策与宏观审慎政策相结合的探索，宏观审慎政策与货币政策应相互协调，使"双支柱"调控框架不断完善，提高了精准调控的能力。进一步完善"双支柱"调控框架，一要引入跨周期调控。"双支柱"调控要坚持"跨周期"和"逆周期"并行，同时关注短期经济金融波动和中长期经济的结构性问题。加强货币政策与宏观审慎政策的协调，在结构优化中，实现"防风险"和"稳增长"兼顾。特别是在当前，疫情对全球经济影响大，多部外部经济体的货币政策发生了明显的变化，要重点防范外部经济货币政策的负面溢出效应。二要利用大数据与人工智能工具进行监管。通过大数据能更详细准确地掌握微观主体的信息，提高审慎管理效果；利用人工智能处理海量数据提高决策效率。三要加强系统性金融风险监测评估，逐步建立宏观审慎压力测试体系，进一步完善系统性风险监测、评估和预警体系。

二、建立以利率为操作目标的货币政策框架

货币政策操作框架或称为货币政策实施框架，由货币政策工具、操作目标、传导机制和最终目标构成，其中，操作目标是连接政策工具与最终目标的中介，货币政策工具是各国央行实现其操作目标的手段。各国中央银行正是操作货币政策工具来实现操作目标。中国已经实现了利率市场化，接下来，需建立以利率为操作目标的政策框架。当前，中国基本建立了以公开市场操作利率为短期政策利率和以中期借贷便利（MLF）利率为中期政策利率的政策利率体系。中国人民银行通过债券回购利率或上海银行间同业拆借利率（Shibor）向贷款市场报价利率（LPR）的传导，再由LPR影响贷款利率的制度安排，为建立以利率为操作目标的货币政策框架即利率走廊操作框架创造了好的条件与基础。

接下来，中国人民银行重点要选择并明确货币政策的操作目标。在当前中国政策利率体系中，中国央行债券回购利率或上海银行间同业拆借利率（Shibor）对利率总体变动有重要影响，就其影响面、风险度和市场性等综合特征而言，已基本具备基准利率功能，可从二者中明确一个作为操作目标的政策利率。上海银行间同业拆借利率是市场利率，如果选择其为政策利率，作为操作目标，中国央行可通过公开市场业务等调节流动性引导市场利率逼近操作目标。而债券回购利率是货币政策工具利率，如果选择其政策利率，并作为货币政策操作目标，则是将货币政策操作目标和货币政策工具利率相结合，提高货币政策有效性和传导效率。不管选择哪种利率作为基准利率和操作目标利率，中国人民银行都可以通过公开市场业务，利用市场化的货币政策工具和手段，去控制基准利率变化，实现操作目标。需要明确的是作为货币政策操作目标的利率水平是由中国人民银行设定的，至于市场上实际的货币政策操作目标利率水平是否与中国人民银行的设定相一致，则要取决于市场短期流动性供求双方竞争的结果。

利率为操作目标的政策框架建立，即以利率为操作目标的利率走廊的货币政策操作框架，较传统的准备金制度相比具有效率高与伸缩性强的优势。利率走廊包含短期贷款与存款两个短期融资工具。利用走廊的上、下限，央行严格地将政策利率控制在走廊宽度波动范围内，而且还活跃了银行间同业拆借市场。此外，中国央行不但可以不需改变准备金供给量，只通过移动利率走廊就能调整目标利率实施相应的货币政策。而且还能不改变均衡利率（目标利率）即不调整利率政策，实现准备金供给量改变，从而实现流动性操作。利率走廊通过分离利率政策与央行流动性政策，使中国央行有能力在向市场提供巨量的流动性的同时，将政策利率稳定在其目标利率附近。2008年金融危机以来，利率走廊不但为中国央行使用常规的低利率、零利率政策提供了实施基础，而且，为中国央行在面临低利率、零利率政策宏观调控效果边际政策效用递减，调控经济的水平降低的情况下，提供了实施极度宽松货币政策，执行非常规货币操作的工具与可行性。更重要的是，在利率汇率市场化程度日益提高，资本项目持续开放的条件下，通过利率走廊货币政策操作框架，可以更有效地调控基准利率，引导市场利率，提高调控市场利率的水平，保持利率政策的独立性与有效性。

三、逐步由货币政策的多目标制向稳定物价单一目标制转变

货币政策目标应与社会、政治、经济等为标志的社会发展阶段的演进变化而相应转变。从现代经济发展过程上看，各经济体的货币政策目标一般经历了从多目标如经济增长、就业水平、稳定物价与国际收支平衡等向单一的稳定物价目标转变的过程。21世纪以来，中国货币政策采取的是多目标制度，除稳定物价、保持低通货膨胀之外，还包括推动经济增长、保持较充分就业和维护国际收支平衡。这与中国经济发展阶段是相适应的。

（一）货币政策目标的演进

从现代经济发展过程史上看，各经济体的货币政策目标一般经历了从多目标如经济增长、就业水平、稳定物价与国际收支平衡等向单一的稳定物价目标转变的过程。一般认为，随着社会的发展，货币政策制定者应更加关注经济中的物价水平波动的社会与经济成本，物价水平的稳定越来越被认为是经济政策特别是货币政策的首要目标。货币当局一般把物价稳定描述为经济中通货膨胀在低水平的稳定。通胀水平上升快或波动较大将会增大经济系统的不确定性，这种不确定性所引起的直接结果就是市场信号的扭曲，增加消费者、生产者与政府决策的难度，降低社会资源的配制效率，加剧经济动荡，增加经济社会健康发展的成本。世界经济历史上不断发生的严重通货膨胀所导致的社会经济悲剧不断重演，也证实了物价水平剧烈波动对社会的破坏性，从而也说明了稳定物价的重要意义。

正是由于物价稳定对经济稳定发展的重要性，各经济体一般把通货膨胀水平视为货币政策的关键因素。如果能将通货膨胀维持在较低的水平并控制其在一个狭窄的范围内波动，即可实现经济社会的物价稳定。

（二）中国货币政策目标向单一目标转变的必要性

时至今日，中国货币政策目标基本上仍是经济增长、充分就业、物价稳定和国际收支平衡相协调的多目标制。这与中国所处的发展阶段密切相关。由于中国目前还处在并将长期处在社会主义的初级阶段，并且21世纪

以来，中国较长期处于经济转型当中。这一基本国情决定了这一发展中的大国面临复杂多变的经济形势，因此，中国在实践中采取了灵活多样的货币政策目标。中国的货币政策既要关注通货膨胀，又要考虑经济增长、国际收支平衡、就业等问题。但是，中国在当前经济全球化与金融一体的形势下，国际经贸关系持续加强，国际资本流动日益自由化，通货膨胀与经济周期的国际传递日趋加速，国际上的货币政策也会对中国经济产生一定程度的影响，这为中国宏观经济的稳定运行带来新的挑战。中国货币政策受到美国等发达经济体央行货币政策影响，有可能产生货币政策不同目标之间不协调、甚至是相互冲突的局面。中国宏观经济调控时而出现的两难或多难的情形正是这一挑战的反映。这会增加中国经济可持续发展的运行成本与宏观调控有效性，增加货币政策的制定和执行的困难。中国的货币政策目标必须逐步由多目标制向单一目标制转变，即以稳定物价为货币政策的单一目标。

（三）可行的转变路径

中国货币政策目标向稳定物价单一目标制转向可以在马克思经济理论的指导下，批判性地参考西方工业化国家在货币政策目标转变实践中取得的经验，并根据国情加以调整，创造性地建立中国的单一货币政策目标制度。马克思在《资本论》第三卷中的"资本主义生产的总过程（下）"第五篇的第三十二与三十三章中明确提出了中央银行利用货币政策进行宏观调控的论述。马克思指出，中央银行的信用制度总枢纽作用会对社会经济发生重大影响。中国要以马克思的中央银行对宏观经济调控的相关论述为指导，充分保证中央银行的独立性，并建立适应中国现实的货币政策单一目标制。此外，工业化国家央行如欧洲中央银行以物价稳定为基本目标，在欧盟的总体经济政策不与稳定物价目标相冲突时才会得到支持。说明欧盟的货币政策将物价稳定放在优先地位，在物价稳定目标基本实现的前提下，才能追求其他目标如经济增长、充分就业等。这就是所谓的阶梯目标。新西兰、日本以及美国中央银行都是以保持物价水平的总体稳定为货币政策的目标，并以此保持经济的良性运转。

坚持币值稳定的最终目标，是货币政策由多目标制向稳定物价单一目标制转变的前提。《中国人民银行法》明确了中国人民银行以"保持货币币值的稳定，并以此促进经济增长"为目标，即先要保持币值稳定，对内保持物价稳定，对外保持人民币汇率在合理均衡水平上基本稳定。在此前提下，分两步走，实现货币政策由多目标制向稳定物价单一目标制转变。第一步，可先以阶梯目标作为货币政策单一目标制的初期阶段。即把物价稳定作为货币政策、就业作为第一目标，同时以服务实体经济为方向，将维持国际收支平衡，在多重目标中寻求动态平衡。在条件成熟时，把单一目标的货币政策目标制推向第二目标即高级阶段，将物价稳定作为货币政策的首要目标，从而形成完全的以稳定物价为单一目标的货币政策目标制度。

四、建立高透明度的货币政策决策机制

独立性、透明度是现代中央银行治理现代化的重要内容。相对较高的独立性与透明度，能提高货币政策的调控效率，促进币值稳定，减轻救助道德风险以及防范外部冲击。一个国家的货币政策决策制度是和这个国家的经济发展阶段、开放程度、金融管理体制等因素紧密相关。一般而言，一个国家的金融体制越完善、开放程度越高、经济发展水平越高，其货币政策的决策机制越透明，从而该央行对经济的调控水平也越高，调控政策越有效。这需要中国央行公布公开信息的数量，提高公开信息的质量，增加信息的准确性和可辨识度，强化与市场的沟通，使市场能更清晰更准确接收这些信息，保障中国央行向市场公开的信息与内部观点、事实信息的一致性。工业化国家在决策与操作的长期实践中，普遍选择了集体决策的方式。这种集体的货币政策决策制度一个明显的优势就是有利于集思广益，避免出现极端行为，从而保证货币政策的稳定和连续性。

中国人民银行货币政策委员会作为中国制定货币政策的咨询议事机构，其主要职责是讨论货币政策的制定和调整、货币政策控制目标、货币政策工具的运用等货币政策重大事项，并提出建议，已成为中国制定货币政策和进行宏观调控的一个重要的决策参考渠道，对提高货币政策科学性、民主性有重要作用。要充分发挥货币政策委员会职能，认真研究发

达经济体货币政策集体决策机制对中国的借鉴意义，同时反思2008年金融危机的爆发所暴露出这种制度的弱点与不足。在全面分析货币政策集体决策机制的基础上，吸收其合理成分，逐步在中国的渐进性改革、货币政策由数量型向以价格型为主转换的过程中，构建适合中国国情的、相对独立的、高透明度的货币政策决策制度。中国在协调推进资本项目开放、利率汇率市场化的同时，需要拓展货币政策的信息沟通渠道，提高货币政策的透明度，引导社会公众的货币政策预期，提高中国人民银行的独立性、透明性。

五、加强对国内与国际宏观经济周期的监测

对宏观经济周期科学监测，是保持中国利率政策相对独立与有效的基础与前提。只有对中国宏观经济与世界经济周期的科学监测与影响评估，才能及时有效地准确把握本国的经济周期与运行趋势，并根据国际经济周期的变动与动态影响制定与实施货币政策，做到适时、适量、以正确的方向调整中国的利率、汇率与流动性。这样既能保证以中国国内经济为基础对货币政策进行独立、前瞻性地调整，又能避免在国内与国际经济宏观周期基本同步的情况下，国内货币政策与国际货币调整政策不协调甚至相冲突。

中国在20世纪80年代中期就开展经济周期监测工作，但发展至今，监测技术水平仍需提升。中国经济周期监测工作主要是通过定性分析和专家预测来实现，而且监测的对象主要是中国国内经济的经行。在经济国际化与一体化深度发展的今天，国际经济运行的周期也应成为中国经济周期预警监测对象的重要组成部分。针对国内与国际经济的监测，首先，要提高中国的统计指标体系的科学性。当前，我国统计指标多是同比与环比指标，这样就缺乏与国际经济比较的基础。随着中国经济与世界经济联系得日益加深，中国与世界经济的依存性逐步增强，现有的统计指标体系会阻碍准确地比较分析与掌握国内与国际宏观经济的运行态势的异同。其次，中国的统计数据报告频率低，从而制约了对国内宏观经济运行态势的把握

与研究。结合中国经济运行的特点，适当地参考与借鉴国际上通行的统计指标体系，对中国的统计指标体系进行完善与发展甚为必要。这样可以提高对国内外经济周期与金融形势发展变化监测的及时性与准确性，从而增强货币政策调控经济的针对性、灵活性和前瞻性，使货币政策的调整更适时、适度，不发生方向的突变，提高货币政策调控经济的有效性。

第十章　应对国际货币政策溢出的政策建议

世界各主要经济体货币政策存在相互影响，一个经济体的货币政策会溢出到国外对外部经济体生产溢出效应。美国等发达经济体的传统与非传统货币政策、紧缩与宽松货币政策对中国经济均有一定的溢出效应，同时，美国等发达经济体货币政策对中国经济的溢出效应在时间维度上呈现递减趋势。2020年年初以来，为应对疫情对经济运行和金融市场的冲击，美、欧、日等主要经济体央行的大规模货币刺激政策，极大地增加了全球流动性。相比较而言，中国经济总体发展态势好，率先控制疫情并实现经济正增长。同时，我国已是全球第二大经济体，在受到发达经济体的货币政策溢出影响的同时，中国国内货币政策对外部经济体的溢出效应显现，成了货币政策溢出效应的来源之一。中国的货币政策在对本国的产出和价格产生影响的同时，对以美国、欧元区为代表的发达经济体以及新兴经济体都会产生越来越强的溢出效应。

从长期来看，随着疫情得到控制、经济复苏态势明确，主要经济体央行将可能退出宽松货币政策，回归正常化，产生巨大的溢出效应。美国作为世界上最重要储备货币国，是最重要的溢出效应来源。美国等发达经济体在逆周期调控的过程中，货币政策在量化宽松和货币政策正常化（退出QE）之间变化，会溢入中国，影响中国经济发展。应紧密关注美国等发达经济体的货币政策，从而结合中国经济情况做好逆周期调控。同时，也要关注中国货币政策对外的溢出效应。因此需要同时考虑货币政策对内和对外的效果，在开放的经济环境下使内外部经济协调发展。中国需要根据国际经济形势发展态势，以及外部条件变化和国内经济形势的特点，不断加强央行逆周期调节，推进产业结构调整、转变经济增长方式；健全市场化利率形成和传导机制，完善央行政策利率体系，深化贷款市场报价利率改革；深化利汇率市场化形成机制改革，增强人民币汇率弹性，统筹推进金融双向开放、人民币汇率形成机制改革和人民币国际化；加强国际货币政策协调，保持外部经济体量化政策退出与货币政策正常化冲击下的内外平衡。提升货币政策调控市场利率水平，促进科技创新，以创新驱动、高质量供给引领和创造新需求，加快形成以国内大循环为主体、国内国际双循环相互促进的新发展格局。

一、加快构建"双循环"新发展格局，增强货币政策自主性

外部经济体货币政策对国内经济产生的溢出效应的程度与方向、国内货币政策独立性高低取决于内经济发展结构与质量，以及货币政策调控机制。因为国内利率政策调整主要取决于国内的经济金融运行态势，如货币当局政策利率的传导、经济增长、通货膨胀预期及金融资源配置效率等。如果国内经济的外部依存度高、经济增长的稳定性弱，容易受到外部经济波动冲击的影响，这势必影响国内货币政策的独立自主性。经济的弱稳定性与高外部依存度必然导致国内经济随国际经济周期的波动而波动。为了平衡国内经济增长与通货膨胀水平，国内央行的货币政策将不得不被动随外部主要经济体货币政策的变化而做出相应调整，这种情况的直接结果就是国内货币政策自主性弱化，进而会降低国内货币政策的有效性与调控经济的水平。

中国巨大的经济体量和双循环新发展格局是保持中国货币政策独立的重要基础。全球主要经济体应对新冠肺炎疫情冲击的货币政策有明显的差异，特别是中国坚持实施正常货币政策，没有像美国等发达经济体采用量化宽松政策，而是采取了稳健的货币政策，坚持总量适度、降低融资成本、支持实体经济发展等，货币政策展现出较大程度的独立性。

加快构建国内国际双循环相互促进的新发展格局，是中央基于新时期国内国际发展形势做出的重要战略选择，对促进中国经济高质量发展，培育参与国际合作和竞争新优势，增强货币政策独立性，有重要支撑作用。双循环是以产业链和供应链为核心，以国内循环为主，更多依靠完善内需体系带动国内经济增长。新发展格局涉国内、国际两个市场，既包括

供给侧也包括需求侧。因此，一要持续推进全球化和维护多边贸易体制，积极参与WTO和全球经济治理体系改革，高质量推进共建"一带一路"，加快中欧投资协定生效，大力推进产业链、供应链的开放合作，铸造合作共赢的产业链、供应链。适度推进国内劳动密集型产业向东盟等周边国家转移，加快原料、设备、技术向东盟输出，并积极推动国内企业向研发设计、品牌营销等产业链两端延展，打造"中国—东盟"劳动密集型产业链；加强与日本、韩国等国合作，构建东亚电子信息高新技术产业链；扩大与"一带一路"沿线国家的产能合作，利用沿线国家资源和市场，构建资本密集型产业链。要搭建双循环平台，利用自贸试验区、自由贸易港、重点开发开放试验区等对外开放、构建双循环格局的平台，逐步建立制度型开放为引领的开放型经济新体制。二要完善内需体系，有效发挥中国超大规模市场的内需潜力，积极扩大优质商品和服务进口，建立长效机制促进消费和投资加快释放，扩大社会总消费需求，进一步扩大中国国内市场总体规模，逐步实现国内市场规模与中国大的经济总量规模的协调平衡。这样，既降低了中国经济的高外部依存度，提高了中国国内经济抵御国际经济波动冲击的能力，又实现了人民生活质量与水平提高即民生的不断改善这一社会经济发展的根本目的。三要深化供给侧结构性改革，加快建设现代化经济体系。抓住科技创新这个深化供给侧结构性改革的关键点，推动供给侧的质量、效率、结构变革，增强供给的有效性，助推新发展格局的逐步形成。针对产业发展中存在的薄弱环节，提升技术创新能力和应用水平，培育新业态发展，推进产业发展从加工制造环节向研发设计、核心部件制造、市场营销、现代物流等全产业链拓展，实现产业升级。重培育和壮大"高精尖"产业，加快发展集成电路、智能装备、新能源汽车等高端制造产业，以及研发、设计等现代服务业，向国内市场提供高品质、高端化的产品和服务。四要发展数字经济，增强国内大循环动能。重点推动数字经济与传统产业深度融合，鼓励传统商贸流通企业加快电商化、数字化改造。大力发展AI、VR、大数据、云计算、物联网等技术运用于直播、网购等新型业态。

随着双循环发展格局的形成，中国货币政策独立自主的基础更加坚实。中国货币政策要坚持稳健基调，坚持实施正常货币政策，保持政策利率、汇率在合理区间稳定，更加注重在稳增长、调结构、防风险、控通胀之间的平衡，更加注重科技创新等长期目标。

二、进一步完善基准利率体系

基准利率体系是货币政策传导中的中心环节，是各类金融产品利率定价的重要参考。中国人民银行2020年提出了以培育DR为重点、健全中国基准利率和市场化利率体系的思路和方案。[①]中国基准利率主要有货币市场基准利率（DR007）、债券市场基准利率、国债收益率和信贷市场基准利率LPR。DR是存款类金融机构之间交易所形成的利率，正在培育DR007成为利率走廊新的目标利率。因为存款类机构是银行间市场最主要的参与主体，也是央行货币政策调控的直接对象，所以，DR可以更好地反映央行货币政策意图、银行体系流动性状况和融资利率水平。国债收益率是债券市场的基准利率，有无风险特征，参与主体多元化，能够反映市场供求关系和预期变化。完善基准利率体系，包括三个方面：

第一，提高央行政策利率向市场利率传导的效率与引导作用。完善以银行间回购利率DR为政策利率的中国基准利率和市场化利率体系。明确银行间回购利率为政策利率，将其作为货币政策操作目标，同时参考Shibor，其他相应期限的公开市场操作利率如短期流动性调节工具（SLO）、中期利率的政策工具（如MLF、PSL等）政策利率挂钩。中国人民银行确定银行间回购利率水平，即货币政策操作目标，以此为基础，由市场交易去形成多期限的银行间回购利率以及银行贷款利率和债券收益率，提升政策利率向市场利率传导的效率。

第二，完善利率走廊机制。有效发挥好常备借贷便利和超额准备金作为利率走廊上下限的作用，培育合适的利率中枢政策利率，适当收窄利率走廊宽度。改革公开市场一级交易商机制，扩大流动性投放和回落的操作

---

① 中国人民银行.参与国际基准利率改革和健全中国基准利率体系，2020年8月31日.

对象，有效解决流动性投放结构不均衡的问题，稳步推进货币政策调控由数量型向价格型转变，明确银行间回购利率为政策利率，引导市场预期，提升央行市场化的利率调控能力和传导效率。确定合理的利率走廊宽度，适度收窄利率走廊宽度能有效抑制市场利率波动幅度，促进金融市场和实体经济稳定发展。但利率走廊宽度过窄，会降低银行间市场利率的弹性，会增加商业银行交易摩擦。要重点把握好利率走廊的宽度设置与调控力度，结合市场现实情况，实现抑制波动和减少扭曲政策均衡。要不断完善相关制度配套，进一步完善合格抵押品制度，通过增加债券市场深度、广度，增加优质抵押品供给，增强SLF作为利率走廊上限功能，从而提高利率走廊模式的利率调控效率。

第三，完善和培育市场基准利率体系。目前，虽然在短端的货币市场利率中，银行间债券回购利率和Shibor具有市场化基准利率属性。银行间债券回购利率DR对7天以内市场利率有很好基准利率属性，而Shibor的14天及以上期限的市场利率有很好的基准利率属性。同时，Shibor作为报价利率与真实成交利率有一定差距。这也是2019年8月"两轨并一轨"改革中，将LPR挂钩MLF，而不是将其与银行间债券回购利率和Shibor挂钩的原因之一。因此，要继续培育与完善短端政策利率形成机制。首先，继续培育上海银行间同业拆放利率（Shanghai Inter bank offered Rct，简称Shibor），持续完善贷款市场报价利率传导机制。要进一步提高报价质量，央行既要推动Shibor报价银行开展报价质量自我评估，增强报价能力，也要综合评估金融机构定价能力，加强对各金融机构的利率定价行为的监管，强化金融机构自我约束，从而提高其利率定价水平。要进一步扩大Shibor在金融市场上的影响力。央行应为金融机构提供必要的经济及制度环境，通过Shibor的宣传增强其市场影响力，在促进金融机构发行、承销和投资以Shibor为基准的浮息产品的同时，增加Shibor产品品种。大力发展同业拆借市场，增加报价银行种类，促进同业拆借交易中金融机构积极使用Shibor基准利率。进一步完善国债无风险利率收益曲线，丰富国债期限结构，繁荣国债市场交易，增强国债市场流动性，提升国债利率在无风险利率期限结构中的重要作用。要进一步扩大短端和超长端国债的发行规模和频率，增强国债期限结构的连续性与完整性，同时，增加国债市场交易主体，加大债券市场开放力度，进一步活跃国债市场，吸引更多国际投资者进入，形成更加可信、更加连续、市场化程度更高的国债收益率曲线，完善政策利率由债券市场向信贷市场的传导机制。其次，强化DR007基准利率的地位。鼓励金融机构推出更多与7天期回购利率挂钩的产品，明确利率信号。

三、强化对外开放政策与货币政策协调配合

开放政策与货币政策协调配合有利于促进国内国际双循。党的十九届五中全会明确指出要加快构建国内国际双循发展格局，实行高水平对外开放，深化国际合作，推动共建"一带一路"高质量发展。一要进一步通过优化开放政策，紧密中国与外部各经济体的国际经济贸易联系，扩大进出口规模、吸引外商投资和增加对外投资，提高金融市场开放度，提升金融市场效率等。随着开放程度提高，中国与外部经济体的相互依存性会进一步提高，中国与外部经济体的货币政策会相互影响，相互产生溢出效应。要强化对外开放政策与货币政策协调配合，在减缓美国等发达经济体货币政策对中国的负向溢出效应的同时，尽量降低中国货币政策对外部经济体的溢出影响，从而促进国内国际双循，提升共建"一带一路"发展质量。二要提高货币政策的自主性与有效性。"不可能三角形"理论表明汇率稳定、资本自由流动、货币政策独立，三者不可能同时实现。随着中国开放程度进一步提高，汇率与利率形成机制进一步完善，要逐步增强汇率弹性与资本流动性，提高货币政策独立性、自主性与有效性。人民币汇率是联系国内实体和金融部门、国内和世界经济、国内金融和国际金融市场的重要纽带，是平衡国际贸易实现内外均衡、协调好本外币政策的关键支点。虽然人民币升值会抑制本国产品出口，不利于产出增长，但是通过改善贸易条件、吸引外资流入有利于产出增长，因此汇率变化给经济带来的影响是多方面的，需要综合考虑，不必对人民币升值太过于恐惧。市场化的汇率、有丰富弹性的汇率有助于提高货币政策的自主性、主动性和有效性，促进经济总量平衡。增强人民币汇率弹性，能对冲外部不稳定性、不确定

性对国内经济的冲击，保持货币政策自主性，有利于加快形成以国内大循环为主体、国内国际双循环相互促进的新发展格局。可以通过增加外汇市场参与者类型、丰富外汇产品品种、加强外汇市场自律机制建设等，增强人民币汇率弹性，进而有效发挥汇率在宏观经济稳定和国际收支平衡中的"稳定器"作用。此外，优化外汇市场干预制度，通过灵活运用恰当的干预方式、不断提高政策透明度等措施，完善外汇干预的实施方法，适度减少常态化干预与人民币跨境使用的限制，让市场供求决定汇率水平，进一步提升人民币汇率市场化程度，促进汇率弹性增强。中央银行外汇干预主要针对汇率无序波动和"羊群效应"，保持人民币汇率在合理均衡水平上的基本稳定。三要丰富资本市场层次。增强企业基础与应用研究的自主创新能力是加快形成双循环发展格局的重要因素。企业创新活动的不确定性大与风险高，充足的金融支持是促进企业自主创新的一个关键的驱动力，而资本市场是为科技企业创新活动提供资金与提供激励的重要途径。这就要通过创新更有利于科技创新的资本市场环境来提高创新活力。在科创板、注册制等基础上，进一步增加、丰富资本市场层次，为高科技企业进入资本市场提供更具包容性的条件，推行员工持股的科技企业，通过上市为持股员工带来丰厚的资本与物质利益回报，从而激发员工创新积极性。

四、深化利率市场化改革

利率是中国特色社会主义市场经济中金融市场资源有效配置的基础信号，其作为金融资源的价格的市场化也是中国金融领域最核心的改革之一，是建设社会主义市场经济体制、深化金融供给侧结构性改革的重要内容。利率市场化，是发挥市场配置资源决定性作用、健全基准利率和市场化利率体系、完善金融机构经营机制的重要前提。利率市场化有利于中国货币政策传导机制的完善与健全，有利于中国货币政策独立性和自主性增强，提高央行调控市场利率的水平与调控经济的有效性。

中国的利率市场化进程，从1996年放开货币市场利率管制开始，2012年6月首次放开了银行存款利率的上限，允许10%的上浮，贷款利率下浮宽度也调整为基准利率的30%，这些利率市场化改革实质性步伐的迈出，进一步提高了中国利率市场化的程度。2013年完全放开贷款利率，对活期存款和一年以内（含一年）定期存款利率，逐步扩大利率上限，至基准利率1.5倍的上限管理，中国人民银行2015年10月24日宣布放开商业银行和农村合作金融机构的存款利率浮动上限要求，至此利率基本放开。存款利率浮动上限，标志着中国的存贷款利率管制终于基本放开。与此同时，中国人民银行引导和调节市场利率的能力不断提升，形成了中国人民银行调整存贷款基准利率与引导市场利率并行的利率调控体系。2019年8月17日，中国人民银行改革完善贷款市场报价利率形成机制，推进贷款利率市场化，迈出信贷市场利率市场化关键一步，至此中国基本实现利率市场化。

当前，中国虽然基本建成了以常备借贷便利为上限、银行间市场存款类机构以利率债为质押的7天期回购利率为市场基准利率，超额存款准备金利率为下限的利率走廊货币政策操作框架，但是，由于法定存款准备金制度、利率市场化等还需完善与深化，需进一步健全货币政策利率走廊操作框架，完善以公开市场操作利率为短期政策利率、以中期借贷便利利率为中期政策利率的央行政策利率体系，推动货币市场基准利率改革，引导市场利率围绕央行政策利率中枢波动。一是提高市场基准利率有效性。进一步提高Shibor、LPR等代表性利率对市场的反应能力，优化利率走廊调控机制，降低市场化利率的波动幅度，提高基准利率体系的影响力和适用性。要提升LPR市场化程度，推动政策利率与市场利率同频共振，提高货币市场向信贷市场的传导效率，将货币、债券、信贷等市场联通，使不同融资方式占比更加均衡，逐步弱化MLF作为中期政策利率的作用，政策利率向短端集中，最终用更加市场化的短端政策利率作为LPR的定价基准。要加快培育Shibor成为核心基准利率，逐步把Shibor作为主要政策利率，由央行直接调控中长期利率MLF向直接调控短期政策利率即公开市场操作利率转变，通过金融市场现货交易与衍生品交易综合作用，发现中长期利率。二是进一步强化金融市场建设。重点是提高金融市场的成熟度，畅通基准利率传导机制，凝缩政策利率向实体经济传递的链条与环节。加快直接融资市场发展，加大对直接融资和衍生品市场的培育力度，降低市场主体直接融资成本，提高实体经济通过直接融资渠道融资的比重。债券市场要进一步扩大合格抵押品范围，规范信息披露，促进债券市场发展的活跃度。股票市场应引导投资主体进行长期价值投资意愿，鼓励发展股权投资基金。衍生品市场应重点培育利率衍生品市场，为银行对冲利率风险提供更多的金融工具。三是健全市场利率定价自律机制。规范各金融机构存款利率定价行为，加强存款业务管理，严格禁止各省市区域银行开展异地存款业务。加强贷款定价管理，各类金融机构与银行等贷款主体开展贷款业务时要向客户明示年化利率，不得隐瞒年化利率，让客户清晰贷款价格，维护市场公平竞争。四是进一步完善宏观审慎管理。将金融机构存贷款利率定价行为纳入宏观审慎管理，并研究通过运用差别存款准备金率、再贷款、再贴现以及差别化存款保险费率等工具，引导金融机构科学合理定价。

五、努力寻求资本流动、利率、汇率与外汇储备之间的动态平衡

无论是利率平价理论，还是蒙代尔"不可能三角形"模型都在严格的假设下才成立。蒙代尔"不可能三角形"模型说明的是固定汇率、资本自由流动和货币政策有效性三者只能选其二。但对于中国与美国，其货币政策的高度独立性与外部性，会对其他国家的货币政策的选择产生较大影响。如果其货币已成为储备货币或在国际贸易与国际交往中已作为资本计价、结算货币，其他货币只能紧盯大国货币，那么大国独立实施作风政策，其他国家利率政策就缺少独立性。此外，固定汇率、资本自由流动和货币政策有效性只是一种极端的情形，对于中间道路，如汇率有管理的浮动、资本管制一定程度的放松以及利率政策一定程度的独立，加上国家大量的外汇储备，都将产生新的组合。正如克鲁格曼指出的，"不可能三角并不意味着不存在中间状态"，只不过在资本不完全流动的情况下，会加剧央行维持利率和汇率稳定的成本，从而增大汇率干预力度。中国资本项目开放、汇率利率市场化的渐进式改革，基本上是这样一种中间状态。中国要在宏观审慎管理框架下，对这种中国道路进行研究分析，明确汇率有

管理的浮动、资本管制一定程度的放松以及货币政策一定程度的独立与外汇储备四者之间的相互作用机制，寻求四者之间的长期动态平衡关系，努力探索出一条中国特色人民币自由兑换道路。人民币国际化是改革开放的有机组成部分，是中国综合国力的重要体现，有着巨大的发展潜力，对畅通货币供需的循环渠道，推动新发展格局形成有重要作用。英镑、美元、日元以及欧元的国际化经验表明，货币国际化主要是由市场力量决定的，而不是以人的意志为转移的。2016年10月，人民币正式加入国际货币基金组织特别提款权货币篮子，这是人民币国际化进程的一个里程碑。新时代，要完善金融领域各项配套制度，促进监管模式和制度体系与国际通行规则接轨，创造人民币国际化的条件。统筹推进金融业开放、人民币汇率形成机制改革和人民币国际化，提升境外主体持有和使用人民币的信心，同时，积极参与区域货币合作与推动现行国际货币体系改革。

六、促进G20框架下的国际货币政策沟通与协调

二十国集团是当今世界国际经济合作重要平台，在加强全球宏观政策协调、改善经济治理等方面发挥了不可替代的作用，特别是在共同应对2008年国际金融危机时期扮演了重要角色。中国积极参与全球治理改革与倡导国际货币政策协调，避免世界主要经济体宏观经济政策溢出效应产生的负面影响。党的十九大报告明确指出，中国要积极发展全球伙伴关系，推进大国协调和合作，改善"一带一路"国际合作，努力实现政策沟通。中央深改委《关于形成参与国际宏观经济政策协调的机制推动国际经济治理结构完善的意见》（2017年3月28日）更是把积极参与国际宏观经济政策协调作为以开放促发展促改革的重要抓手，并构建参与国际宏观经济政策协调新机制。2020年3月26日，习近平主席在二十国集团领导人应对新冠肺炎特别峰会上指出："加强国际宏观经济政策协调。各国应该联手加大宏观政策对冲力度，防止世界经济陷入衰退。"当前，影响2021年世界经济贸易发展态势的最大不确定因素是疫情。若疫情长期延续，会引起全球产业链与国际贸易格局重新调整。二十国集团要加强货币政策协调，坚定信

心，共同应对经济下行的压力，推动世界经济恢复到正常秩序。

首先，中国人民银行要继续支持G20平台作为国际货币政策协调主要平台，进一步加强协调。促进各成员国在出台货币政策时，既要考虑促进自身增长，也要考虑外溢性影响，防止以邻为壑的货币政策，尽量降低给他国造成严重的负面溢出效应。当下，最关键的是各成员国首先必须实施适当而有力的货币政策，统筹使用各种货币政策工具，集中精力控制好成员国国内疫情对经济的冲击，稳住就业、物价与金融市场。同时，美国经济预计取得稳定恢复时间大概率早于其他发达经济，这就需要美国增强货币政策的国际责任，在退出无际量宽松政策时，加强与相关经济体进行沟通协调，减少国际货币政策冲突。

其次，加强与世界主要经济体货币政策协调与沟通。中国经济已在2020年稳定恢复，回归正常，成为全球唯一实现经济正增长的主要经济体，也是少数实施正常货币政策的主要经济体之一。中国货币政策对全球货币政策正常化有促进与支持作用。在当前国际货币体系下，短期内，中国人民银行要积极参与国际货币政策协调与沟通。中国人民银行要深入研究货币政策溢出效应演变趋势与作用机理，有针对性地采取措施，减缓美国等主要经济体货币政策对中国负向溢出效应冲击。中国人民银行加强与美国、欧元区、日本与英国等全球主要经济体央行货币政策沟通和协调，及时化解各种潜在风险。在长期，设立包括中国、美国、欧元区、日本与英国的国际货币政策协调非正式、正式机构，定期就货币政策、贸易政策等问题进行磋商和协调，以增大世界主要经济体货币政策对外部经济体的正面溢出效应，减少负面溢出效应。

参考文献

［1］习近平. 决胜全面建成小康社会夺取新时代中国特色社会主义伟大胜利——在中国共产党第十九次全国代表大会上的报告［M］. 北京：人民出版社，2017.

［2］中国共产党第十九届中央委员会第五次全体会议公报［R］. 2020年10月29日中国共产党第十九届中央委员会第五次全体会议通过.

［3］中国人民银行货币政策分析小组. 中国货币政策执行报告（2001—现在各期）.

［4］马克思. 资本论（第一、三卷）［M］. 北京：人民出版社，2004.

［5］亚当·斯密. 国富论（Ⅱ卷）［M］. 谢宗林，译. 北京：中央编译出版社，2010.

［6］凯恩斯. 就业、利息和货币通论［M］. 北京：商务印书馆，2011.

［7］蒋中一，凯尔文·温赖特. 数理经济学的基本方法（第四版）［M］. 刘学，顾佳峰，译. 北京：北京大学出版社，2006.

［8］克鲁格曼，奥伯斯法尔德. 国际经济学：理论与政策（第八版）［M］. 黄卫平，等，译. 北京：中国人民大学出版社，2010.

［9］米什金. 货币金融学（第九版）［M］. 郑艳文，荆国勇，译. 北京：中国人民大学出版社，2010.

［10］陈雨露. 国际金融（第五版）［M］. 北京：中国人民大学出版社，2015.

［11］刘义圣. 利息理论的深度比较与中国应用［M］. 长春：长春出版社，2010.

［12］赵东喜. 国际市场利率联动性趋势与中国因应［M］. 长春：长

春出版社，2016.

［13］王弟海. 宏观经济学数理模型基础［M］. 上海：上海人民出版社，2010.

［14］杰格迪什·汉达. 货币经济学（第二版）［M］. 郭庆旺等，译. 北京：中国人民大学出版社，2013.

［15］迈克尔·伍德福德. 利息与价格：货币政策理论基础［M］. 北京：中国人民大学出版社，2010.

［16］刘仁伍. 全球化背景下的货币政策调控［M］. 北京：社会科学文献出版社，2007.

［17］高铁梅，王金明，陈飞，等. 计量经济分析方法与建模——Eviews应用及实例（第3版）［M］. 北京：清华大学出版社，2016.

［18］胡海鸥，贾德奎. "利率走廊"调控的理论与实践［M］. 上海：上海人民出版社，2006.

［19］威肯斯. 宏观经济理论：动态一般均衡方法［M］. 段鹏飞，刘安禹，吴德燚，译. 大连：东北财经大学出版社，2011.

［20］多恩布什，费布尔，斯塔兹. 宏观经济学（第十版）［M］. 王志伟译. 北京：中国人民大学出版社，2017.

［21］巴罗. 经济增长的决定因素：跨国经验研究［M］. 李剑，译. 北京：中国人民大学出版社，2004.

［22］罗纳德·麦金农. 经济发展中的货币与资本［M］. 上海：上海人民出版社，1997.

［23］孙敬水. 计量经济学教程［M］. 北京：清华大学出版社，2005.

［24］格里高利·曼昆. 宏观经济学（第六版）［M］. 张帆等，译. 北京：中国人民大学出版社，2009.

［25］奥伯斯法尔德. 国际宏观经济学基础［M］. 罗戈夫. 刘红忠，李心丹，陆前进等，译. 北京：中国金融出版社，2010.

［26］凯伯. 国际经济学［M］. 刘兴坤，刘志彬，李朝气，译. 北京：中国人民大学出版社，2010.

［27］艾彻，穆蒂，托洛维斯基. 国际经济学（第七版）［M］. 赵世勇，译. 上海：上海人民出版社，2013.

［28］亨德里克·范登伯格. 国际金融与开放宏观经济学：理论、历史与政策［M］. 周世民，译. 北京：中国人民大学出版社，2016.

［29］乌尔里希·宾德赛尔. 货币政策实施：理论、沿革与现状［M］. 齐鹰飞，林山，译. 大连：东北财经大学出版社，2013.

［30］劳伦斯·科普兰. 汇率与国际金融（第5版）［M］. 刘思跃，叶永刚，齐鹰飞，译. 北京：机械工业出版社，2011.

［31］吴培新. 美联储非常规货币政策框架［M］. 北京：经济管理出版社，2015.

［32］李波. 构建货币政策和宏观审慎政策双支柱调控框架［M］. 北京：中国金融出版社，2018.

［33］李建平，黄茂兴. 国家创新竞争力：重塑G20集团经济增长的战略基石［J］. 福建师范大学学报（哲学社会科学版），2012（5）：2—9.

［34］李建建. 马克思利息理论的二重性与当代利率实践［J］. 当代经济研究，2008（11）：7—13.

［35］尹继志. 经济全球化与金融危机背景下的货币政策国际协调［J］. 云南财经大学学报，2012（2）：109—118.

［36］巴曙松. 全球复苏分化下中国金融政策的基调［J］. 财经问题研究，2010（8）：3—8.

［37］戴金，杨迁，邓郁凡. 国际货币体系变革中的人民币国际化［J］. 南开学报（社会科学版），2011（3）：100—106.

［38］王三兴，王永中. 渐进开放、外汇储备累积与货币政策独立性——中国数据的实证研究［J］. 国际金融研究［J］. 2011（3）：37—45.

［39］李成，王彬，黎克俊. 次贷金融危机前时期后中美利率联动机制的实证研究［J］. 国际金融研究，2010（9）：4—11.

［40］林霞，秦磊. 中国利率波动对美国利率政策的镜像效应：特征、成因与政策［J］. 现代管理科学，2009（10）：112—114.

［41］肖娱. 美国货币政策冲击的国际传导研究——针对亚洲经济体

的实证分析［J］．国际金融研究，2011（9）：18—29.

［42］张会清，王剑．全球流动性冲击对中国经济影响的实证研究［J］．金融研究，2011（3）：27—41.

［43］周小川．人民币资本项目可兑换的前景与路径［J］．金融研究，2012（1）：1—19.

［44］周小川．新世纪以来中国货币政策的主要特点［J］．中国金融，2013（2）：9—14.

［45］陈秋玲，薛玉春，肖璐．金融风险预警：评价指标、预警机制与实证研究［J］．上海大学学报（社会科学版），2009，16（5）：127—144.

［46］冯科．中国宏观金融风险预警系统构建研究［J］．南方金融，2010（12）：18—24.

［47］中国人民银行调查统计司课题组．协调推进利率汇率改革和资本账户开放［J］．中国金融，2012（9）：9—12.

［48］连飞．双支柱框架下利率"两轨合一轨"与宏观金融政策调控——基于动态随机一般均衡分析［J］．财贸研究，2019，30（7）：1—14.

［49］孙秋枫，吴梅．贷款市场报价利率改革对利率市场化的作用及建议［J］．经济纵横，2021（1）：122—128.

［50］袁思思，宋吟秋，吕萍，等．基于利率走廊机制的中国利率传导有效性研究：理论推导及实证检验［J］．管理评论，2020，32（4）：48—63.

［51］易纲．再论中国金融资产结构及政策含义［J］．经济研究，2020，55（3）：4—17.

［52］易纲．货币政策回顾与展望［J］．中国金融，2018（3）：9—11.

［53］易纲，汤弦．汇率制度"角点解假设"的一个理论基础［J］．金融研究，2001（8）：5—17.

［54］贺卉．关于中央银行独立性问题的研究［J］．上海金融，2009（6）：31—35.

［55］方先明，裴平，张谊浩．外汇储备增加的通货膨胀效应和货币冲销政策的有效性——基于中国统计数据的实证检验［J］．金融研究，2006（7）：13—21.

［56］张礼卿．量化宽松冲击和中国的政策选择［J］．国际经济评论，2011（1）：50—57.

［57］金中夏，洪浩．国际货币环境下利率政策与汇率政策的协调［J］．经济研究，2015，50（5）：35—47.

［58］金中夏，陈浩．利率平价理论在中国的实现形式［J］．金融研究，2012（7）：63—74.

［59］中国人民银行调查统计司课题组．我国利率市场化的历史、现状与政策思考［J］．中国金融，2011（15）：13—15.

［60］彭兴韵．金融危机管理中的货币政策操作——美联储的若干工具创新及货币政策的国际协调［J］．金融研究，2009（4）：20—34.

［61］彭兴韵．建立以利率为中介目标的政策框架［J］．中国金融，2021（1）：36—38.

［62］彭兴韵．完善基于LPR的贷款利率定价机制［J］．银行家，2020（4）：54—55.

［63］彭兴韵，胡志浩，王剑锋．不完全信息中的信贷经济周期与货币政策理论［J］．中国社会科学，2014（9）：75—87.

［64］中国人民银行营业管理部课题组．中央银行利率引导——理论、经验分析与中国的政策选择［J］．金融研究，2013（9）：44—55.

［65］王晋忠，赵杰强，王茜．Shibor作为中国基准利率有效性的市场属性分析［J］．经济理论与经济管理，2014（2）：85—94.

［66］刘澜飚，文艺．美国量化宽松货币政策退出对亚太经济体的影响［J］．南开学报（哲学社会科学版），2014（2）：142—150.

［67］李自磊，张云．美国量化宽松政策对金砖四国溢出效应的比较研究——基于SVAR模型的跨国分析［J］．财经科学，2014（4）：22—31.

［68］王胜．国际货币、汇率传递与货币政策［J］．金融研究，2015（3）：18—35.

［69］王胜，周上尧，赵浩权．美国降息与加征关税对中国经济影响研究［J］．国际贸易问题，2021（3）：1—16.

［70］陈桂军．国际货币政策动态合作和中国的选择——基于新开放

宏观经济学理论［J］．现代管理科学，2015（3）：69—71．

　　［71］张理安，周心怡，胡昌生．基于两国DSGE模型的中美间货币政策的传导机制［J］．亚太经济，2015（2）：21—27．

　　［72］马理，余慧娟．美国量化宽松货币政策对金砖国家的溢出效应研究［J］．国际金融研究，2015（3）：13—22．

　　［73］孙国峰．健全现代货币政策框架［J］．中国金融，2021（2）：47—50．

　　［74］孙国峰．2020年货币政策回顾与2021年展望［J］．中国金融，2021（3）：17—19．

　　［75］孙国峰，尹航，柴航．全局最优视角下的货币政策国际协调［J］．金融研究，2017（3）：54—71．

　　［76］邵磊，侯志坚，茆训诚．世界主要经济体货币政策的空间溢出效应研究：基于数量型和价格型货币政策工具视角［J］．世界经济研究，2018（11）：3—4+135．

　　［77］崔百胜，高崧耀．二十国集团货币政策溢出效应的非对称性与异质性研究——基于PCHVAR模型［J］．国际金融研究，2019（12）：33—42．

　　［78］陈雨萱，杨少华．中国与发达经济体的货币政策的溢出与反向溢出效应［J］．当代经济科学，2018，40（5）：28—35+125．

　　［79］杨子荣，徐奇渊，王书朦．中美大国货币政策双向溢出效应比较研究——基于两国DSGE模型［J］．国际金融研究，2018（11）：14—24．

　　［80］陈建奇，张原．G20主要经济体宏观经济政策溢出效应研究［J］．世界经济研究，2013（8）：3—8+15．

　　［81］李林玥，路平．经济周期、金融一体化与国际政策协调［J］．经济学家，2021（4）：102—110．

　　［82］钱宗鑫，储青青，王芳．反思国际经济政策协调［J］．中国金融，2018（18）：49—51．

　　［83］货币政策的国际协调［J］．中国金融，2018（15）：3．

　　［84］吴晓求．进一步扩大金融对外开放［J］．中国金融，2021（4）：14—16．

［85］何帆，邹静娴．国际宏观经济政策的协调［J］．中国金融，2016（20）：37—39．

［86］彭红枫，鲁维洁．我国金融市场中基准利率的选择研究［J］．管理世界，2010（11）：166—167．

［87］徐凡，陈晶．新型大国协调模式下提升中国全球金融治理能力的思考——基于G20与G7的比较视角［J］．国际贸易，2021（2）：89—96．

［88］张夏，戴金平．美国货币政策外溢效应：一个文献研究［J］．财经科学，2018（5）：15—32．

［89］王国刚．马克思的国际金融理论及其现实意义［J］．经济学动态，2020（11）：3—16

［90］何娟文，李雪妃，陈俊宇．我国货币政策对"一带一路"沿线国家的溢出效应研究——基于16个沿线国家的实证检验［J］．金融理论与实践，2021（4）：12—19．

［91］展凯，王茹婷，张帆．美国货币政策调整对中国的溢出效应与传导机制研究［J］．国际经贸探索，2021，37（1）：83—98．

［92］许志伟，樊海潮，王岑郁．美国货币政策对中国经济的溢出效应研究［J］，财经研究，2020，46（8）：19—33+169．

［93］徐滢，孙宇豪．美国货币政策对中国货币政策的溢出效应研究——基于央行资产负债表变动的视角［J］．金融理论与实践，2019（12）：17—24．

［94］杨阳，干杏娣．美国非常规货币政策对中国产出的溢出效应——基于TVP—VAR模型的实证研究［J］．亚太经济，2018（3）：30—40+149．

［95］肖卫国，兰晓梅．美联储货币政策正常化对中国经济的溢出效应［J］．世界经济研究，2017（12）：38—49+133．

［96］龙威．美联储货币政策模式转换对中国金融市场的溢出效应研究［J/OL］．当代经济研究：1-10［2021-04-28］.http：//kns.cnki.net/kcms/detail/22.1232.f.20210401.1545.002.html.

［97］赵星，崔百胜．中国货币政策对美国的溢出效应研究——基于

两国开放经济DSGE模型的分析［J］. 中国管理科学，2020，28，（7）：77—88.

［98］谭小芬，邵涵. 美联储货币政策收缩及其溢出效应［J］. 清华金融评论，2018（4）：101—104.

［99］斯蒂文·欧吉纳，秦凤鸣. 美货币政策的溢出效应［J］. 中国金融，2017（5）：17—19.

［100］张伊丽. 日本的"异次元"宽松货币政策变化及其对东亚新兴经济体股票市场的溢出效应［J］. 世界经济研究，2020（5）：59—72+136.

［101］吴玲. 日本央行货币政策对中国经济的时变效应分析［J］. 武汉金融，2019（6）：71—78+87.

［102］王永茂. 2001—2006年日本量化宽松货币政策下汇率传递效应分析［J］. 现代日本经济，2012（1）：40—51.

［103］梁斯，郭红玉. 日本货币政策对中韩两国的溢出效应研究［J］. 亚太经济，2015（5）：32—38.

［104］李彬，邓美薇. 汇率传导机制下日本超量化宽松货币政策效果［J］. 日本问题研究，2015，29（6）：7—17.

［105］王晶. 日本量化宽松货币政策对我国产出的影响［J］. 市场周刊，2019（5）：107—109.

［106］王晗. 安倍经济学扩张性货币政策对中国经济的影响——基于货币政策的国际传导视角［J］. 经济问题探索，2017（3）：130—141.

［107］王若涵，阮加. 日本非常规货币政策对中国产出的溢出效应研究［J］. 价格理论与实践，2020（1）：82—86.

［108］黄茂兴. G20与全球经济治理（下）［J］. 经济研究参考，2019（24）：8.

［109］赵东喜，陈伟雄. G20促进全球贸易政策协调的成效、困境及对策分析［J］. 经济研究参考，2019（24）：18—26.

［110］易小丽，黄茂兴. 中国积极参与G20建设并推动全球经济治理改革的实践变化［J］. 经济研究参考，2019（24）：27—36.

［111］黄新焕，鲍艳珍. G20机制下中国参与全球经济治理的政策路径［J］. 经济研究参考，2019（24）：37—44.

［112］叶琪，黄茂兴. 论G20在全球经济治理使命担当中的角色定位［J］. 经济研究参考，2019（22）：9—17.

［113］王文，王鹏. G20机制20年：演进、困境与中国应对［J］. 现代国际关系，2019（5）：1—9+33+62.

［114］陈宇. 新兴经济体、二十国集团与全球治理多元化的未来［J］. 当代世界与社会主义，2018（3）：166—171.

［115］强静，侯鑫，范龙振. 基准利率、预期通胀率和市场利率期限结构的形成机制［J］. 经济研究，2018，53（4）：92—107.

［116］项卫星，闫博. 价格调控模式下中央银行基准利率选择［J］. 国际金融研究，2020（12）：23—32.

［117］谷源洋. 美国货币政策变化对世界经济的影响［J］. 求是，2017（3）：60—62.

［118］张延群. 全球向量自回归模型的理论、方法及其应用［J］. 数量经济技术经济研究，2012，29（4）：136—149.

［119］白玥明，王自锋，陈钰. 美国非常规货币政策退出与中国实际产出——基于信号渠道的国际分析［J］. 国际金融研究，2015（8）：21—30.

［120］毕玉江. 美国货币政策变动对中国经济的影响：兼论QE政策变化的经济效应［J］. 中央财经大学学报，2015（11）：75—87.

［121］高小红，董思远，王萌. 美国宽松货币政策对中国通货膨胀影响的实证研究［J］. 国际贸易问题，2015（5）：71—81.

［122］易晓溦，陈守东，刘洋. 美国非常规货币政策冲击下中国利率期限结构动态响应研究［J］. 国际金融研究，2015（1）：25—36.

［123］陈雨露. "双循环"新发展格局与金融改革发展［J］. 中国金融，2020（Z1）：19—21.

［124］陈雨露. 当前全球中央银行研究的若干重点问题［J］. 金融研究，2020（2）：1—14.

［125］陈雨露. 四十年来中央银行的研究进展及中国的实践［J］. 金融研究，2019（2）：1—19.

［126］马勇，张靖岚，陈雨露. 金融周期与货币政策［J］. 金融研究，2017（3）：33—53.

［127］Richard N. Cooper. The economics of interdependence：economic policy in the Atlantic Community［M］. New York：McGraw-Hill，1968.

［128］Koichi Hamada. Alternative exchange rate systems and the interdependence of monetary policies. In：R.Z. Aliber，National Monetary Policies and the International Financial System［M］. Chicago：University of Chicago Press，1974.

［129］Paul R.Krugman，Maurice Obstfeld，Marc J. Melitz. International economics：theory & policy（9th ed）［M］. London：Pearson Education，2010.

［130］Alexander Chudik，Marcel Fratzscher. Identifying the Global Transmission of the 2007—2009 Finance Crisis in a GVAR Model［J］. European Economic Eview，2011，55（3）：325—339.

［131］Arouri M.，Jawadi F.，Nguyen D.K.. What can we tell about monetary policy synchronization and interdependence over the 2007—2009 global financial crisis？［J］. Journal of Macroeconomics，2013（36）：175—187.

［132］Anthony J. Mancuso，Barry K. Goodwin，Thomas J. Grennes. Nonlinear aspects of capital market integration and real interest rate equalization［J］. International Review of Economics and Finance，2003，12（3）：283—303.

［133］Bartosz Maćkowiak. External Shocks，U.S. Monetary Policy and Macroeconomic Fluctuations in Emerging Markets［J］. Journal of Monetary Economics，2007，54（8）：2512—2520.

［134］Babecka Kucharcukova，O.，Claeys，P.，Vasicek，B.. Spillover of the ECB's monetary policy outside the euro area：how different is conventional from unconventional policy？［J］. Journal of Policy Modeling，2016，38（2）：199—225.

［135］Bacchetta, Philippe, Eric van Wincoop. Random Walk Expectations and the Forward Discount Puzzle［J］. American Economic Review, 2007（97）: 346—350.

［136］Bacchetta, Philippe, Eric Van Wincoop. Infrequent Portfolio Decisions: A Solution to the Forward Discount Puzzle［J］. American Economic Review, 2010（100）: 837—869.

［137］Benoît Cœuré. The internationalisation of monetary policy［J］. Journal of International Money and Finance, 2016（67）: 8—12.

［138］Cetin Ciner. Eurocurrency interest rate linkages: A frequency domain analysis［J］. International Review of Economics & Finance, 2011, 20（4）: 498—505.

［139］Charles Engel. International coordination of central bank policy［J］. Journal of International Money and Finance, 2016（67）: 13—24.

［140］Christopher J.Neely. Unconventional monetary policy had large international effects［J］. Journal of Banking & Finance, 2015（52）: 101—111.

［141］Claudia M.Buch, Matthieu Bussière, Linda Goldberg, Robert Hills. The international transmission of monetary policy［J］. Journal of International Money and Finance, 2019, 91（3）: 29—48

［142］Cukierman, A.. Monetary policy and institutions before, during, and after the global financial crisis［J］. Journal of Financial Stability, 2013, 9（3）: 373—384.

［143］Daniel Wai-Wah Cheung, Bill Wan-Sing Hung. The international transmission of US, Eurodollar and Asian dollar interest rates: some empirical evidence［J］. Pacific-Basin finance journal, 1998（6）: 77—86.

［144］David R. Johnson. International interest rate linkages rate regime［J］. Journal of International Money und Finance, 1992, 11（4）: 340—365.

［145］Dedola, L., Karadi, P., Lombardo, G.. Global implications of national unconventional policies［J］. Journal of Monetary Economics, 2013, 60（1）: 66—85.

［146］DongwonLee. Global financial integration and monetary policy spillovers［J］. Economics Letters, 2021（202）: 109820.

［147］Kimiko Sugimoto, Takashi Matsuki. International spillovers into Asian stock markets under the unconventional monetary policies of advanced countries［J］. Journal of the Japanese and International Economies, 2019（52）: 171—188.

［148］Elias Albagli, Luis Ceballos, Sebastian Claro, Damian Romero. Channels of US Monetary Policy Spillovers to International Bond Markets［J］. Journal of Financial Economics, 2019（134）: 449—473.

［149］Frank S. Skinner, Andrew Mason. Covered interest rate parity in emerging markets［J］. International Review of Financial Analysis, 2011, 20（5）: 355—363.

［150］Fukuda S. Abenomics: Why Was It So Successful in Changing Market Expectations?［J］.Journal of the Japanese and International Economies, 2015（37）: 1—20.

［151］Fukuda S.Spillover Effects of Japan' s Quantitative and Qualitative Easing on East Asian Economies.ADBI Working Paper Series, No, 631, 2017.

［152］Fukuda S.The Impacts of Japan' s Negative Interest Rate Policy on Asian Financial Markets［J］.Pacific Economic Review, 2018, 23（1）, 67—79.

［153］Georgios Georgiadis. Determinants of global spillovers from US monetary policy［J］. Journal of International Money and Finance, 2016（67）: 41—61.

［154］Giovanni Ganelli, Nour Tawk. Spillovers from Japan' s Unconventional Monetary Policy: A global VAR Approach［J］. Economic Modelling, 2019（77）: 147—163.

［155］G.M.Katsimbris, S.M.Miller. Interest rate linkages within the European Monetary System: further analysis［J］. Journal of Money, Credit and Banking, 1993, 25（4）: 771—779.

［156］Hung-Gay Fung, Hoyoon Jang, Wai Lee. International Interest

Rate Transmission and Volatility Spillover ［J］. International Review of Economics and Finance, 1997, 6（1）: 67—75.

［157］Hiroshi Yamada. On the linkage of real interest rates between the US and Canada: some additional empirical evidence ［J］. Journal of International Financial Markets, Institutions and Money, 2002（12）: 279—289.

［158］Irfan Akbar Kazi, Hakimzadi Wagan, Farhan Akbar. The changing international transmission of U.S. monetary policy shocks: Is there evidence of contagion effect on OECD countries ［J］. Economic Modelling, 2013（30）: 90—116.

［159］Jeffrey Frankel, Sergio L. Schmukler, Luis Serven. Global transmission of interest rates: monetary independence and currency regime ［J］. Journal of International Money and Finance, 2004（23）: 701—733.

［160］J.Aizenman, M.Binici, M.M.Hutchison. The Transmission of Federal Reserve Tapering News to Emerging Financial Markets ［J］. International Journal of Central Banking, 2016, 12（2）: 317—356.

［161］Jan Hajek, Roman Horvath. International spillovers of（un）conventional monetary policy: The effect of the ECB and the US Fed on non-euro EU countries ［J］. Economic Systems, 2018（42）: 91—105.

［162］J. Aizenman, R. Glick. Sterilization, monetary policy and global financial integration ［J］. Review of International Economics, 2009, 17（4）: 816—840.

［163］J. Aizenman, Menzie D. Chinn, Hiro Ito. The emerging global financial Architecture: Tracing and evaluating new patterns of the trilemma configuration ［J］. Journal of International Money and Finance, 2010（29）: 615—641.

［164］Jay C. Shambaugh. The effect of fixed exchange rates on monetary policy ［J］. The Quarterly Journal of Economics, 2004, 119（1）: 301—352.

［165］Jacques Miniane, John H. Rogers. Capital controls and the international transmission of U.S. money shocks ［J］. Journal of Money, Credit and Banking, 2007, 39（5）: 1003—1035.

［166］Jae H. Kim, Philip Inyeob Ji. Mean-reversion in international real interest rates ［J］. Economic Modelling, 2011, 28（4）: 1959—1966.

［167］Julian di Giovanni, Jay C. Shambaugh. The impact of foreign interest rates on the economy: The role of the exchange rate regim［J］. Journal of International Economics, 2008, 74（2）: 341—361.

［168］John C.Bluedorn, Christopher Bowdler. The open economy consequences of U.S. Monetary Policy［J］. Journal of International Money and Finance, 2011（30）: 309—336.

［169］Jonathan D. Ostry, Atish R. Ghosh. On the obstacles to international policy coordination［J］. Journal of International Money and Finance, 2016（67）: 25—40.

［170］Joseph P. Byrne, Giorgio Fazio, Norbert Fiess. Interest rate co-movements, global factors and the long end of the term spread ［J］. Journal of Banking & Finance. 2012, 36（1）: 183—192.

［171］James R. Lothian, Liuren Wu. Uncovered interest-rate parity over the past two centuries ［J］. Journal of International Money and Finance, 2011, 30（3）: 448—473.

［172］Karfakis C. J., Moschos D. M.. Interest rate linkages within the European Monetary System: a time series analysis ［J］. Journal of Money, Credit and Banking, 1990（22）: 388—394.

［173］Kate Phylaktis. Capital market integration in the Pacific-Basin region: An analysis of real interest rate linkages ［J］. Pacific-Basin Finance Journal, 1997, 5（2）: 195—213.

［174］Kawai M. International Spillovers of Monetary Policy: US Federal Reserve Quantitative Easing and Bank of Japan's Quantitative and Qualitative Easing. ADBI Working Paper Series, No. 512, 2015.

［175］Luis Oscar Herrera, Rodrigo O. Valdés. The effect of capital controls on interest rate differentials ［J］. Journal of International Economics,

2001, 53（2）: 385—398.

［176］Luca Dedola, Peter Karadi, Giovanni Lombardo. Global implications of national unconventional policies［J］. Journal of Monetary Economics, 2013, 60（1）: 66—85.

［177］Luciana Barbosa, Diana Bonfim, Sónia Costa, Mary Everett. Cross-border spillovers of monetary policy: What changes during a financial crisis?［J］. Journal of International Money and Finance, 2018（89）: 154—157.

［178］Matteo Iacoviello, Gaston Navarro. Foreign effects of higher U.S. interest rates［J］. Journal of International Money and Finance, 2019（95）: 232—250.

［179］Maurice Obstfeld, Jay C. Shambaugh, Alan M. Taylor. The trilemma in history: tradeoffs among exchange rates, monetary policies and capital mobility［J］. The Review of Economics and Statistics, 2005, 87（3）: 423—438.

［180］Michael G. Arghyrou, Andros Gregoriou, Alexandros Kontonikas. Do real interest rates converge? Evidence from the European union［J］. Journal of International Financial Markets, Institutions and Money, 2009, 19（3）: 447—460.

［181］M.Fleming. Domestic financial policies under fixed and under floating exchange rates［C］. International Monetary Funds StaflPapers, 1962（9）: 369—379.

［182］Michael D. Bordo, Ronald MacDonald. Interest rate interactions in the classical gold standard, 1880-1914: was there any monetary independence?［J］. Journal of Monetary Economics, 2005, 52（2）: 307—327.

［183］Marco R. Barassi, Guglielmo Maria Caporale, Stephen G. Hall. Interest rate linkages: a Kalman filter approach to detecting structural change［J］. Economic Modelling, 2005, 22（2）: 253—284.

［184］Mouawiya Al Awad, Barry K. Goodwin. Dynamic linkages among real interest rates in international capital markets［J］. Journal of International

Money and Finance, 1998, 17（6）：881—907.

［185］Michael M. Hutchison, Nirvikar Singh. Equilibrium Real Interest Rate Linkages：The United States and Japan ［J］. Journal of the Japanese and International Economies, 1997, 11（2）：208—227.

［186］Mathias Hoffmann, Ronald MacDonald. Real exchange rates and real interest rate differentials：A present value interpretation ［J］. European Economic Review, 2009, 53（8）：952—970.

［187］Nikolaos Antonakakis, David Gabauer, Rangan Gupta. International monetary policy spillovers：Evidence from a time-varying parameter vector autoregression ［J］. International Review of Financial Analysis, 2019（65）：101382.

［188］Ostry, J., Ghosh, A.. Obstacles to International Policy Coordination, and How to Overcome Them ［M］. IMF Staff Discussion Note, 2013.

［189］Pami Dua, B.L Pandit. Interest rate determination in India：domestic and external factors ［J］. Journal of Policy Modeling, 2002, 24（9）：853—875.

［190］Pablo A. Neumeyer, Fabrizio Perri. Business cycles in emerging economies：the role of interest rates ［J］. Journal of Monetary Economics, 2005, 52（2）：345—380.

［191］Peggy E. Swanson. The international transmission of interest rates：a note on causal relationships between hort-term external and domestic US dollar return ［J］. Journal of Banking & Finance, 1988, 12（4）：563—573.

［192］Peter Tillmann. Unconventional monetary policy and the spillovers to emerging markets ［J］. Journal of International Money & Finance, 2016（66）：136—156.

［193］R.Arezki, Y.Liu. On the（Changing）Asymmetry of Global Spillovers：Emerging Markets vs. Advanced Economies ［J］. Journal of International Money and Finance, 2020（107）：102219.

［194］Ryan Banerjee, Michael B. Devereux, Giovanni Lombardo.

Self- oriented monetary policy, global financial markets and excess volatility of international capital flows [J]. Journal of International Money and Finance, 2016, 68（1）：275—297.

［195］Robert Dekle, Koichi Hamada. Japanese monetary policy and internationalSpillovers [J]. Journal of International Money and Finance, 2015（52）：175—199.

［196］Roger A Fujihara, Mbodja Mougou é . International Linkages between Short-Term Real Interest Rates [J]. The Quarterly Review of Economics and Finance, 1996, 36（4）：451—473.

［197］Ronald I. McKinnon. Beggar-thy-neighbor interest rate policies [J]. Journal of Policy Modeling, 2011, 33（5）：759—775.

［198］R. Mundell. Capital mobility and stabilization policy under fixed and under flexible exchange rates [J]. Canadian Journal of Economics and Political Science, 1963（29）：475—485.

［199］Sandra Eickmeier, Tim Ng. How do US credit supply shocks propagate internationally? A GVAR approach [J]. European Economic Review, 2015（74）：128—145.

［200］Sami Alpanda, Serdar Kabaca. International Spillovers of Large-Scale Asset Purchases [J]. Journal of the European Economic Association, 2020, 18（1）：342—391.

［201］S. Johansen. Statistical analysis of cointegration vectors [J]. Journal of Economic Dynamics and Control, 1988, 12（2—3）：231—254.

［202］Sebastian Edwards. The international transmission of interest rate shocks：The Federal Reserve and emerging markets in Latin America and Asia [J]. Journal of International Money and Finance, 2010, 29（4）：685—703.

［203］Sebastian Edwards, Roberto Rigobon. Capital controls on inflows, exchange rate volatility and external vulnerability [J]. Journal of International Economics, 2009, 78（2）：56—267.

［204］Soyoung Kim. International transmission of U.S. monetary policy shocks: evidence from VAR's［J］. Journal of Monetary Economics, 2001, 48（2）: 339—372.

［205］Stijn Claessens, Livio Stracca, Francis E.Warnock. International dimensions of conventional and unconventional monetary policy［J］. Journal of International Money and Finance, 2016（67）: 1—7.

［206］Wai-Chung Lo, Hung-Gay Fung, Joel N. Morse. A note on Euroyen and domestic yen interest rates［J］. Journal of Banking & Finance, 1995, 19（7）: 1309—1321.

［207］William D. Craighead, George K. Davis, Norman C. Miller. Interest differentials and extreme support for uncovered interest rate parity［J］. International Review of Economics & Finance, 2010, 19（4）: 723—732.

［208］Yoshiyuki Fukuda, Yuki Kimura, Nao Sudo, Hiroshi Ugai. Cross-country Transmission Effect of the U.S. Monetary Shock under Global Integration. Bank of Japan Working Paper, 2013.

［209］Zijun Wang, Jian Yang, Qi Li. Interest rate linkages in the Eurocurrency market: Contemporaneous and out-of-sample Granger causality tests［J］. Journal of International Money and Finance, 2007（26）: 86—103.

后　记

本书是教育部人文社会科学研究规划基金项目《世界主要经济体货币政策溢出效应与中国应对研究》（批准号：16YJA790068）的研究成果。在本书撰写过程中，刘义圣教授、魏秀华教授、刘涛副教授与杭桂兰讲师等课题组成员提供了许多指导、帮助与支持，在此表示最衷心的感谢！

此外，感谢欧阳嘉原老师，撰写了本书的第六章第二节，对其辛勤付出，深表谢忱！

本书在研究与撰写过程中，还参考了大量的国内外专著与论文，并引用了部分相关研究成果与资料内容，他们的研究成果为本书提供了研究基础，在此谨表感谢！

本书顺利付梓，要感谢长春出版社程秀梅编辑的辛勤付出。

世界主要经济体货币政策溢出效应内容宽宏，成书期间新现象新问题更生不断，加上本人学识水平有限，文中缺陷与不足在所难免，在此敬请学界前辈时贤与读者不吝批评赐教。

赵东喜

2021年3月20日